Le vice de procédure

Réflexions désordonnées d'un artisan du droit sur l'article 2241, alinéa 2 du Code civil

Droit privé et sciences criminelles

Collection dirigée par Yves Strickler

Créée fin 2011 par Yves Strickler et le Centre d'études et de recherhes en droit privé (devenu le Centre d'études et de recherches en droit des procédures en 2013) de la Faculté de droit et science politique de Nice, la présente collection a pour vocation principale de publier des ouvrages en liaison avec le thème retenu pour dénomination de la collection. Cette dernière rassemble des recherches originales, tirées notamment de travaux de recherche, de manifestations scientifiques ainsi que d'ouvrages collectifs sur les interrogations actuelles que rencontre la science juridique, spécialement dans le domaine du droit privé et des sciences criminelles.

Denys Mas

Docteur en droit,
Avocat au Barreau de Nice

Le vice de procédure

Réflexions désordonnées d'un artisan du droit sur l'article 2241, alinéa 2 du Code civil

L'Harmattan

Dernières parutions

Variations juridiques et politiques, dir. Yves Strickler, 2013.

Les infractions de harcèlement, par Sylvana Paradiso, 2013.

La réforme de la garde à vue, dir. Christine Courtin, 2013.

L'arbitrage. Questions contemporaines, dir. Yves Strickler et Jean-Baptiste Racine, 2012.

Le prix de la rupture. Au coeur des contentieux familiaux, dir. Laetitia Antonini-Cochin et Christine Courtin, 2012.

5-7, rue de l'École-Polytechnique, 75005 Paris

http://www.harmattan.fr
diffusion.harmattan@wanadoo.fr
harmattan1@wanadoo.fr

ISBN : 978-2-343-03797-4
EAN : 9782343037974

Préface

Yves STRICKLER,
Professeur à l'Université Nice Sophia Antipolis

Depuis la loi n° 2008-561 du 17 juin 2008, l'article 2241 du Code civil indique que « *La demande en justice, même en référé, interrompt le délai de prescription ainsi que le délai de forclusion* » et, son alinéa second d'ajouter qu' « *Il en est de même lorsqu'elle est portée devant une juridiction incompétente ou lorsque l'acte de saisine de la juridiction est annulé par l'effet d'un vice de procédure* ». Cette précision est importante en ce qu'elle manifeste que la méconnaissance d'une règle de procédure, si elle appelle une sanction, peut néanmoins laisser perdurer certains des effets habituellement attachés à l'acte pourtant annulé.

Maître Denys Mas, se saisissant de ce texte, l'utilise en prétexte à une étude plus substantielle du « vice de procédure » dont l'article 2241 fait état. Ce faisant, l'auteur met en évidence, outre une réflexion sur les concepts essentiels de la sanction des irrégularités de procédure, les chausses-trappes qu'il convient d'éviter en la matière, et qui forment autant de conseils précieux pour les jeunes praticiens comme les plus aguerris… le temps et l'expérience ne mettent pas à l'abri de toute erreur. Et la disposition issue de la loi de 2008 en est une retranscription utile pour éviter la sanction lorsque le vice n'atteint pas à l'essence même du procès.

Car il ne faut pas s'y tromper : derrière l'apparence d'une étude technique, c'est le cœur de la procédure qui bat dans la réflexion conduite. Et, autant juriste qu'homme de lettres, Denys Mas sert ses propos avec un style dont la qualité ravira les amateurs de belles lettres. Le lecteur aura aussi plaisir à retrouver les écrits de Chiovenda et Carnelutti -dans le texte, comme dans la traduction proposée par l'auteur-, que ce dernier appelle en renfort à son analyse.

S'il évoque la difficulté à distinguer parfois le vice de fond du vice de forme, Denys Mas les réunit cependant en observant que, moins que la nature de l'irrégularité en cause, c'est la considération de la finalité des règles posées qui doit en constituer le guide (spéc. pp. 30-31). La dureté de la sanction de la nullité, en ce qu'elle conduit à la fin du procès et parfois à la perte du droit et ce, pour des raisons qui tiennent à la forme et non au fond du droit prétendu par le plaideur, appelle toutefois des correctifs, que les mécanismes actuels de régularisation ne permettent plus d'opérer avec la clarté requise. Parfois même, un glissement se produit de la nullité vers la fin de non-recevoir, en raison du caractère prétendument limitatif de la liste des nullités de fond qu'exprimerait l'article 117 du Code de procédure civile et que la Cour de cassation a décidé d'affirmer en 2006[1]. C'est pourquoi l'auteur accueille favorablement le sens de la réforme apportée par le législateur, qui accorde à l'annulation de l'acte de saisine du juge par l'existence d'un vice de procédure, le même effet interruptif que la saisine d'une juridiction incompétente. Et de citer la loi belge, suivant le mouvement ainsi enclenché en France.

---

[1] Cass. ch. mixte, 7 juillet 2006, *Bull.*, n° 6, *Procédures* 2006, n° 200, note R. Perrot, *JCP G* 2006, II, 10146, obs. E. Putman.

Il subsiste néanmoins des difficultés au regard de l'expression législative, que Denys Mas n'hésite pas à mettre en évidence, notamment lorsque le texte de l'article 2241 alinéa second parle de ce fameux *vice de procédure*. Denys Mas apporte sa pierre à l'édifice, en proposant de prendre en compte non pas la nature de l'acte mais la manifestation de la réalité de la volonté de son auteur d'agir en justice. Ce critère le conduit à parcourir les conditions liées à la capacité d'ester en justice... et le droit argentin, éclairant en la matière. Eclairant, comme sont vivifiants l'analyse et la nuance suggérée par Denys Mas au travers des concepts de « sujet de droit » et de « sujet du droit » (p. 65 et s., p. 75 et s.), même si le concept de personne en devenir, appliqué au droit de la procédure, comporterait un risque de complications dans lesquelles la Cour de cassation juge plus prudent de ne pas s'engager. Mais après tout, à Rome, pourvu d'une capacité d'exercice et privé de capacité de jouissance, l'esclave pouvait pénétrer l'enceinte du prétoire lorsque la question de son affranchissement était à l'ordre du jour…

Le critère de la recherche de la volonté de la personne agissant en justice est ensuite appliqué à l'hypothèse de l'absence de pouvoir, pour conduire au vœu d'une même solution quant à l'effet interruptif étudié.

On ne peut, quand on est attaché au respect de la volonté individuelle, qu'approuver le raisonnement construit. Quant à la transposition proposée par Denys Mas, en fin d'ouvrage, de la solution aux fins de non-recevoir, elle apparaît légitime et souhaitable pour toutes celles qui permettent encore d'envisager une action, au vu du critère posée (par exemple en cas d'omission d'un acte qui était requis du demandeur à l'appui de sa demande), mais concrètement impossible pour d'autres, comme la prescription acquise ou la chose déjà jugée. Dans les cas où elle est possible, l'évolution appelée et portée par Denys Mas au travers d'un appel au préteur est de celles que Victor HUGO, déjà, ressentait lorsqu'il écrivait que : « *Le droit et la loi, telles sont les deux forces ; de leur accord naît l'ordre, de leur antagonisme naissent les catastrophes. Le droit parle et commande du sommet des vérités ; la loi réplique du fond des réalités ; le droit se meut dans le juste, la loi se meut dans le possible ; le droit est divin ; la loi est terrestre. Ainsi, la liberté c'est le droit ; la société, c'est la loi* (...).

La loi a la crue, la mobilité, l'envahissement et l'anarchie de l'eau, souvent trouble ; mais le droit est insubmersible.

Pour que tout soit sauvé, il suffit que le droit surnage dans une conscience »[2]. Le présent livre est cela : l'expression d'une juste conscience.

---

[2] *Actes et paroles.*

À Marcel Benhamou

« Dura la vita di chi voglia scrivere di procedura civile, di questi tempi »
(S. La China)

LE SOULAGEMENT. Lorsque la loi n° 2008-561 du 17 juin 2008 a été publiée au journal officiel de la République Française, il n'est sans doute pas un artisan du droit - celui que l'on désigne sous le terme praticien - qui n'ait dû se sentir soulagé en découvrant, à la lecture de l'article 2241 nouveau du Code civil, que, désormais, la demande en justice, même en référé, interrompt le délai de prescription ainsi que le délai de forclusion... même lorsqu'elle est portée devant une juridiction incompétente ou lorsque l'acte de saisine de la juridiction est annulé par l'effet d'un vice de procédure. Enfin enfin enfin quelques belles âmes avaient compris que l'artisan du droit - dût-il être passé maître dans la pratique de son art - est un homme ordinaire qui, malgré le soin qu'il apporte à son ouvrage, commet… des « erreurs ».

Lorsqu'il ne saisit pas une juridiction inexistante[3], il arrive à ce bougre de porter la demande devant une juridiction qui n'a pas vocation pour en connaître[4]. Quand il ne

[3] Civ. 2e, 23 mars 2000, n° 97-11.932, Bull. civ. II, n° 53 ; Procédures 2000 comm. 141, obs. R. Perrot, Droit procéd. 2000, p. 363, note O. Laouenan, *JCP* 2000. II. 10348, note J.-P. Desideri. Comp. (en matière criminelle) Crim., 22 mars 2006, n° 05-84.265.

[4] Civ. 3e, 2 juin 2010, n° 09-13.075, Bull. civ. III, n° 108, Procédures 2010 comm. 310, obs. R. Perrot, AJDI 2010, p. 885, obs. Y. Rouquet ; Civ. 1re, 11 mars 2010, n° 08-12.314, RD bancaire et fin. 2010, comm. 131, obs. N. Mathey, Contrats, conc. consom. 2010, comm. 189, obs. G. Raymond ; 11 mars 2010, n° 09-12.346 ; 9 juill. 2009, n° 08-16.847, Bull. civ. I, n° 174, D. 2009, p. 1962, obs. X. Delpech, Gaz. Pal. 2009, p. 3224, note B. Bury, RTD com. 2010, p. 413, obs. B. Bouloc ; 9 juill. 2009, n° 08-14.571, Contrats, conc., consom. 2009,

commet pas quelque maladresse dans la détermination de la juridiction compétente pour statuer sur la demande, il arrive à ce drôle de ne pas satisfaire aux diverses formalités auxquelles est soumise la régularité de l'acte par lequel il entend saisir le juge.

Empressé, lorsqu'il n'agit pas au nom ou à l'encontre d'une personne physique ou d'une personne morale dépourvue de toute existence juridique[5], il oublie parfois

---

comm. 278, obs. G. Raymond, RD bancaire et fin. 2010, comm. 48, obs. N. Mathey, ; Soc., 24 juin 2009, n° 07-21.983 ; Civ. 1re, 30 avr. 2009, n° 08-11.301 ; Civ. 2e, 10 janv. 2008, n° 06-20.964, Bull. civ. II, n° 5 ; Civ. 1re, 3 mai 2007, n° 06-16.845 ; Ch. mixte, 24 nov. 2006, n° 04-18.610, Bull. Ch. mixte, n° 11, BICC 15 févr. 2005, n° 655, avis Av. gén. Cuinat, Rapp. Cons. Rouzet, *JCP* 2007. I. 139, n° 14, obs. Y.-M. Sérinet, *ibid.* II. 10058, note I. Pétel-Teyssié, D. 2006, p. 3012, obs. v. Avena-Robardet, D. 2007, p. 1112, note R. Wintgen, Dr. et patr. 2007, p. 112, obs. S. Amrani Mekki, Dr. proc. 2007, p. 156, note E. Putman, RTD civ. 2007, p. 169, obs. Ph. Théry, *ibid.* p. 175, obs. R. Perrot, Loyers et copr. 2007, comm. 42, obs. G. Vigneron ; Civ. 1re, 10 déc. 1996, n° 94-20.323, Bull. civ. I, n° 446 ; 12 déc. 1995, n° 93-15.492 & 93-15.984, Bull. civ. I, n° 456 ; 20 oct 1992, n° 91-11.972, Contrats, conc., consom. 1993, comm. 18, obs. G. Raymond.

[5] Civ. 2e, 25 févr. 2010, n° 09-11.820, Bull. civ. II, n° 47, Dr. procéd. 2010, p. 177, obs. F. Vinckel ; 30 avr. 2003, n° 00-21.704 ; 27 juin 2002, n° 00-22.694, Bull. civ. II, n° 149, D. 2003, p. 1402, obs. P. Julien ; Civ. 3e, 16 juill. 1998, n° 96-19.557 ; Civ. 2e, 13 janv. 1993, n° 91-17.175, Bull. civ. II, n° 15, D. 1993, somm. p. 181, obs. P. Julien (**personne physique**). Civ. 3e, 24 oct. 2012, n° 11-11.778 & 11-13.169 ; Civ. 2e, 27 sept. 2012, n°11-22.278, BJS 2013, p. 120, note O. Staes, Rev. sociétés 2013, p. 30, obs. S. Prévost ; Com., 15 nov. 2011, n° 10-21.701, BJS 2012, p. 395, note C. Prieto, Rev. sociétés 2012, p. 37, note S. Prévost ; Civ. 3e, 5 juill. 2011, n° 10-15.374, Bull. civ. III, n° 120, AJDI 2012, p. 41, note C. Franceschi, *adde* Ch. Atias, *Le sort des associations syndicales libres antérieures à l'ordonnance n° 2004-632 du 1er juillet 2004*, AJDI. 2013, p. 11 ; Com., 23 nov. 2010, n° 07-21.936 & 07-21.939, Rev. sociétés 2011, p. 32, obs. A. Lienhard ; Civ. 2e, 23 sept. 2010, n° 09-70.355 ; Soc., 12 juill. 2010, n° 09-41.402 ; 23 juin 2010, n° 09-60.341, Bull. civ. V, n° 148, *JCP S* 2010, p. 1363, note S. Brissy ; Civ. 2e, 11 févr. 2010,

n° 08-16.996 ; Com., 7 juill. 2009, n° 08-19.827, BJS 2009, p. 1058, note O. Staes ; Civ. 3e, 20 mai 2009, n° 08-16.216, Bull. civ. III, n° 112, Défrénois 2009, p. 1830, note Ch. Atias ; 13 févr. 2008, n° 07-11.007, D. 2008, p. 2989, note Ch. Atias ; 13 mars 2007, n° 05-21.594, BJS 2007, p. 965, note J.-J. Barbiéri, Dr. sociétés 2007 comm. 109, obs. H. Lécuyer ; 6 mars 2007, n° 06-12.055, BJS 2007, p. 965, note J.-J. Barbiéri, Dr. sociétés 2007 comm. 109, obs. H. Lécuyer ; 20 juin 2006, n° 03-15957, Bull. civ. IV, n° 146, D. 2006, p. 627, obs. J.-Cl. Hallouin, E. Lamazerolles, *ibid.*, p. 1820, obs. A. Lienhard, BJS 2006, p. 1419, note J.-J. Barbiéri, *JCP* 2007. I. 107, obs. J.-J. Caussain, Fl. Deboissy, G. Wicker, Dr. sociétés 2007 comm. 43, obs. H. Lécuyer, Rev. sociétés 2007, p. 65, note J.-F. Barbiéri ; Civ. 1re, 14 nov. 2006, n° 04-05097, Bull. civ. I, n° 486, D. 2007, p. 2690, obs. M. Douchy Oudot, RDSS 2007, p. 329, note M. Bruggeman, AJ fam. 2007, p. 93, obs. F.C., Dr. Fam. 2007 comm. 55, obs. P. Murat, RTD civ. 2007, p. 88, obs. J. Hauser ; Com., 3 oct. 2006, n° 05-12.410, Bull. civ. IV, n° 205, D. 2006, p. 2670, obs. A. Lienhard, Rev. sociétés 2007, p. 117, note Ph. Merle, BJS 2007, p. 33, note J.-F. Barbiéri, RTD com. 2007, p. 164, obs. P. Le Cannu ; Civ. 3e, 15 déc. 2004, n° 03-16434, Bull. civ. III, n° 238, Dr. sociétés 2005 repère 8, obs. J. P. Legros ; Civ. 3e, 18 févr. 2004, n° 02-12.205, RDI 2004, p. 198, obs. Ph. Malinvaud ; Civ. 2e, 12 févr. 2004, n° 02-13.672, Bull. civ. II, n° 52, BJS 2004, p. 789, obs. P. Scholer, RTD civ. 2004, p. 766, obs. Ph. Théry ; Soc., 16 sept. 2003, n° 01-11.769 ; Civ. 2e, 11 sept. 2003, n° 01-14.493, Bull. civ. II, n° 253, BJS 2004, p. 253, note B. Saintourens, *JCP E* 2004, p. 832, note G. Chabot, RTD civ. 2004, p. 766, obs. Ph. Théry ; Com., 6 mai 2003, n° 00-17.344 ; Soc., 13 nov. 2002, n° 00-17.176 Procédures 2003 comm. 2, obs. R. Perrot, RTD civ. 2003, p. 145, obs. R. Perrot ; Com., 14 juin 2000, n° 98-10.617, BJS 2000, p. 1078, note B. Saintourens ; Civ. 2e, 8 juin 2000, n° 98-13.180 ; Civ., 2e, 30 nov. 1999, n° 97-14.595, Bull. civ. II, n° 218, D. 2000, p. 37, obs. M.B., *ibid.*, p. 627, note E. Lamazerolles, *JCP E* 2000, p. 369, note H. Croze, S. Cayre, Rev. sociétés 2000, p. 585, note M. Beaubrun, Dr. sociétés 2000 comm. 23, obs. Th. Bonneau, Procédures 2000 comm. 101, obs. H. Croze, RTD 2000, p. 368, obs. Cl. Champaud, D. Danet ; Com. 16 mars 1999, n° 96-15.851, préc. ; Civ. 3e, 22 mai 1997, n° 95-18.413, RDI 1997, p. 452, obs. Ph. Malinvaud ; Civ. 2e, 26 mars 1997, n° 94-15.528, Bull. civ. II, n° 96 ; Civ. 1re, 11 mars 1997, n° 94-15.591, Bull. civ. I, n° 85, BJS 1997, p. 637, obs. M.-L. Coquelet ; Civ. 1re, 16 avr. 1996, n° 92-14.923, Bull. civ. I, n° 182, BJS 1996, p. 811, obs. P. Le qu'une assignation est un acte d'huissier de justice par lequel le demandeur cite son adversaire à comparaître devant un juge (CPC, art. 55), qui - outre les mentions prescrites à l'article 56 du Code de procédure civile - doit encore contenir la date ; les nom, prénoms, profession, domicile, nationalité, date et lieu de naissance du requérant (lorsqu'il s'agit d'une personne physique) ou sa forme, sa dénomination, son siège social et l'organe qui la représente légalement (lorsqu'il s'agit d'une personne morale) ; les nom, prénoms, demeure et signature de l'huissier de justice ; les nom et domicile du destinataire (lorsqu'il s'agit d'une personne physique) ou sa dénomination et son siège social (lorsqu'il s'agit d'une personne morale)[6].

Cannu ; Civ. 3e, 9 oct. 1996, n° 93-10.225, Procédures 1996 comm. 348, obs. R. Perrot, RJ com. 1998, p. 16, note D. Velardocchio ; Civ. 1re, 2 nov. 1994, n° 92-18.345, Bull. civ. I, n° 309, Rev. sociétés 1995, p. 83, note M. Jeantin, RTD com. 1995, p. 808, obs. E. Alfandari ; Com., 7 déc. 1993, n° 91-19.339, Bull. civ. IV, n° 462, Dr. sociétés 1994 comm. 23, obs. Th. Bonneau, *JCP* 1994. II. 22285, note E. Putman, BJS 1994, p. 282, note J. Mestre, Rev. sociétés 1994, p. 462, note Y. Chartier ; Civ. 3e, 31 mars 1993, n° 90-10.143, RDI 1993, p. 270, obs. Cl. Giverdon, P. Capoulade ; 18 déc. 1991, n° 89-19.524 ; Civ. 2e, 20 mars 1989, n° 88-11585, Bull. civ. II, n° 76, RTD civ. 1990, p. 601, obs. E. Alfandari ; Soc., 21 janv. 1988, n° 86-16.191, Bull. civ. V, n° 69 ; Civ. 1re, 8 nov. 1978, n° 77-11873, Bull. civ. I, n° 336, RTD com. 1979, p. 484, obs. E. Alfandari (**personne morale**). Rappr. Civ. 2e, 18 nov. 2003, n° 02-30.773 à 02-30.776.

[6] CPC, art. 648. Civ. 2e, 31 janv. 2013, n° 12-10.041 ; Civ. 3e, 30 mars 2011, n° 10-10.997 ; Civ. 2e, 24 juin 2010, n° 09-13.458 ; 4 juin 2009, n° 08-12.639 ; Com., 17 févr. 2009, n° 07-21.388 ; Civ. 2e, 11 avr. 2008, n° 07-18.511, Bull. civ. II, n° 267, BJS 2009, p. 363, note O. Staes, Procédures 2009 comm. 43, obs. H. Croze ; Com., 12 févr. 2008, n° 06-17.013 ; Civ. 2e, 4 juill. 2007, n° 06-15.451, BJS 2007, p. 1163, note J.-J. Daigre ; Com. 26 juin 2007, n° 06-10.830 ; Civ. 2e, 21 juin 2007, n° 05-21.187 ; Civ. 3e, 14 mars 2006, n° 05-12.167 ; Civ. 2e, 15 sept. 2005, n° 03-19.745 ; Com., 25 mars 2003, n° 01-03.040 à 01-03.047 & 01-03.022 à 01-03.025 ; 3 déc. 2002, n° 01-

Négligent, lorsqu'il n'omet pas de préciser l'objet de la demande[7], il manque quelquefois de la motiver[8]. Oublieux, lorsque, devant le tribunal de grande instance, les parties sont tenues de constituer avocat (CPC, art. 751), de temps en temps, il néglige de faire mention de sa constitution dans l'assignation (CPC, art. 752)[9]... à moins

---

03.026 à 01-03.039 ; 17 sept. 2002, n° 00-14.884 ; Soc., 21 mai 2002, n° 00-22.389 ; Ch. mixte, 22 févr. 2002, n° 00-19.639 & 00-19.742, Bull. civ Ch. mixte, n° 1, BICC 1er avr. 2002, n° 553, avis Av. gén. Gouttes, Rapp. Cons. Peyrat, D. 2002, p. 2083, note J.-B. Racine, *ibid.* p. 3261, J.-Cl. Hallouin, RTD civ. 2002, p. 358, obs. R. Perrot, Procédures 2002 comm. 69, obs. R. Perrot, *ibid.* comm. 73, obs. H. Croze, Dr. procéd. 2002, p. 230, obs. N. Fricero, Rev. sociétés 2002, p. 261, note Y. Chartier, *adde* D. Cholet, *La mention du représentant d'une personne morale dans les actes de procédures (après les arrêts de la chambre mixte de la Cour de cassation du 22 février 2002)*, BJS 2002, p. 663 ; Com., 7 janv. 1997, n° 94-21.817, Bull. civ. IV, n° 9 ; Civ. 2e, 5 févr. 1975, n° 73-14.552, Bull. civ. II, n° 34 (**identification du requérant**). Com., 14 sept. 2010, n° 09-69.659 ; Civ. 2e, 14 mai 2009, n° 08-10.292 ; 17 avr. 2008, n° 07-15.266 ; Com., 18 sept. 2007, n° 05-20.708, BJS 2008, p. 174, note O. Staes ; Civ. 2e, 16 mars 2004, n° 02-30.834, Bull. civ. II, n° 122, RTD civ. 2004, p. 766, obs. Ph. Théry ; Civ. 3e, 22 juill. 1998, n° 96-22.865 ; Civ. 2e, 6 mai 1998, n° 96-15.696, Bull. civ. II, n°96 ; Civ. 3e, 10 mai 1991, n° 89-16.057, Bull. civ. III, n° 132 ; Civ. 2e, 17 févr. 1988, n° 86-16.379, Bull. civ. II, n° 47, RTD civ. 1988, p. 574, obs. R. Perrot (**identification du destinataire**).

[7] Civ. 3e, 14 juin 1989, n° 87-17.088, Bull. civ III, n° 137 ; Com., 18 mai 1986, n° 84-12.487, Bull. civ. IV, n° 52.

[8] Civ. 2e, 27 juin 2013, n° 12-20.929 ; 21 mars 2013, n° 12-12.690 ; 16 mai 2012, n° 11-15.604 ; Civ. 1re, 5 avr. 2012, n° 11-10.463, n° 83 ; 6 avr. 2006, n° 04-11.737, Bull. civ. II, n° 103 ; Com., 11 oct. 2005, n° 02-11.055 ; Com., 25 janv. 1994, n° 91-19.778, Bull. civ. IV, n° 35.

[9] Civ. 2e, 10 nov. 2010, n° 08-18.809, Bull. civ. II, n° 184 ; 23 oct. 2008, 23 oct. 2008, n° 07-19.700, Bull. civ. II, n° 223 ; 17 avr. 2008, n° 07-14.298 ; Com., 23 avr. 1985, n° 81-16048, Bull. civ. IV, n° 126. Pour une hypothèse originale où l'assignation faisait mention de deux avocats, sans préciser lequel se constituait, v. Civ. 3e, 20 mai 2009, n° 08-12.820, Bull. civ. III, n° 114.

que facétieux, il n'entache cette constitution de quelque irrégularité. Tantôt, il se constitue alors qu'il est dépourvu de « capacité » pour ce faire[10]. Tantôt, lorsqu'un groupement (association ou société) se constitue, il commet quelque maladresse dans la désignation de la personne physique par l'entremise de laquelle le groupement postule[11]... quand il ne se dispense pas de faire mention du groupement censé se constituer[12].

Distrait, lorsque la demande en justice est soumise à une juridiction devant laquelle les parties ne sont pas tenues de constituer avocat, il oublie parfois que cette constitution n'emporte pas élection de domicile. Ainsi, devant le tribunal de commerce, lorsque le demandeur réside à l'étranger, l'assignation doit-elle contenir « *les nom,*

---

[9] Civ. 2e, 8 sept. 2011, n° 10-18342, RLDC 2011, n° 87, p. 61, obs. C. Bléry, AJDI 2012, p. 136, note F. de la Vaissière ; 20 mai 2010, n° 06-22.024, Bull. civ. II, n° 98, D. 2010, p. 265, obs. N. Fricero, *ibid.*, p. 552, obs. B. Blanchard, Procédures 2010 comm. 306, obs. R. Perrot ; 23 oct. 2003, n° 01-17.806, Bull. civ. II, n° 325, Procédures 2004 comm. 3, obs. R. Perrot ; Civ. 3e, 17 nov. 2001, n° 99-12.383, Bull. civ. III, n° 120, Procédures 2002 comm. 2, obs. R. Perrot ; Civ. 2e, 9 janv. 1991, n° 89-12.457, Bull. civ. II, n° 13, *JCP* 1992. II. 21831, note E. Du Rusquec, RTD civ. 1991, p. 598, obs. R. Perrot.

[10] Civ. 2e, 8 sept. 2011, préc. ; 20 mai 2010, préc. ; 23 oct. 2003, préc. ; Civ. 3e, 17 nov. 2001, préc. ; Civ. 2e, 9 janv. 1991, préc.

[11] Civ. 2e, 7 juill. 2011, n° 10-2.5751 ; 30 avr. 2009, n° 08-16.236, Bull. civ. II, n° 110, Procédures 2009 comm. 181, obs. R. Perrot ; 11 mai 2006, n° 05-20.010, Procédures 2006. Comm. 151, obs. Perrot ; 1er févr. 2006, n° 05-17.742, Bull. civ. II, n° 35, D. 2006, p. 465, obs. v. Avena-Robardet, *JCP* 2006. II. 10071, note R. Martin, Dr. procéd. 2006. 267, obs M. Douchy-Oudot, Procédures 2006. Comm. 151, obs. Perrot.

[12] Civ. 2e, 18 oct. 2012, n° 11-18.730 ; 5 avr. 2007, n° 06-14.818, Bull. civ. II, n° 86, D. 2007, p. 1208, obs. V. Avena-Robardet, *ibid.*, p. 2336 (n° 6), obs. V. Vigneau, *JCP* 2007. I. 174 (n° 6), obs. R. Martin.

prénoms et adresse de la personne chez qui il élit domicile en France » (CPC, art. 855). Sans doute, cette personne peut-elle être l'avocat qui se constitue pour le compte du demandeur. Toutefois, devant le tribunal de commerce, où les dispositions de l'article 751 du Code de procédure civile ne sont pas applicables, la constitution d'un avocat n'emporte pas de plein droit élection de domicile au cabinet de l'avocat[13]. La seule mention des nom, prénoms, et domicile de l'avocat constitué, ne saurait donc suffire à valoir élection de domicile[14].

Étourdi, lorsque, devant le tribunal d'instance (CPC, art. 837) ou le tribunal de commerce (CPC, art. 855), l'assignation doit être délivrée à jour fixe, à la faveur des hasards du calendrier, il lui arrive de faire citer le défendeur à comparaître pour un jour, ou pour une heure, auquel la juridiction saisie ne siège pas[15].

Inattentif, ce gaillard omet quelquefois de signer l'acte qui porte la demande en justice[16]. Créatif, il s'autorise même quelque fantaisie en donnant à la demande qu'il formule une forme différente de celle prescrite par les dispositions légales. Ainsi, devant le tribunal paritaire des baux ruraux,

---

[13] Civ. 2e, 24 févr. 1988, n° 86-18.451, *JCP* 1988. II. 21094, note. L. Cadiet.

[14] Civ. 2e, 19 nov. 2009, n° 08-14.632, Procédures 2010 comm. 5, obs. R. Perrot.

[15] Civ. 2e, 13 mars 2012, n° 10-25.534, Procédures 2012 comm. 142, obs. R. Perrot ; 16 déc. 2010, n° 10-10.625 ; 9 sept. 2010, n° 09-16.443 ; Ch. mixte, 7 juill. 2006, n° 03-20.206, Bull. civ. Ch. mixte, n° 6, BICC 1er oct. 2006, n° 647, avis Av. gén. Domingo, Rapp. Cons. Boval, *JCP* 2006. II. 10146, note E. Putman, Dr. procéd. 2006, 346, obs. O. Salati, Droit et patr. 2007, p. 118, obs. S. Amrani Mekki, Procédures 2006 comm. 200, obs. R. Perrot, RTD civ. 2006, p. 820, obs. R. Perrot ; Com., 4 janv. 2005, n° 03-16.486 ; Civ. 2e, 12 juin 2003, n° 10-11.441, Procédures 2003 comm. 190, obs. R. Perrot.

[16] Civ. 2e, 9 sept. 2010, n° 09-68.621 (conclusions).

à l'époque où l'article 885 du Code de procédure civile disposait que « *La demande est formée et le tribunal saisi par lettre recommandée avec demande d'avis de réception ou par acte d'huissier de justice adressé au greffe du tribunal* » (CPC, art. 885, réd. décr. 28 déc. 2005), n'hésitait-il pas à former la demande par lettre simple[17]... à moins qu'il ne préférât lui donner la forme d'une assignation délivrée directement à l'adversaire[18].

Impénitent, d'autres fois, il passe aux oubliettes que, en certaines matières, la saisine du juge est subordonnée à accomplissement d'une formalité préalable. Ainsi, en matière de baux commerciaux, la saisine du président du tribunal de grande instance, ou du juge qui le remplace, pour qu'il fixe le prix du bail révisé ou renouvelé (C. com., art. R. 145-23), postule-t-elle la notification préalable d'un mémoire, signé de la partie ou de son représentant (C. com., art. R. 145-26), qui doit contenir les mentions prescrites aux articles R. 145-24 et R. 145-25 du Code de commerce. Condition de recevabilité de l'action mise en œuvre (C. com., art. R. 145-27), la notification d'un mémoire constitue en outre une condition de la régularité de la procédure suivie. Cette notification s'impose au demandeur comme au défendeur. Elle doit être satisfaite tant lors de la saisine initiale du juge[19], qu'à

---

[17] Civ. 2e, 15 mars 1989, n° 87-19.599 & 87-45.773, Bull. civ. II, n° 72, D. 1989 Somm. p. 275, obs. P. Julien, RTD civ. 1990, p. 141, obs. R. Perrot.

[18] Civ. 3e, 24 janv. 2001, n° 99-13.196, Bull. civ. III, Rev. loyers 2001, p. 181, note B. Peignot, Procédures 2001 comm. 132, obs. J. Junillon ; 29 mars 2000, n° 98-14.937, Procédures 2000 comm. 202, obs. J. Junillon ; 24 nov. 1999, n° 98-19.243, Bull. civ. III, n° 224, RD rur. 2000, p. 218, obs. S. Crevel ; 2 oct. 1996, n° 94-18.535, Bull. civ. III, n° 202, Gaz. Pal. 1998 Somm. 18, obs. J. Lachaud, *JCP* 1996. II. 22746, note E. du Rusquec ; 21 déc. 1993, n° 89-20.479, Bull. civ. III, n° 180, n° 89-20.480.

[19] Civ. 3e, 26 oct. 2011, n° 10-18.858 ; 14 sept. 2011, n° 10-10.032, Bull. civ. III, n° 148 ; 13 déc. 2006, n° 05-20.281, Bull. civ. III,

l'occasion de la reprise de l'instance, lorsqu'une mesure d'instruction a été ordonnée[20]... peut-être parce que, en cette matière, on doit admettre que, par dérogation à la règle commune (CPC, art. 153), la décision, qui ordonne une mesure de constat ou d'expertise dans les termes de l'article R. 145-31 du Code de commerce, dessaisit le juge, l'affaire ne pouvant revenir à l'audience qu'à la diligence du greffe, après exécution de la mesure d'instruction.

On pourrait multiplier les exemples, auxquels il faudrait encore ajouter les maladresses commises par l'huissier de justice, lorsque ce mercure des juristes assure la transmission de l'acte à son destinataire[21]. On croit rêver. Pourtant, lequel, parmi les artisans du droit, oserait affirmer que, sous la pression des événements, entre une

---

n° 247, D. 2007, p. 230, obs. Y. Rouquet, AJDI 2007, p. 472, obs. J.-P. Blatter, Loyers et copr. 2007 comm. 200, obs. Ph.-H. Brault, Rev. Loyers 2007, p. 83, obs. Ch. Quément ; 18 nov. 1998, n° 96-22.696, Bull. civ. III, n° 216.

[20] Civ. 3e, 22 nov. 2011, n° 10-25.686 ; 13 oct. 2010, n° 09-66.600, D. 2011, p. 1786, obs. M.-P. Dumont, Loyers et copr. 2010 comm. 318, Ph.-H. Brault, Administrer déc. 2010, p. 64, obs. W. Boccara, D. Lipman ; 4 mars 2009, n° 08-10.672 ; 4 févr. 2009, n° 08-10.723, Bull. civ. III, n° 29, D. 2009, p. 559, obs. Y. Rouquet, *ibid.* p. 2657, note J. Beauchard, AJDI 2009, p. 539, obs. J.-P. Blatter, Loyers et copr. 2009 comm. 64, obs. Ph.-H. Brault, Administrer avr. 2009, p. 35, obs. J.D. Barbier, Dr. procéd. 2009, p. 211, obs. N. Poisson ; 30 avr. 2003, n° 01-15.508, Bull. civ. III, n° 89, D. 2003, p. 1437, obs. Y. Rouquet, AJDI 2003, p. 754, obs. M.-P. Dumont ; Administrer juill. 2003. 32, obs. W. Boccara, D. Lipman ; 5 avr. 2005, n° 04-11.410 ; 24 juin 1998, n° 96-19.730, Bull. civ. III, n° 131, D. 1998, p. 1354,obs. Y. Rouquet.

[21] À titre d'illustration, v. Civ. 2e, 17 nov. 2011, n° 10-19.543 ; Civ. 3e, 1er févr. 2011, n° 10-11.017 ; Civ. 2e, 4 juin 2009 ; n° 08-12.491 5 juill. 2006, n° 03-19.032 ; 5 juill. 2006, n° 05-11.557 ; 20 oct. 2005, n° 04-16.947 ; 2 déc. 2004, n° 03-13.431 ; 23 nov. 2000, n° 98-20.733 ; 9 déc. 1997, n° 95-21.043.

prescription qui menace, et une forclusion qui fulmine, pareille « bévue », il ne commettra pas.

Or de telles « erreurs » ne peuvent demeurer sans sanction. On ne saurait accepter que s'installe un laxisme source de désordre et d'insécurité. Que l'affaire portée devant une juridiction qui n'a pas vocation pour en connaître doive être renvoyée devant la juridiction compétente, ne paraît guère discutable. À quoi bon s'évertuer à organiser l'institution judiciaire, à répartir par blocs les compétences entre diverses juridictions, si cette organisation, si cette répartition, doit demeurer sans sanction. Que l'acte de procédure qui a été fait en violation des formalités prescrites appelle sanction ne paraît là encore guère discutable. À quoi bon s'attacher à déterminer la forme et le contenu des actes de procédure si les irrégularités commises doivent demeurer sans sanction.

Lutter contre le laxisme pour préserver l'ordre et prévenir l'insécurité. Soit. Toutefois, la sanction de la règle de procédure ne saurait trouver un fondement dans le redressement du comportement dévoyé de l'artiste… quand bien même un savant auteur estimait que :

> « *La question de la nullité se pose sur deux plans, réparation et prévention. La règle "pas de nullité sans grief" répond exactement au premier but, le désir d'effacer les conséquences de l'irrégularité et de remettre les choses en l'état où elles auraient dû normalement être* (…) *La perspective de la nullité a aussi une vertu propre. Si l'on n'édicte des formalités, c'est pour diriger l'activité procédurale dans une bonne voie, sauvegardant tous les droits des intéressés. L'automatisme de la sanction est un moyen très efficace de maintenir une pratique correcte, et, par là, d'éviter les irrégularités elles-mêmes.* (L'automatisme de la sanction procède) *d'une prévalence accordée à une politique de discipline de la pratique sur le principe de réparation. Cette prévalence à des motifs propres, ses critères diffèrent de tous ceux qui définissent d'autres aspects du régime des nullités. Ce qui est en*

cause, ce n'est ni le minimum d'apparence que doit présenter l'acte, ni la nature de l'intérêt, d'ordre général au particulier, sur lequel repose la règle ni la qualité des personnes à provoquer la sanction. Il s'agit d'apprécier la gravité de l'irrégularité commise, l'importance que présente la correcte observation des formes légales pour la bonne marche de la procédure et la sauvegarde des droits des plaideurs, envisager d'une manière générale et abstraite »[22].

Toute irrégularité de procédure n'appelle pas sanction[23]. À la règle de procédure, il est une raison. Qu'elle détermine les acteurs du procès, la forme, le contenu ou le temps des échanges et de la décision, la règle de procédure n'a jamais pour objet que de garantir, par la controverse des opinions, selon une méthode dialectique[24], la découverte de cette chose que constitue le droit[25]... la chose juste (*to dikaion*) pour employer le langage du Philosophe[26] (*id*

---

[22] P. Hébraud, note sous Com., 18 nov. 1947, D. 1947, p. 177, spéc. p. 179, 1re col.

[23] Rappr. A. Fettweis, *Le rôle du formalisme dans le procès civil moderne, Liber amicorum* F. Dumon, *Kluwer*, 1983, p. 663, spéc. p. 671 : « *Sacrifier le fond à la forme est une issue inadmissible sauf lorsque le respect du droit de défense et la loyauté du débat l'exigent parce qu'ils ont été compromis sans correction possible* ».

[24] V. M. Villey, *De la dialectique comme art du dialogue et sur ses relations au droit*, RRJ 1983, p. 155 ; *Le raisonnement juridique dans l'histoire (Droit romain et Moyen Âge), in Die juristiche argumentation*, ARSP 1972, Beiheft 7, p. 43.

[25] V. M. Villey, *Le droit dans les choses*, *in* P. Amselek et Ch. Grzegorczyk (dir.), *Controverses autour de l'ontologie du droit*, *PUF*, 1989, p. 11 ; *Être et devoir-être dans l'expérience juridique, in Sein und Sollen im erfahrungsbereich des rechtes*, ARSP 1970, Beiheft 6, p. 93, *in Seize essais de philosophie du droit*, *Dalloz*, 1969, p. 85, sous le titre *Ontologie juridique.* Comp. P. Amselek, *Le droit dans les esprits*, *ibid.*, p. 27.

[26] Sur le concept de droit selon Aristote, v. M. Villey, *Le droit et les droits de l'homme*, 1983, *PUF*, spéc. pp. 37-54. *Adde* J.C. Muinelo Cobo, *La invención del derecho in Aristóteles*, *Dykinson*, 2011.

quod iustum est), pour user de celui du Docteur angélique[27].

Dans ces conditions, il n'est que, lorsque l'irrégularité commise se révèle de nature à compromettre cette découverte, qu'elle devrait être sanctionnée. La sanction de l'irrégularité de procédure devrait être mesurée à l'aune de l'atteinte, que cette irrégularité fait subir au dialogue judiciaire - qu'elle l'entache dans son principe ou dans ses modalités - parce que, sans la controverse des opinions, sans la dialectique, le procès deviendrait un simulacre[28]. Au lieu de constituer ce moment où le droit - un instant fixé dans une règle[29] - redevient question à laquelle le juge

---

[27] Sur le concept de droit selon Thomas d'Aquin, v. M. Villey, *Questions de Saint Thomas sur le droit et la politique*, *PUF*, 1987, spéc. pp. 111-131. *Adde* P. Dubouchet, *Thomas d'Aquin, droit, politique et métaphysique*, *L'Harmattan*, 2011.

[28] V. P. Moro, *La via della giustizia. Il fondamento dialettico del processo*, *Libreria Al Segno Editrice*, 2e éd., 2004 ; F. Cavalla (dir.), *Retorica, processo, verità*, *Franco Angeli*, 2007. *Adde* F. Cavalla, *All'origine del diritto al tramonto della legge*, *Jovene*, 2011.

[29] « *Regula est quae rem quae est breviter enarrat. Non ex regula ius sumatur, sed ex iure quod est regula fiat. Per regulam igitur brevis rerum narratio traditur et, ut ait Sabinus, quasi causae coniectio est, quae simul cum in aliquo vitiata est perdit officium suum* » Dig. 50. 17. 1 Paul, *libro sexto decimo ad Plautium*. (1) « *La maxime est ce qui énonce brièvement la réalité existante. Ce n'est pas de la maxime que le droit devrait se tirer, mais c'est du droit qui existe que devrait se tirer la maxime. Par la maxime se transmet un bref exposé des réalités et, ainsi que le dit Sabinus, elle est comme une synthèse de la chose qui, dès qu'elle est viciée sur quelque point, perd son utilité* » (traduction de J.H. Michel, *Éléments de droit romain à l'usage des juristes, des latinistes et des historiens*, *Presses de l'université de Bruxelles*, 1998, p. 430) ; (2) « *La fonction de la règle est de décrire brièvement une réalité. Aussi ne faut-il pas que le droit soit tiré de la règle, mais que, du droit qui existe, soit tirée la règle* » (traduction partielle de M. Villey, *Le droit et les droits de l'homme*, préc., p. 67). Sur les règles du droit (pour une perspective historique), v. P. Stein, *Regulae iuris From juristic rules to legal maxims*,

doit apporter une réponse équitable, adaptée à la cause qui lui est soumise[30], le procès ne serait plus le berceau du droit ; il en deviendrait le cercueil à se transformer en une technique de résolution des conflits à partir d'une vérité prédéterminée, qu'elle réside dans la loi ou dans les faits[31]. De là, des trésors de réflexion pour élaborer un régime des sanctions des règles de procédure propre à assurer un équilibre entre l'ordre et la justice[32].

À l'époque de la raison triomphante[33], il est apparu « naturel » que le législateur s'en instituât le gardien[34].

University Press, 1966 ; (pour une perspective philosophique) v. M. Villey, *Philosophie du droit*, *Dalloz*, t. 2 *Les moyens du droit*, 2e éd. 1984, n° 236, pp. 195-198.

[30] Sur ce thème, v. Ch. Atias, *Devenir juriste : Le sens du droit*, *LexisNexis*, 2011 ; *Questions et réponses en droit*, *PUF*, 2009. *Adde* du même auteur, *Ce que savent les juristes. Les états du droit*, RTD civ. 2013, p. 315.

[31] V. M. Bastit, *Réflexions introductives sur le procès*, RRJ 1983, p.123. Rappr. M. Cossutta, *Intorno a processo, dialettica, fonti del diritto. Per un ripensamento delle tradizionali categorie della positività del diritto*, *in* P. Moro, *Il diritto come processo*, *Franco Angeli*, 2012, p. 91.

[32] V. L. Cadiet, *La sanction et le procès civil*, Mél. J. Héron, *LGDJ*, 2009, p. 124 ; C. Chainais, *Les sanctions en procédure civile. À la recherche d'un clavier bien tempéré*, *in* C. Chainais, D. Fenouillet (dir.), *Les sanctions en droit contemporain*, *Dalloz*, 2012, vol. 1, *La sanction, entre technique et politique*, p. 357.

[33] Comme le souligne le professeur Simone Goyard Fabre, l'obsession de la loi, dont témoigne le dix-huitième siècle, est « *pétrie de raison* » (S. Goyard Fabre, *L'idée de loi dans les lumières françaises*, *in* J. M. Trigeaud (dir.), *Philosophie juridique européenne : les institutions*, *Japadre*, 1988, p. 65, spéc. p. 66.

[34] Sur les mythes fondateurs du droit moderne, v. F. Di Blasi, *Ritorno al Diritto : Miti e leggende della scienza giuridica moderna*, *Phronesis*, 2009 ; P. Grossi, *Mitologie giuridiche della modernità*, *Giuffrè*, 3e éd., 2007 ; *Società, diritto e stato : un recupero per il diritto*, *Giuffrè*, 2006. Pour une reconstruction philosophique, v. C. Massini Correas, *La desintegración del pensar jurídico en la edad*

Pour prévenir l'arbitraire, il est revenu au législateur de déterminer les formalités qui devaient être sanctionnées, sans que le juge - désormais tenu de statuer selon la loi[35] - pût en modérer les effets. Ainsi, le Code de procédure civile ancien établît-il un régime des sanctions des règles de procédure à partir de deux brocards : « aucune des nullités, amendes et déchéances prononcées dans le présent code, n'est comminatoire » (art. 1029) - pas de nullité comminatoire - ; « aucun exploit ou acte de procédure ne pourra être déclaré nul, si la nullité n'en est pas formellement prononcée par la loi. Dans les cas où la loi n'aurait pas prononcé la nullité, l'officier ministériel pourra, soit pour omission, soit pour contravention, être condamné à une amende qui ne sera pas moindre de cinq francs et n'excédera pas cent francs » (anc. CPC, art. 1030) - pas de nullité sans texte -.

---

moderna, Abeledo Perrot, 1980 ; M. Villey, *La formation de la pensée juridique moderne, Montchrestien*, 4e éd., 1975. *Adde* R.L. Vigo, *Visión crítica de la historia de la filosofía del derecho, Rubinzal Culzoni*, 2008.

[35] Interprète du droit, le juge devait être ravalé au rang de serviteur de la loi. Pour une reconstruction historique, v. not. R. Van Caenegem, *Judges, legislators and professors. Chapters on european legal history, Cambridge University Press*, 1987, publié en italien sous le titre *I signori del diritto, Giuffrè*, 1991, (trad. L. Ascheri Lazzari) ; G. Tarello, *Storia della cultura giuridica moderna. Assolutismo e codificazione del diritto, Il Mulino*, 1976. Adde J. Krynen, *L'état de justice en France, XIIIe-XXe siècle* : t. 1, *L'idéologie de la magistrature ancienne*, *Gallimard*, 2009 ; t. 2, *L'emprise contemporaine des juges*, *Gallimard*, 2012. Mis en coupe réglée, le juge devenait - au prix de la soie et de l'hermine - un instrument du pouvoir (v. M. R. Ferrarese, *Magistratura e stato nel modello napoleonico, in Materiali per la storia della cultura giuridica* 1982, XII, p. 463).

Destiné à garantir l'égalité des parties[36], un tel système, empreint d'une rigueur mathématique[37], n'a pas manqué de susciter la critique[38]. Conçu dans la défiance du juge[39], il aboutissait à soumettre la sanction des irrégularités de procédure à un principe d'application automatique, dont il résultait que - dès lors qu'elle était prévue par un article du code - toute irrégularité devait être sanctionnée, n'eût-elle causé aucun grief à la partie qui en excipait[40].

---

[36] Sur l'égalité comme principe du « régime de vérité » chez les « modernes », v. D. Jacques, *La mesure de l'homme*, *Boreal*, 2012 ; A. Finkielkraut, *Nous autres, modernes*, *Ellipses*, 2005.

[37] « *Les sanctions de procédure doivent s'appliquer de façon mathématique, sans aucun flottement possible, dans des conditions rigoureusement fixées par la loi, sans qu'on ait égard aux circonstances de l'espèce et sans que le juge ait aucun pouvoir d'appréciation* », R. Japiot, *Des sanctions en matière de procédure*, RTD civ. 1914, p. 227, spéc. p. 229.

[38] V. Ch. Berriat Saint Prix, *Recherches sur le paupérisme en France au XVIe siècle suivi d'Observations sur la législation relative à la nullité des actes de procédure*, *Didot*, 1843. *Adde* E. Seligman, *Réformes dont notre procédure civile est susceptible*, *Durand*, 1855, spéc. pp. 158-161 ; Raymond Bordeaux, *Philosophie de la procédure civile*, *Hérissey*, 1857, spéc. pp. 382-388.

[39] « *il ne sera plus au pouvoir du juge de confirmer ou d'annuler un acte, de prononcer une amende ou d'en faire la remise, de déclarer une déchéance encourue ou d'en relever, suivant que des circonstances ou des considérations particulières pourraient l'y porter ; il ne devra prendre conseil que de la loi ; son office sera borné à en faire l'application littérale, sans qu'il puisse jamais modérer ou aggraver sa rigueur : heureuse impuissance, qui ne pourrait déplaire qu'au juge ambitieux, voulant se faire une balance et un poids particulier pour chaque cause, mais dont l'effet salutaire sera nécessairement de donner à la justice un cours libre et régulier !* » (C. Mallarmé, Rapp. *sur le livre III de la deuxième partie du projet de Code de procédure civile, in Code de procédure civile - Motifs et rapports*, *Garnery*, 1806, p. 356, spéc. p. 369.

[40] « *Là où la nullité est écrite dans la loi, le juge, interprète des lois, doit la transcrire dans son jugement* » (J.-E. Boitard, *Leçons sur le Code de procédure civile*, *Thorel*, t. 2, 4e éd. par G. de Linage, 1847, n° 429, p. 502).

Pour tenter de tempérer les rigueurs du système mis en place, certains commentateurs en appelèrent à l'esprit de la loi. Ainsi, Eustache Nicolas Pigeau, célèbre auteur d'un ouvrage intitulé « *La procédure civile du Châtelet de Paris* »[41], vers lequel, ensuite des orages révolutionnaires, tous les regards s'étaient tournés lorsqu'il s'était agi de rédiger un Code de procédure civile, dont il devint l'un des rédacteurs. Dans son « *Commentaire sur le Code de procédure civile* », après avoir souligné que deux sortes de nullité devaient être distinguées : les nullités absolues, qui ne se couvrent pas, et les nullités relatives, qui ne sont établies que dans l'intérêt des parties, cet auteur observait :

> « *Le Code de procédure ne prononce pas la nullité dans tous les cas où il y a infraction à sa disposition, mais seulement dans un certain nombre où l'infraction a paru devoir mériter cette peine. Il ne suffit pas, pour que les juges prononcent la nullité que l'infraction soit faite à la lettre de la loi, il faut qu'elle le soit à l'esprit qu'a eu le législateur en établissant la formalité enfreinte ; autrement, ce serait tourner la lettre contre l'esprit, et détruire la loi au lieu de la maintenir. Ainsi, quand la loi établit dans les actes une formalité en faveur de la partie à qui ils sont signifiés, comme c'est afin que cette partie soit avertie de ce qu'on fait contre elle, et pour qu'elle ne soit pas incertaine sur ce qu'on lui demande, ni exposée à des surprises, si, malgré une erreur ou omission échappée dans un acte, elle ne peut être incertaine ni surprise, les cours ont toujours jugé que cette partie ne pouvait se prévaloir de l'erreur ou omission* »[42].

---

[41] E. Pigeau, *La procédure civile du Châtelet de Paris*, *Desaint*, 1787 (2 vol.). Il s'agit en réalité de la deuxième édition d'un ouvrage, qui était paru en 1773, chez le même éditeur, sous le titre « *Le praticien du Châtelet de Paris* ».

[42] E. Pigeau, *Commentaire sur le Code de procédure civile*, *Brière*, 1827, t. 1, p. 390.

La religion de la loi aura néanmoins raison de cette doctrine[43]. La lettre tuera l'esprit... quand bien même, en diverses occasions, tenaillé par le démon de l'interprétation[44], le juge ne résistera pas, contre la lettre de l'article 1029 du Code de procédure civile ancien, à subordonner l'annulation d'un acte de procédure à la preuve du grief subi par celui qui poursuivait la sanction de la formalité omise ou erronée[45].

Au fil des années, les juristes (auteurs - juges - auxiliaires de justice) finirent par accommoder le système en vigueur. La coutume prit le relais de la loi. Ainsi, les avoués de certains tribunaux (la basoche) avaient-ils établi une pratique selon laquelle les irrégularités de forme des actes de procédure n'étaient pas invoquées lorsque ces irrégularités n'avaient engendré aucun grief. Cette pratique, qui ne revêtait pas un caractère général, demeurait toutefois soumise à la discrétion des parties. Pour renverser un système, qui avait fini par transformer la procédure en un terrain de jeu, où la sanction de l'irrégularité était devenue un moyen de retarder l'issue du procès, si elle n'aboutissait pas à compromettre le droit de

---

[43] « *Le juriste recherche les lois non dans la raison, mais dans le code officiellement sanctionné par l'autorité suprême. On ne peut lui demander de prouver leur vérité et leur bien-fondé ni de les défendre devant les objections de la raison, car ce sont d'abord les ordonnances qui font qu'une chose est juste. Quant à rechercher si ces ordonnances elles-mêmes sont justes, c'est là question que les juristes doivent refuser comme contraires au bon sens* » E. Kant, *Le conflit des facultés* (1798). Sur le légalisme, v. J.-Cl. Ricci, *Droit et loi chez les légalistes*, p. 105, *in La philosophie à l'épreuve du phénomène juridique : Droit et Loi*, Aix-en-Provence, *PUAM*, 1987.

[44] Sur ce thème, v. M. Cossutta, *Interpretazione ed esperienza giuridica*, *EUT*, 2011-2012 (3 vol.).

[45] v. M. de Biéville, *Les nullités des actes de procédure en matière civile*, thèse (dir. H. Solus), 1944, n° 37, pp. 78-85.

l'adversaire[46], il faudra attendre une intervention du législateur.

Commandée par la sagesse, la réforme du système de sanctions des règles de procédure fût réalisée en deux temps. En un premier temps, on décida que la nullité qui sanctionnait les formalités de rédaction et de signification des exploits d'ajournement et des actes d'appel ne pourrait être prononcée que lorsque cette nullité (en réalité, la formalité imparfaite ou omise) avait pour effet de porter atteinte aux intérêts de la défense. Ce fut l'œuvre de la loi du 12 janvier 1933, laquelle modifia l'article 70 du Code de procédure civile ancien, et - pour prévenir toute contradiction - l'article 1029 de ce même code, dès lors que le législateur ne voulait pas renoncer au principe du caractère péremptoire des nullités de procédure. En un second temps, on décida néanmoins que la nullité qui sanctionnait les formalités d'un exploit ou d'un acte de procédure ne pourrait être prononcée que lorsque cette nullité (en réalité, la formalité imparfaite ou omise) avait pour effet de porter atteinte aux intérêts de la partie adverse. Ce fut l'œuvre du décret-loi du 30 octobre 1935,

---

[46] « *L'expérience prouve (...) que trop souvent la nullité est utilisée par les plaideurs moins pour assurer la sauvegarde des intérêts que la formalité méconnue avait pour but de protéger, que comme un moyen destiné soit à retarder l'issue du procès, soit (ce qui est beaucoup plus grave) à compromettre définitivement le droit de l'adversaire si l'acte ne peut plus être refait par ce que, dans l'intervalle, un délai de forclusion est venu à expiration. Or, si en dépit de l'irrégularité dont l'acte est entaché, la violation de la règle de forme n'a pas empêché le plaideur d'assurer normalement la défense de ses droits, est-il vraiment opportun de contraindre le juge a prononcé la nullité ? La sagesse commande au contraire de laisser au juge un pouvoir d'appréciation suffisant pour lui permettre de déjouer les manœuvres dilatoires de ceux qui considèrent le formalisme comme une fin en soi* » (H. Solus, R. Perrot, *Droit judiciaire privé*, *Sirey*, t. 1, 1961, n° 408, p. 372).

lequel modifia l'article 173 du Code de procédure civile ancien... sans toutefois prendre le soin de modifier l'article 1029 de ce même code.

La résurrection, au sein du système de sanctions des règles de procédure civile, de l'ancienne règle « nullité sans grief n'opère rien »[47] semblait de nature à restaurer un équilibre dans le régime des nullités de procédure du sein duquel l'égalité avait chassé l'équité[48].

À la suite de la réforme intervenue, un acte de procédure eût dû être annulé lorsque, par suite d'une imperfection ou d'une omission, il ne remplissait pas l'ensemble des formalités auquel sa validité était subordonnée, à la condition que la nullité de la formalité imparfaite ou omise ait été édictée par un texte, sous réserve que cette formalité revêtît un caractère substantiel, et que son imperfection ou son omission ait causé un grief à celui qui s'en emparait. En effet, pour pallier les déficiences dont témoignait la rédaction du Code de procédure civile, les auteurs s'étaient accordés pour considérer que, par-delà les termes de l'article 1030, la nullité d'un acte de procédure devait être déclarée, bien que la loi ne la prononçât point, lorsque la formalité irrégulière ou omise revêtait un

---

[47] Sur cette maxime et son utilité, v. J.-B. Selves, *Tableau des désordres dans l'administration de la justice*, *Maradan*, 1812, spéc. pp. 74-77. Comp. J.-B. Perrin, *Traité des nullités de droit en matière civile*, *Gauthier Neveu*, 1816, spéc. pp. 118-122.

[48] « *Sans doute, il est des formes nécessaires, et les anéantir serait tout renverser ; mais aussi, sur ce point, se montrer trop sévère, c'est aider la chicane et la favoriser. Dans un juste milieu l'équité se rencontre ; croyez-en magistrats ce qu'elle vous démontre, rejetez, balayez toutes ces nullités* (...) *qui tendent seulement au retard de l'affaire* » (J. de Boileau « *Entretiens critiques, philosophiques et historiques sur les procès* », *Crapart, Caille et Ravier*, 1803, *in* R. Bordeaux, *op. cit*, p. 387).

caractère substantiel[49]. L'acte de procédure eût encore dû être annulé notamment lorsque son auteur ne disposait pas de la capacité ou du pouvoir de le réaliser, sans qu'il soit besoin que cette nullité ait été prévue par un texte, sans qu'il soit besoin que cette nullité ait préjudicié aux intérêts de celui qui s'en prévalait. En effet, à côté des « nullités de forme », lesquelles étaient seules soumises à la discipline du Code de procédure civile, on devait distinguer des « nullités de fond » qui échappaient à son empire[50].

---

[49] Commentant les dispositions de l'article 1030 du Code de procédure civile ancien, Eustache Nicolas Pigeau observait : « *Les tribunaux doivent prononcer la nullité dans deux cas : 1°. Lorsque la loi la prononce elle-même ; 2°. Lorsque, bien que la nullité ne soit pas expressément prononcée par la loi, l'acte est vicié par le défaut d'une forme substantielle* » (E. Pigeau, *Commentaire sur le Code de procédure civile*, préc., t. 2, p. 791). Telle était d'ailleurs la solution que la Cour de cassation avait retenue dans l'hypothèse où un acte avait été délivré par un huissier de justice en dehors des limites de son ressort territorial : v. Cass. 1er févr. 1808, S. 1808.1.211, aux termes duquel, sur le fondement des conclusions développées par l'avocat général Thuriot : « *l'article 1030 du Code de procédure civile s'applique généralement aux actes revêtus des formes substantielles qui leur donnent l'existence, et qui cependant sont viciés de quelques irrégularités* », la Haute juridiction avait considéré que - la loi dût-elle être muette - la signification réalisée par un huissier de justice en dehors de son ressort territorial devait être déclarée nulle « *en ce sens qu'il n'y a pas substance d'acte* ». Dans le même sens, Cass. 12 avr. 1808, S.1808.1.244.

[50] Auteur d'un dictionnaire de procédure civile et commerciale, publié en 1867, Charles Bioche avertissait que l'on doit distinguer « *deux espèces de nullité : 1° les nullités d'exploits ou d'actes de procédure proprement dites, et 2° les nullités de fond* (...) *qui ne consistent pas dans un simple moyen de forme, et sont, au contraire, fondées sur un moyen de droit ou sur une considération d'ordre public. Ces nullités sont substantielles et absolues ; et, à la différence des premières, elles peuvent être prononcées, encore bien que dans aucun article elles ne soient mentionnées. L'art. 1030 C pr. est exclusivement applicable aux nullités d'exploit et actes de procédure* » (Ch. Bioche, *Dictionnaire de procédure civile et commerciale*, *Durand*, 1867, t. 3, V° « Exploit », n° 403 à 405 pp. 837-838). Sur le concept de « nullité

Or, négligente de la distinction à opérer entre les « nullités de forme » et « nullités de fond »[51], peut-être égarée par la définition de la formalité substantielle donnée par certains auteurs anciens, lesquels n'hésitaient pas à la présenter comme une condition d'existence de l'acte de procédure[52], la Cour de cassation emprunta une autre voie qui la conduisit à considérer que toute formalité imparfaite ou omise - dès lors qu'elle revêtait un caractère substantiel - devait entraîner l'annulation automatique de l'acte de

---

de fond » sous l'empire du Code de procédure civile ancien, v. les notes de Henry Solus, publiées au Recueil Sirey : S. 1946.2.45 ; 1948.1.137.

[51] Il est vrai que la catégorie des « nullité de fond » était peu assurée. Les conditions de la validité d'un acte de procédure étaient souvent confondues avec celles de l'action en justice : « *il est d'autres espèces de nullités qui, sans effleurer la forme des actes, s'attaquent au fond des choses, au titre générateur de l'action, à la qualité, à la capacité, à l'intérêt de la personne qui l'exerce* » (P. Boncenne, *Théorie de la procédure civile*, *Videcoq*, t. 3, 2e éd., 1844, p. 266). Au demeurant, en l'absence d'un critère de détermination, la catégorie des « nullités de fond » prenait des allures de bric-à-brac dans lequel on rangeait pêle-mêle : les quatre conditions de recevabilité de l'action : droit, intérêt, capacité, qualité ; l'absence de déchéances ; la compétence absolue du tribunal devant lequel l'acte est porté ; la compétence des officiers ministériels qui accomplissent l'acte... certaines conditions de forme particulièrement substantielle devant toutefois être assimilées aux conditions de fond (v. M. de Biéville, *op. cit.*, n° 76, p. 185), auquel cette liste est empruntée.

[52] « *Les formalités substantielles sont les conditions d'existence qui constituent tel ou tel acte, qui le font ce qu'il doit nécessairement être pour le but qu'on se propose ; elles sont son principe et sa fin ; sans elles il est nul de non esse. Cette nullité n'a pas besoin d'être gravée sur les tables de la loi, elle est dans la nature des choses comme une conséquence inflexible. C'est le néant à définir* » (P. Boncenne, *op. cit.*, p. 274). Comp. E. Glasson, *Précis de procédure civile*, *Pichon*, 1902, t. 1, § 3, p. 15 : « *On entend par formalités essentielles ou substantielles celles qui donnent à l'acte sa nature et son caractère, de telle sorte que si une pareille formalité a été omise, cet acte ne peut avoir cette nature ni ce caractère* ».

procédure entaché, sans qu'il fut nécessaire que cette irrégularité ou cette omission préjudiciât aux intérêts de celui qui s'en prévalait[53].

Des auteurs se firent pédagogues. Ils expliquèrent que pareille interprétation était contraire à la lettre des textes du Code de procédure civile ; qu'elle trahissait l'esprit et la portée des réformes opérées par loi du 12 janvier 1933 et le décret-loi du 30 octobre 1935 ; qu'elle conduisait à introduire dans le régime des nullités de procédure des distinctions et des catégories dont les contours se révéleraient d'une extrême délicatesse à déterminer[54]. Toutefois, la Haute juridiction demeura sourde à ces exhortations. Contre la lettre des textes, contre l'esprit qui les animait, la Cour de cassation maintint cette interprétation critiquable[55] qui plongea la matière dans « *une funeste incertitude* »[56].

Certes, pour remédier à la confusion qui régnait au sein des tribunaux, la Haute juridiction n'a pas manqué de définir la notion de formalité substantielle. Ainsi, aux termes d'un arrêt en date du 3 mars 1955, a-t-elle précisé que, dans un acte de procédure, est substantiel : « *ce qui tient à sa raison d'être et lui est indispensable pour*

---

[53] V. Com., 18 nov. 1947, D. 1947, p. 177, note approb. P. Hébraud ; S. 1948.1.137, note crit. H. Solus ; RTD civ. 1948, p. 247, obs. crit. P. Raynaud.

[54] V. not. les notes de Henry Solus, publiées au Recueil Sirey : S. 1946. 2. 45 ; 1948. 1. 137, et les observations de Pierre Raynaud, publiées à la Revue trimestrielle de droit civil : RTD civ. 1947, p. 222 ; 1948, p. 247.

[55] Com. 27 juin 1951, *JCP* éd. Avoués 1951.IV.1720, obs. G. Madray, RTD civ. 1952, p. 109, obs. P. Raynaud.

[56] La formule est empruntée à Henry Solus, note préc., S. 1948, p. 139, 2e col.

remplir son objet »[57]. Toutefois, pareille définition ne pouvait être éclairée que par des exemples. En pratique, la jurisprudence en était réduite à dresser un catalogue des formalités substantielles. À ce compte, qu'il en soit résulté confusion et anarchie, ne saurait étonner[58].

C'est cette fronde du juge que le décret n° 72-684 du 20 juillet 1972 entendît briser par une refonte du régime des nullités de procédure, fondée sur la nature de l'acte de procédure promu au rang d'un acte juridique défini comme un acte de volonté destiné à produire des effets de droit. Au bénéfice d'une transposition de la théorie générale de l'acte de juridique dans le Code de procédure civile, l'acte de procédure devenait une espèce d'acte juridique :

> « (la théorie générale de l'acte juridique) *a été transposée* (dans le Code de procédure civile). *Le postulat est que l'acte de procédure n'est rien d'autre qu'une espèce d'acte juridique, dans la plus pure définition (acte de volonté destiné à produire des effets de droit, lesquels se développent ici dans un double plan, en s'appliquant, d'une part, au déroulement de l'instance, d'autre part à la matière du litige). Ce rattachement radical ruine l'assimilation réductrice et trop longtemps répandue de la procédure à la forme. Dans le code, l'acte de procédure est subordonné pour sa validité même, à des conditions de forme et de fond (capacité, pouvoir du mandataire), dont l'inobservation constitue des irrégularités de fond (il ne s'agit évidemment pas ici*

---

[57] Civ. 2e, 3 mars 1955, *JCP* 1955. II. 8654, note G. Madray ; RTD civ. 1955, p. 367, obs. P. Raynaud. Pour une reprise, v. Civ. 2e, 3 mars 1956, *JCP* 1957. II. 9776, note G. Madray ; RTD civ. 1957, p. 392, obs. P. Raynaud.

[58] V. R. Perrot, *Les nullités de procédure en matière civile, in Inexistence, nullité et annulabilité des actes juridiques*, *Dalloz*, 1965, p. 731.

du fond de l'affaire) qui sont sanctionnées, en parallèle avec les vices de forme, par la nullité de la procédure »[59].

Pareille conception de l'acte de procédure apparaissait néanmoins discutable[60]. Sans doute, l'acte de procédure est-il un acte volontaire :

> « Negli atti processuali si possono distinguere due ordini di elementi necessariamente combinati fra loro *e cioè* (...) *contenuto e forma. Contenuto è l'espressione di un pensiero o rovesciando i termini è un pensiero in quanto espresso.* (...) *Forma è il modo o il tramite della sua espressione-manifestazione esterna.* (...) *Il pensato, in quanto espresso in una qualunque forma idonea, si distacca o si discioglie dalla mente creatrice per obbiettivarsi in un quid di apprensibile da altri con i loro sensi e quindi poi con il loro intelletto. E cosi anche negli atti processuali* (...) *il pensiero-pensato si tramuta da elemento soggettivo intellettuale o spirituale interiore in un elemento proiettato all'esterno e esternamente materializzato* (...). *È precisamente in relazione a questa proiezione all'esterno, che deve ricercarsi quell'altro estremo che abbiamo detto essere per definizione essenziale dell'atto, e cioè la volontarietà. Si richiede cioè che l'espressione esterna del pensiero-pensato sia voluto, frutto di un'attività volontaria di esteriorizzarlo e materializzarlo, con la scienza e coscienza dell'avverarsi di questo fenomeno rispetto ad altri soggetti che da quell'espressione possano apprendere ed intendere. (...) Inconfondibile con la semplice volontarietà è la c.d. volontà (finale, causale o intenzionale) nel senso in cui se ne parla a proposito dei negozi di diritto sostanziale* »[61].

---

[59] G. Cornu, *L'élaboration du Code de procédure civile*, *in* B. Beignier (dir.) *La codification*, *Dalloz*, 1996, p. 71, spéc. p. 72.

[60] Sur ce thème, v. L. Mayer, *Actes du procès et théorie de l'acte juridique*, *IRJS*, 2009. *Adde* J. Héron, *Réflexions sur l'acte juridique et le contrat à partir du droit judiciaire privé*, Droits 1988, p. 85.

[61] E. Redenti, *Diritto processuale civile*, *Giuffrè*, 4e éd. par M. Vellani, 1995, t. 1, n° 54, p. 217 : « *Dans les actes de procédure, on peut distinguer deux ordres d'éléments nécessairement combinés entre eux, c'est-à-dire (...) le contenu et la forme. Le contenu est l'expression d'une pensée ou, en renversant les termes de la proposition, elle est une pensée en tant qu'elle est exprimée. (...) La forme est le mode ou*

Toutefois, on ne saurait, sans trahir sa nature véritable, prétendre en faire un acte de volonté :

> « *se non si può certo negare che l'atto processuale esista, e neppure che esso si possa considerare come un atto giuridico, nel senso latissimo di questa parola, è lecito dubitare dell'opportunità di istituire una dottrina degli atti processuali sulla falsariga di quella degli atti giuridici sostanziali. In realtà, c'è nello stesso termine di atti processuali un sottile equivoco, che si rivela nella definizione che ne è stata data dalla dottrina : atti che hanno per immediata conseguenza la costituzione, lo svolgimento, la conservazione, la definizione del rapporto processuale (G. Chiovenda) o atti che hanno per effetto il mutamento di une situazione processuale (F. Carnelutti). È evidente che si dà qui al processo une realtà distinta dall'atto che assolutamente non esiste, perché l'atto si identifica col processo, del quale è indissolubile elemento* (...) *è ciò a differenza del rapporto giuridico sostanziale che lo costituisce. La conferma dell'equivoco la si ha considerando che gli atti processuali sono tutti atti volontari, ma la conseguenza processuale* (...) *è del tutto indipendente dalla volontà in essi manifestata, e anzi questa volontà non ha in generale alcun particolare rilievo. Inoltre, essi non hanno radice*

---

le moyen de son expression, de sa manifestation extérieure. (...) La pensée, en tant qu'elle est exprimée dans une quelconque forme idoine, se détache ou se sépare de son esprit créateur pour s'objectiver dans un quid appréhensible par les autres avec leurs sens, et, par suite, avec leur esprit (intellect). Ainsi, même dans les actes de procédure (...) la pensée se transforme d'élément subjectif intellectuel ou spirituel intérieur en un élément exprimé et manifesté de manière extérieure (...). C'est précisément par rapport à cette projection extérieure, que doit être recherché cet autre élément essentiel que nous avons considéré comme un élément constitutif de l'acte de procédure, c'est-à-dire son caractère volontaire. À cet égard, l'exigence est que la projection extérieure de la pensée soit voulue, qu'elle soit le fruit d'une activité volontaire de l'exprimer et de la manifester, avec la pleine conscience et la parfaite connaissance de ce que les autres sujets pourront en apprendre et en comprendre. (...) La volonté qui se manifeste dans l'acte de procédure ne se confond en rien avec la volonté (finale, causale ou intentionnelle) dont il est question lorsque l'on parle des actes juridiques » (traduction de l'auteur).

in un potere del quale la volontà sia l'esercizio e la manifestazione, ma in un onere imposto dalla legge per il raggiungimento di un risultato che è indipendente della volontà di chi compie l'atto ; il che si dimostra anche col fatto che dagli atti processuali (in quanto tali) non nascono diritti e obblighi fra chi gli ha posti in essere e gli altri soggetti del processo, ma solo situazioni processuali, coordinate al fine da raggiungere. (...) L'atto processuale, in realtà, contiene in se stesso la sua definizione, e la sola definizione possibile, che è quella di atto del processo. Questa apparente tautologia esprime che la processualità dell'atto non è in relazione a un suo effetto, ma a una qualità, che e precisamente quella di costituire un elemento del processo di realizzazione della tutela giurisdizionale. E poiché il processo è istituito e regolato dalla norma (processuale) è a questa norma che bisogna rivolgersi per sapere se e quando un determinato atto costituisce un elemento del processo »[62].

---

[62] S. Satta, *Diritto processuale civile*, *Cedam*, 13e éd. par C. Punzi, 2006, n° 110, p. 197 : « *Si on ne peut certes pas nier que l'acte de procédure existe, ni qu'il puisse être considéré comme un acte juridique, au sens large du terme, il est permis de douter de l'opportunité d'élaborer une théorie des actes de procédure construite sur le modèle de la théorie des actes juridiques. En réalité, il y a dans les termes « actes de procédure » une subtile équivoque, qui se révèle dans la définition même qui en a été donnée par la doctrine : actes qui ont pour conséquence immédiate la constitution, le déroulement, la conservation, la définition du rapport processuel (G. Chiovenda) ou actes qui ont pour effet la modification d'une situation processuelle (F. Carnelutti). Il est évident que de telles définitions font du procès une réalité distincte de l'acte qui n'existe absolument pas, parce que, à la différence du rapport juridique substantiel, dont l'acte est un élément constitutif, l'acte de procédure s'identifie avec le procès, dont il est un élément indissoluble (...). L'équivoque entretenue se confirme si l'on considère que, bien que les actes de procédure revêtent un caractère volontaire, l'effet processuel qui leur est attaché (...) ne dépend en rien de la volonté qu'ils manifestent. Tout au contraire, cette volonté n'a en général aucun effet. Au demeurant, les actes de procédure ne trouvent pas leur fondement dans un pouvoir dont la volonté serait l'exercice et la manifestation, mais dans une charge que la loi impose pour la réalisation d'un résultat indépendant de la volonté de l'auteur de l'acte ; ce qui se démontre encore par le fait que, des actes de procédure en tant que tels, ne naissent, entre leurs*

L'acte de procédure voyait sa régularité soumise à la réunion d'un ensemble de conditions :

- conditions de forme, censées affecter la rédaction de l'acte (*instrumentum*), dont la violation ne peut entraîner l'annulation de l'acte que dans la mesure où un texte sanctionne sa méconnaissance, sous réserve qu'elle ne revête un caractère substantiel, et que celui qui s'en prévaut prouve qu'elle lui a causé un grief (CPC, art. 114) ;

- conditions de fond, censées affecter l'opération procédurale (*negotium*), notamment le défaut de capacité d'ester en justice, le défaut de pouvoir d'une partie ou d'une personne figurant au procès comme représentant soit d'une personne morale, soit d'une personne atteinte d'une incapacité d'exercice, et le défaut de capacité ou de pouvoir d'une personne assurant la représentation d'une partie en justice, dont la violation entraîne l'annulation de l'acte sans qu'il soit besoin qu'un texte la sanctionne ni même que celui qui s'en empare ait à rapporter la preuve du préjudice qui en est résulté (CPC, art. 117)[63].

---

auteurs et les autres sujets du procès, ni droits, ni obligations, mais seulement des situations processuelles, coordonnées entre elles en vue de la finalité à atteindre. (...) Les termes « acte de procédure » contiennent en eux-mêmes la définition, la seule définition qui peut en être donnée : l'acte de procédure est un acte du procès. Cette apparente tautologie exprime que le caractère processuel de l'acte n'est pas en relation à son effet, mais à sa qualité de constituer un élément du procès de réalisation de la tutelle juridictionnelle. Et, puisque le procès est institué et réglementé par la règle (de procédure), c'est à cette règle qui faut se référer pour répondre à la question de savoir si un acte déterminé constitue un élément du procès » (traduction de l'auteur).

[63] Sur la distinction de l'*instrumentum* et du *negotium* comme critère des vices de forme et des irrégularités de fond, v. G. Cornu, note

L'œuvre réalisée était considérable. Le système de sanctions des règles de procédure avait été raisonné, le régime des nullités de procédure repensé, réorganisé. Pour impressionnante qu'elle fût, l'œuvre accomplie n'en apparaissait pas moins déséquilibrée. L'acte de procédure dût-il constituer une espèce particulière d'acte juridique, il ne semblait guère raisonnable de prétendre réduire les conditions de fond de l'acte de procédure aux défauts qui affectent la personne de son auteur[64].

À cet égard, on ne peut que souscrire aux pénétrantes observations d'un auteur lorsqu'il dénonce comme illusoire la construction entreprise pour déterminer les conditions de fond et de forme de l'acte de procédure à partir de la façon dont s'agencent - au sein de l'acte juridique - l'opération juridique (*negotium*) et son support formel (*instrumentum*) :

> « *La distinction entre le negotium et l'instrumentum ne divise pas le concept d'acte juridique en deux aspects qui seraient situés sur un même plan. Profondément dissymétrique, cette distinction tout en trompe-l'œil réunit deux notions appartenant à deux ordres de réalité différents : le concept d'acte juridique, d'une part, et une chose, d'autre part, parfois érigée en condition d'efficacité de l'acte juridique. Cette distinction n'est donc en aucun cas susceptible de constituer le fondement de la division du fond et de la forme, laquelle a précisément pour objet de répartir des notions de même nature, les conditions d'efficacité de l'acte juridique, en deux aspects complémentaires de ce concept. Aussi, si rien ne*

---

sous Civ. 2e, 15 oct. 1975 et 20 mai 1976, D. 1977, p. 125. Pour une critique, v. D. Mas, note sous TGI marseille, 25 janv. 1983, D. 1984, p. 197.

[64] « *À la différence de la nullité des actes pour vices de forme, qui sanctionne une irrégularité tenant à l'acte lui-même, la nullité des actes pour irrégularité de fond sanctionne un défaut tenant à la personne même qui est partie au procès* », Cl. Parodi, *L'esprit général et les innovations du nouveau Code de procédure civile*, *Defrénois*, 1976, n° 38, p. 72.

s'oppose à ce que la forme, libre ou imposée, soit identifiée à l'instrumentum, en revanche, assimiler fond et negotium est totalement dépourvu de signification »[65].

Il est vrai que la conception, qui prétend opérer cette partition à partir de l'observation de l'acte de procédure, dont les conditions de fond et les conditions de forme constitueraient des réalités observables, indépendantes du contenu des règles de droit, est elle aussi trompeuse.

> « *l'idée d'une division entre le fond et la forme de l'acte qui existerait dans l'absolu ne repose sur aucun fondement. L'on ne voit en effet aucune raison d'estimer que l'acte juridique serait divisé en deux catégories naturelles d'éléments, qu'il serait possible d'identifier a priori par la seule observation de l'acte juridique, avant même de s'être intéressé à la façon dont ces catégories sont mises en œuvre par le législateur. Il semble plutôt que les notions juridiques de fond et de forme aient été forgées de toutes pièces par la doctrine dans le seul but de décrire commodément le contenu de certaines règles de droit* »[66].

Les concepteurs de ce qui allait devenir le nouveau Code de procédure civile ont - semble-t-il - omis de prendre la pleine mesure que tout système de sanctions des règles de procédure répond à des fins contradictoires : l'ordre et la justice… en d'autres termes, qu'il obéit à deux maîtres dont le divorce est consommé depuis la nuit des temps. À cet égard, il n'est que de considérer les prétendues fins de non-recevoir (fins de non-recevoir de procédure), qui ont fleuri dans le Code de procédure civile pour sanctionner l'omission ou l'imperfection d'une formalité requise pour

---

[65] L. Mayer, *op. cit.*, n° 391, p. 423. Pour cet auteur, la référence à la distinction du *negotium* et de l'*instrumentum* pour faire le départ entre les vices de forme et les irrégularités de fond susceptibles d'entacher la validité d'un acte de procédure est marquée au coin de « *l'inanité* » (*sic*).

[66] L. Mayer, *op. cit.*, n° 394, p. 426.

la régularité d'un acte de procédure, pour s'aviser de l'illusion dans laquelle ont versé les concepteurs du code[67].

À en croire un auteur, « *L'idée de départ* [a] *probablement* [été] *la suivante. Il est apparu au rédacteur du code que les règles qui prescrivent une formalité quelconque à l'auteur d'un acte de procédure sont destinées à garantir le respect des droits de la défense de la partie adverse. Or, il était acquis que les règles dotées d'un tel objectif doivent être soumises à un régime souple de sanctions permettant de sauver l'acte vicié lorsqu'il n'est pas porté atteinte à l'objectif. Aussi paraissait-il justifié de soumettre toutes les règles relatives à la rédaction de l'acte de procédure à ce régime souple et de décider qu'à l'inverse toutes les règles relatives à la volonté de l'auteur de l'acte de procédure devaient être respectées à peine d'entraîner l'anéantissement automatique de l'acte.* (...) *Ils ont ainsi baptisé "vices de forme" les vices qui ne sont censés entraîner la nullité que s'il est démontré que les droits de la défense ont effectivement et concrètement été violés, par opposition aux "vices de fond", qui entraînent quant à eux l'annulation systématique de l'acte de procédure.* (...) *Malheureusement, il s'est avéré que les rédacteurs du code ont "péché par excès de simplification". En effet* (...) *toutes les règles prescrivant l'accomplissement d'une formalité n'ont pas pour vocation exclusive de garantir le respect des droits de la défense de la partie adverse. Aussi, dans certains cas, la démonstration que celle-ci n'a subi aucun grief n'apparaît en rien un motif satisfaisant de refuser l'annulation de l'acte* »[68].

---

[67] Sur ce thème, v. G. Block, *Les fins de non-recevoir en procédure civile, Bruylant, LGDJ*, 2002, spéc. pp. 54-63.

[68] L. Mayer, *op. cit.*, n° 395, p. 427.

Si la sanction de la règle de procédure a pour finalité de garantir la justice par la préservation du dialogue judiciaire sans lequel le procès est chimère, elle a aussi pour objet de préserver l'ordre et la sécurité[69]. Dans cette perspective, il n'est pas que les défauts, qui tiennent à la personne de l'auteur d'un acte de procédure, qui appellent sanction automatique. Certains vices, qui affectent la rédaction de l'acte, que d'aucuns se plairont à ranger dans la catégorie des vices de forme, alors que d'autres se complairont à les classer dans la catégorie des irrégularités de fond, peuvent aussi commander une sanction automatique. À cet égard, on persistera à penser que la distinction que l'on entend opérer entre les diverses irrégularités qui peuvent entacher un acte de procédure pour décider des conditions auxquelles doit opérer la nullité ne saurait reposer sur une prétendue nature de l'irrégularité, reconstruite à partir des opinions des auteurs, pour être une question d'opportunité[70]. Seule la considération de la finalité poursuivie par la formalité méconnue devrait conduire à décider si la nullité édictée doit opérer de manière automatique ou si son prononcé doit être soumis à la preuve d'un grief[71].

---

[69] Rappr. J. Pellerin, *L'omission de l'acte de procédure*, in Mél. J. Buffet, *Petites Affiches*, 2004, p. 379, spéc. p. 385 à 386. À côté d'un formalisme inhérent au contenu de l'acte de procédure, devrait être distingué un formalisme afférent aux conditions de formation des actes de procédure au sein du système judiciaire, qui participe d'un certain ordre civique et social, et dont la procédure civile devrait assurer la régulation par une sanction automatique… pour cet auteur, une sanction radicale et exemplaire : l'inexistence.

[7070] « *La distinction entre vice de forme et irrégularité de fond est une question d'opportunité. L'enjeu est au fond l'automaticité de la sanction* » (D. Mas, note préc., D. 1984, p. 200).

[71] En ce sens, v. L. Mayer, *op. cit.*, n° 395, p. 428.

Ainsi, parce que seule une sanction automatique est de nature à garantir la finalité de la règle posée[72], après avoir estimé que la violation des dispositions de l'article 510-2 ancien du Code civil, reprises à l'article 467, alinéa 3, du même code, aux termes desquelles toute signification faite à la personne en curatelle doit - à peine de nullité - être également faite au curateur, constituait une irrégularité de fond[73], puis un vice de forme[74], la première chambre civile de la Cour de cassation a-t-elle à nouveau rangé, au nombre des irrégularités de fond, la violation de ces dispositions : *« l'omission de la signification de l'assignation au curateur constitue une irrégularité de fond que ne peut couvrir l'intervention volontaire de celui-ci en cause d'appel à l'effet de faire sanctionner cette irrégularité »*[75].

---

[72] V. J. Massip, *Tutelles des mineurs et protection juridique des majeurs*, *Défrénois*, 2009, n° 457, p. 379.

[73] Civ. 1re, 20 déc. 2001, n° 00-17.173, Défrenois 2002, p. 696, obs. J. Massip, RTD civ. 2002. 272, obs. J. Hauser ; 6 févr. 1996, n° 93-21.053, Bull. civ. I, n° 65, RTD civ. 1996, p. 361, obs. J. Hauser.

[74] Civ. 1re, 8 juill. 2009, n° 07-19.465, Bull. civ. I, n° 160, D. 2009, p. 1970, obs. V. Egéa, *ibid.* 2010, p. 2115, spéc. 2125, obs. J.-J. Lemouland, AJ fam. 2009, p. 351, obs. L. Pécaut-Rivolier, Dr. fam. 2009 comm. 115, obs. I. Maria, RTD civ. 2009, p. 700, obs. J. Hauser, Procédures 2009 comm. 322, obs. M. Douchy-Oudot.

[75] Civ. 1re, 23 févr. 2011, n° 09-13.867, Bull. civ. I, n° 37, D. 2011, p. 1265, note R. Loir, *ibid.* p. 2501, J.-J. Lemouland, AJ fam. 2011, p. 215, obs. Th. Verheyde, Dr. fam. 2011 comm. 58, obs. I. Maria, RTD civ. 2011, p. 324, obs. J. Hauser. Dans le même sens, Civ. 1re, 19 mars 2014, n° 12-28.171, Dr. fam. 2014 comm. 87, obs. I. Maria. V. déjà Civ. 2e, 25 févr. 2010, n° 08-20.345 :« *toute signification faite au majeur en curatelle doit l'être aussi à son curateur à peine de nullité de sorte que l'acte d'appel formé contre un majeur en curatelle, sans être notifié au curateur, est affecté d'une irrégularité sanctionnée par la nullité* ». Gardienne de la nouvelle orthodoxie, la deuxième chambre civile de la Cour de cassation s'abstenait toutefois de révéler la nature de cette irrégularité ! Le secret a néanmoins été levé… quand bien même la décision rendue n'est pas destinée à être

Il devrait en aller de même lorsque, en violation des dispositions de l'article 678, alinéa 1er du Code de procédure civile, un jugement est signifié à partie sans avoir préalablement été signifié à son représentant *ad litem*[76]. En effet, à soumettre la sanction de ce texte à la preuve d'un grief, on risque de compromettre l'objectif : « *être assuré que la partie perdante a pu être informée par son avocat de l'opportunité qu'il pourrait y avoir à former un recours en disposant encore de l'intégralité du délai imparti pour l'exercer* »[77]. Sans doute, dans cette hypothèse, le grief consistera-t-il à n'être informé qu'une fois le délai en cours, mais - interpelle le professeur Roger Perrot - « *comment le savoir et comment le prouver ?* »[78]. À vouloir éviter que la violation des dispositions de

---

publiée au Bulletin civil : Civ. 2e, 28 févr. 2013, n° 11-19.685, Dr. famille 2013 comm. 76, obs. I. Maria : « *l'absence d'acte d'appel déclaré contre le curateur constitue une irrégularité de fond qui ne peut être couverte qu'avant l'expiration du délai de recours* ». Dans le même sens, Civ. 2e, 27 juin 2013, n° 12-20.880 : « *l'omission de la signification de la sommation de prendre connaissance du cahier des charges au curateur du débiteur saisi affecte cette sommation d'une irrégularité de fond* », lui aussi voué à demeurer inédit.

[76] V. cep. *contra*, Civ. 2e, 12 avr. 2012, n° 11-12.017, Bull. civ. II, n° 74, Procédures 2012 comm. 169, obs. crit. R. Perrot, D. 2012, p. 2057 (n° 7), obs. approb. L. Leroy-Lissinger et F. Renault-Malignac ; 12 juill. 2012, n° 11-23.471, RLDC 2012, n° 95, p. 68, obs. crit. C. Bléry, D. 2012, p. 2057 (n° 7), obs. approb. L. Leroy-Lissinger et F. Renault-Malignac.

[77] R. Perrot, *eod. loc.*

[78] R. Perrot, *eod loc.* Sur le problème de preuve, v. Civ. 1re, 23 févr. 2012, n° 10-26.117, Procédures 2012 comm. 143, obs. crit. R. Perrot : l'acte de signification à partie qui mentionne que le jugement a été notifié à avocat, sans toutefois que l'huissier de justice instrumentant n'indique qu'il a lui-même procédé à cette notification ou que celle-ci lui a été présentée, emporte, sauf preuve contraire, que cette notification a été faite préalablement. Par suite, il incombe à la partie qui conteste la réalité de cette notification d'en rapporter la preuve contraire !

l'article 678 du Code de procédure civile ne dégénère en une excuse facile pour le plaideur négligent, la Haute juridiction en arrive à perdre le sens du droit. Gardien du juste, le préteur s'institue vigile de la conduite[79]. Pourtant, « l*a balance de la justice n'est pas située sur le terrain de la moralité des personnes en présence, mais bien sur celui des res en question* »[80].

Fondé sur la distinction du fond et de la forme - dont la seule fonction est utilitaire[81] - le système de sanctions des formalités de l'acte de procédure élaboré par les concepteurs du Code de procédure civile a eu pour conséquence de provoquer une véritable guerre. Au travers de la question de l'automaticité de la sanction[82], l'enjeu est de prémunir les parties contre les conséquences dramatiques dont l'annulation d'un acte de procédure peut être porteuse. « *Les résultats sévères et parfois injustes de cette sanction sont en effet impressionnants. Une fois la nullité prononcée l'acte tombe et avec lui les effets qu'il*

---

[79] Sur la fonction du juriste, v. M. del Carmen de la Cigoña Cantero, *La función del jurista perspectivas y consideraciones del realismo jurídico contemporàneo*, Thèse, Madrid, 2001 (dir J.M. Serrano Ruiz-Calderón), disponible sur le site de l'université Complutense de Madrid (eprints.ucm.es). *Adde* S. Bauzon, *Il mestiere del giurista. Il diritto politico nella prospettiva di Michel Villey, Giuffrè*, 2001, publié en français sous le titre *Le métier de juriste. Du droit politique selon Michel Villey, Presses de l'université de Laval*, 2003.

[80] J.-P. Schouppe, *Le réalisme juridique, Story-scientia*, 1978, p. 16.

[81] Les notions de fond et de forme « *ne reflètent pas une réalité absolue et inamovible, elles exercent une fonction exclusivement utilitaire* » (L. Mayer, *op. cit.*, n° 395, p. 428).

[82] V. (caractéristique) M. Domingo, avis Ch. mixte, 7 juill. 2006, n° 03-20.206, préc. : « *En l'absence de grief allégué et démontré, l'acte critiqué, subsistant ainsi en tant qu'acte introductif d'instance signifié à la partie que l'on veut empêcher de prescrire et manifestant une volonté d'interpellation suffisante de celle-ci pourrait se voir reconnaître un rôle interruptif du cours de la prescription* ».

avait produits, il sera alors souvent trop tard pour refaire l'acte litigieux du fait de l'expiration des délais. Le procès sera perdu pour une raison de pure forme ce qui pourra donner à penser qu'une machination judiciaire prive un plaideur du droit que lui attribue pourtant la loi »[83].

Sans doute, dans nombre de cas, le drame, dont l'annulation de la demande en justice peut être porteuse, pourra être évité par la régularisation de l'acte irrégulier. On ne saurait toutefois ignorer que la régularisation ne peut opérer que si « *aucune forclusion n'est intervenue* » (CPC, art. 115)[84]. Au demeurant, condition de la régularisation d'un acte infecté par un vice de forme, l'absence de prescription ou de forclusion a été étendue à la régularisation de l'acte entaché d'une irrégularité de fond[85].

Il est vrai que la portée de cette règle est devenue incertaine. Dès lors que la demande en justice interrompt le délai de prescription et le délai de forclusion (C. civ., art. 2241), jusqu'à l'extinction de l'instance (C. civ., art. 2242), même lorsque l'acte de saisine du juge est annulé par l'effet d'un vice de procédure, l'application des dispositions du Code de procédure civile relatives à la

---

[83] D. Tomasin, *Remarques sur la nullité des actes de procédure,* in Mél. P. Hébraud, *Dalloz*, 1981, p. 853.
[84] V. Civ. 2e, 20 janv. 2011, n° 09-73.038 ; 9 sept. 2010, n° 09-16.443 ; 4 juin 2009, n° 08-13.668.
[85] V. Com., 8 juin 1999, n° 94-20.999, Bull. civ. IV, n° 122 ; Civ. 3e, 9 déc. 1998, n° 97-12.455, Bull. civ. III, n° 237 ; 26 janv. 1994, n° 92-13.715 ; Civ. 2e, 19 oct. 1983, n° 82-13.030, Bull. civ. II, n° 167. V. cep. Civ. 2e, 8 sept. 2011, n° 10-18.342, RLDC 2011, n° 87, p. 61, obs. C. Bléry, AJDI 2012, p. 136, obs. F. de la Vaissière : une assignation affectée d'une irrégularité de fond, couverte avant que le juge ne statue, interrompt le délai de prescription, quand bien même la régularisation interviendrait après l'expiration du délai de prescription.

régularisation de l'acte de procédure entaché de nullité ne peut manquer de susciter l'interrogation[86]. « *Comment une prescription interrompue jusqu'à la fin de l'instance pourrait elle être acquise durant cette même instance ? Il y a là une absurdité qui défie la logique* »[87]. De là, cette incompatibilité entre les dispositions du Code de procédure civile et les dispositions nouvelles que la loi du 17 juin 2008 a introduites dans le Code civil, dénoncée par divers auteurs[88], qui conduit certains processualistes à considérer que les règles relatives à la régularisation de l'acte de procédure irrégulier ont été vidées de toute substance[89].

Être exposé à devoir recommencer un procès, voire à subir la perte de son droit si, par suite du temps écoulé, il n'était plus loisible de le recommencer, apparaît déjà insupportable lorsque, à la suite de la maladresse d'un artisan du droit, l'acte de procédure, qui portait la demande en justice, est annulé parce que l'irrégularité, dont il était entaché, a préjudicié aux intérêts de la partie adverse, laquelle a rapporté la preuve du grief subi :

> « *Si, en matière contractuelle, l'annulation du contrat constitue un aboutissement, les parties étant alors placées dans une nouvelle situation d'équilibre, il n'en va pas de même en matière procédurale, la situation de conflit qui préexistait à l'instance subsistant après l'annulation du jugement. Ainsi constate-t-on immédiatement que si la nullité tend à protéger les parties, elle a*

---

[86] Sur ce thème, v. L. Mayer, Rép. proc. civ., V° *Nullités*, spéc. n° 215 à 217, pp. 32-33.
[87] J.-P. Chazal, S. Wattel, *Prescription et vices de procédure : contrariété entre le Code civil et le Code de procédure civile ?*, Procédures 2009, alerte 50.
[88] V. not. S. Guinchard, C. Chainais, F. Ferrand, *Procédure civile*, *Dalloz*, 31e éd., 2012, n° 968, p. 672.
[89] V. J. Héron, Th. Le Bars, *Droit judiciaire privé*, *Montchrestien*, 4e éd., 2010, n° 204, p. 172 - n° 208, p. 175.

pour conséquence, secondaire si l'on en reste sur le plan juridique, mais essentiel si l'on se place sur le plan humain, de provoquer la perte des frais souvent considérables exposés tout au long de la procédure annulée, une perte de temps qui peut, souvent même, faire perdre tout intérêt à l'instance, enfin une perte d'énergie, les souffrances morales qu'éprouvent les parties tout au long du procès ayant, en ce cas été supportées en pure perte »[90].

Mais si l'annulation de l'acte irrégulier devait intervenir - de manière automatique - au prétexte, par exemple, que l'on ne saurait tolérer qu'un huissier de justice franchisse, sans coup férir, les limites de son ressort territorial, la conscience se révolterait pour dénoncer une situation inacceptable. Il reste - qu'on le veuille ou non - qu'il est un degré de désordre qu'un système de sanctions des règles de procédure ne saurait tolérer[91].

La Haute juridiction a beau marteler que : « *quelle que soit la gravité des irrégularités alléguées, seuls affectent la validité d'un acte de procédure, soit les vices de forme faisant grief, soit les irrégularités de fond limitativement énumérées à l'article 117 du Code de procédure civile* », cette position n'en demeure pas moins contraire à la nature des choses[92].

---

[90] Cl. Parodi, *op. cit.*, n° 35, p. 69.

[91] « *Dans un système où les manifestations procédurales s'expriment à travers des actes formels, le fond et la forme sont intimement liés et, quoique l'on fasse pour éliminer les méfaits d'un formalisme stérile, il y a nécessairement des limites que l'on ne saurait transgresser sans courir le risque d'une dangereuse anarchie* » (R. Perrot, RTD civ. 1976, p. 826). En ce sens, le formalisme est une « *nécessité processuelle* » (Y. Strickler, *Procédure civile*, *Larcier*, 4e éd., 2013, n° 9, p. 13).

[92] Sur le concept de nature des choses, v. M. Villey, *La nature des choses dans l'histoire de la philosophie du* droit, *in* Droit *et nature des choses*, *Dalloz*, 1965, p. 69.

Depuis qu'elle a été ciselée par la chambre mixte de la Cour de cassation[93], cette formule a été répétée à l'envi par l'ensemble des formations de la Haute juridiction[94]. Toutefois, la remise en ordre de la matière que la Haute juridiction entendait opérer, sur le fondement d'une lecture réductrice des dispositions de l'article 117 du Code de procédure civile, n'a pas résisté à l'épreuve des faits[95].

Nature des choses oblige, les irrégularités de fond, censées limitées aux seuls cas visés à l'article 117 du Code de procédure civile, ont pourtant vu leur nombre se grossir de nouvelles hypothèses. Ainsi, brisant l'harmonie, qui aurait dû régner à la suite de l'arrêt rendu le 7 juillet 2006 par la chambre mixte de la Cour de cassation, la troisième chambre civile de la Haute juridiction a-t-elle, aux termes d'un arrêt en date du 4 février 2009, estimé que, dans le cadre de la procédure spéciale qui régit la fixation du prix du bail commercial révisé ou renouvelé (C. com., art. R. 145-23 à R. 145-33), les conclusions, substituées au mémoire, qui doit être notifié à l'autre partie, en préalable

---

[93] Ch. mixte, 7 juill. 2006, n° 03-20.206, préc.

[94] Civ. 1re, 17 janv. 2008, n° 06-14.380, Bull. civ. I, n° 13 ; Civ. 2e, 16 déc. 2010, n° 10-10.625 ; 24 juin 2010, n° 09-13.458, 11 févr. 2010, n° 09-11.756 ; Civ. 3e, 27 janv. 2010, n° 08-12.465, 30 sept. 2009, n° 08-13.756 ; 24 oct. 2007, n° 06-19.379, Bull. civ. III, n° 184, Procédures 2007 comm. 272, obs. R. Perrot ; Com., 24 mars 2009, n° 07-21.692 ; 8 avr. 2008, n° 07-10.589 ; Soc., 22 mars 2011, n° 09-72.345 ; 18 nov. 2009, n° 08-42.177 ; 17 juin 2009, n° 08-41.388 ; 16 juin 2009, n° 08-41.566 - 08-41.511 ; 27 mai 2009, n° 07-45.445 ; 12 mai 2009, n° 08-40.008 - 08-40283 ; 4 juin 2008, n° 06-44.462, 2 déc. 2008, n° 07-42.370 - 07-44.206 - 06-45.913 - 07-42.314 - 07-42.285 - 07-42.073 - 06-44.962 - 07-42.143 - 07-42.142.

[95] V. (prémonitoire) R. Perrot, obs. préc., Procédures 2007 comm. 272. Rappr. (interrogatif) J. Beauchard, *Originalité et difficulté d'application de la théorie des nullités des actes de procédure dans le procès civil*, *in* M. Boudot, P.M. Vecchi, *La théorie des nullités*, *LGDJ*, 2008, p. 145, spéc. p. 153.

à la saisine du juge, étaient entachées d'une irrégularité de fond : « *édictée dans le cadre de l'organisation judiciaire et dans l'intérêt d'une meilleure administration de la justice et non dans l'intérêt de l'une ou l'autre des parties, la notification, préalable à la saisine du juge, du mémoire du demandeur ou du défendeur, ne peut être remplacée par aucun acte même extra-judiciaire* », par suite, c'est, à bon droit (...), que la cour d'appel a déclaré les conclusions déposées inopérantes, et dit que ces conclusions étaient affectées d'une nullité de fond entraînant l'extinction définitive de la procédure en fixation du loyer du bail renouvelé (...)[96]. De même, aux termes d'un arrêt en date du 23 février 2011, la première chambre civile de la Cour de cassation - à laquelle la deuxième chambre civile a emboîté le pas[97] - a-t-elle rangé au nombre des irrégularités de fond le fait de ne pas avoir porté à la connaissance du curateur l'assignation délivrée à un majeur en curatelle en violation des dispositions de l'article 510-2 ancien du Code civil, reprises à l'article 467, alinéa 3, du même code[98].

Il est vrai que la réduction du nombre des irrégularités de fond aux seules hypothèses visées à l'article 117 du Code de procédure civile conduit à des solutions qui défient le bon sens. Parce qu'il doit être rangé au nombre des personnes qui assurent la représentation d'une partie en justice, l'avocat, qui franchit les limites du territoire qui

---

[96] Civ. 3e, 4 févr. 2009, n° 08-10.723, préc. ; 13 oct..2010, n° 09-66.600, préc. ; 26 oct. 2011, n° 10-18.858, préc. ; 22 nov. 2011, n° 10-25.686, préc.

[97] Civ. 2e, 28 févr. 2013, n° 11-19.685, préc. (omission de la notification de l'acte d'appel) ; Civ. 2e, 27 juin 2013, n° 12-20.880, préc. (omission de la notification de la sommation de prendre connaissance du cahier des charges).

[98] Civ. 1re, 23 févr. 2011, n° 09-13.867, préc. Dans le même sens, Civ. 1re, 19 mars 2014, n° 12-28.171, préc.

lui est attribué lorsqu'il exerce son ministère devant le tribunal de grande instance (L. 31 déc. 1971, art. 5, al. 2), entache l'acte de procédure qu'il accomplit en cette qualité d'une irrégularité de fond[99]. En revanche, l'huissier de justice, qui franchit les limites du territoire qui lui est dévolu pour exercer ses attributions (Décr. 2 nov. 1945, art. 5), infecte l'acte qu'il signifie d'un vice de forme[100], puisque - en pareille occurrence - il n'assure pas la représentation d'une partie en justice[101]. Pourtant, par-delà

---

[99] Civ. 2e, 18 oct. 2012, n° 11-18.730 (commandement de payer), préc. ; 5 mai 2011, n° 10-14.066, Bull. civ. II, n° 105, RTD civ. 2011, p. 585, obs. Ph. Théry, D. 2012, p. 1509, obs. A. Leborgne (déclaration de créance) ; 8 sept. 2011, n° 10-18.342 ; 23 oct. 2003, n° 01-17.806 ; Civ. 3e, 17 nov. 2001, n° 99-12.383, préc.; Civ. 2e, 9 janv. 1991, n° 89-12.457 préc. (assignation).

[100] Civ. 2e, 27 sept. 2012, n° 11-23.159, Gaz. Pal. 9 mars 2013, p. 39, obs. L. Mayer : l'irrégularité de l'acte tenant à l'incompétence territoriale de l'huissier instrumentaire, qui n'est pas de celles limitativement énumérées à l'article 117 du Code de procédure civile, constitue un vice de forme. *Contra* : Civ. 2e, 29 nov. 1995, n° 94-11.902, Bull. civ. II, n° 295 ; 20 mai 1976, n° 75-11.401, Bull. civ. II, n° 168, D. 1976, p. 125, note G. Cornu, Gaz. Pal. 1976.2.180, note J. Viatte, RTD civ. 1976, p. 718, obs. R. Perrot. *Adde* sous l'empire de la législation ancienne Soc., 1er déc. 1951, D. 1952, p. 71, note P. Raynaud. Comp. Civ. 1re, 31 mai 2007, n° 06-12.173, Bull. civ. I, n° 214, *JCP* 2007. I. 139, n° 16, obs. Y.-M. Serinet, Dr. procéd. 2008, p. 22, obs. E. Putman, Dr. et patr. 2008, p. 98, obs. S. Amrani Mekki : « *les huissiers de justice ne peuvent, à peine de nullité, instrumenter à l'égard de leurs parents et alliés et de ceux de leur conjoint en ligne directe ni à l'égard de leurs parents et alliés collatéraux jusqu'au sixième degré ;* (...) *la méconnaissance de cette prohibition est sanctionnée par la nullité de fond de l'acte instrumenté, laquelle (...) peut être invoquée en tout état de cause* » !

[101] Comme le souligne madame Lucie Mayer dans ses observations, en pareille occurrence, l'huissier de justice « *se contente* (…) *d'instrumenter pour le compte de la partie, mais il ne représente pas davantage celle-ci que ne le fait La Poste lorsqu'elle se charge de la notification en la forme ordinaire d'un acte de procédure* » (L. Mayer, *eod. loc.*).

la nature du « mandat » dans le cadre duquel opère l'avocat et l'huissier de justice, la finalité qui anime ces règles est identique.

Certes, on pourra toujours prétendre que la réduction du nombre des irrégularités de fond est conforme à la volonté des rédacteurs du code[102]... quand bien même nombre d'auteurs doutent de sa réalité. Tel, Jean Beauchard, dont les remarques prennent la forme d'une philippique :

> « *Contre l'avis de la doctrine majoritaire, et contre la volonté du législateur, et après avoir implicitement jugé le contraire, la Cour de cassation a décidé que la liste d'irrégularités de fond de l'article 117 du Code en était exhaustive. (...) C'est discutable parce que ce n'est certainement pas la volonté du législateur qui a annoncé dans l'article 117 "des" irrégularités de fond non pas "les" (sous-entendu les seules). Et puis, le législateur avait en principe réglé la question en indiquant sous l'article 119, que "Les exceptions de nullité fondées sur l'inobservation des règles de fond relatives aux actes de procédure doivent être accueillies... alors même que la nullité ne résulterait d'aucune disposition*

[102] Ainsi, Jacques Héron considérait-il qu'une extension de la liste des irrégularités de fond conduirait à remettre en cause les choix des rédacteurs du Code de procédure civile dans leur volonté de limiter les irrégularités de fond aux seuls vices qui entachent la manifestation de volonté (*negotium*), par opposition aux vices qui affectent son support matériel (*instrumentum*), savoir la capacité et le pouvoir (J. Héron, Th. Le Bars, *Droit judiciaire privé*, *Montchrestien*, 2e éd. 2002, n° 211, p. 157. Dans le même sens, v. C. Bléry, L. Raschel, *Absence de signature d'un acte de procédure : petite mise au point sur sa sanction*, Procédures 2011 alerte 56, spéc. n° 4). V. cep. G. Cornu, J. Foyer, *Procédure civile*, *PUF*, 3e éd., 1996, n° 130, p. 559 : « *L'énumération des irrégularités de fond est-elle limitative ? Il est curieux qu'ait été posée une question résolue négativement par l'article 119* (du Code de procédure civile), *aux termes duquel* : *"Les exceptions de nullité fondées sur l'inobservation des règles de fond relatives aux actes de procédure doivent être accueillies sans que celui qui les invoque ait à justifier d'un grief et alors même que la nullité ne résulterait d'aucune disposition expresse"* ».

> *expresse". Il ressort bien de ce texte qu'il peut exister d'autres irrégularités de fond que celles indiquées expressément par un texte, qui serait d'ailleurs le seul article 117. Il s'agissait donc bien d'une catégorie en principe ouverte* »[103].

En toute hypothèse, la réalité de cette prétendue volonté ne saurait justifier de livrer le système de sanctions de l'acte de procédure à l'incohérence :

> « *vouloir subordonner à la preuve d'un grief la sanction de l'inobservation de ce type de règle est s'exposer à ne jamais la sanctionner car il est pratiquement impossible de rapporter la preuve d'un grief. Il n'est pas bon de poser des règles dont l'inobservation ne peut être sanctionnée alors même qu'il peut en résulter un grand désordre dans les pratiques professionnelles.* (...) *Si l'on estime, que l'organisation des professions est importante* (...)*, la méconnaissance de ces règles doit être qualifiée d'irrégularité de fond* »[104].

Lorsqu'elle conduit à un tel résultat, la volonté du législateur, serait-elle avérée, ne mérite pas que l'on s'incline devant elle[105]... même à l'heure où l'accélération

---

[103] J. Beauchard, *Originalité et difficulté d'application de la théorie des nullités des actes de procédure dans le procès civil*, *in* M. Boudot, P. M. Vecchi, *op. cit.*, p. 149. Dans leur majorité, les auteurs partagent cette opinion, quand bien même certains récusent l'argument de texte invoqué, v. L. Cadiet, E. Jeuland, *Droit judiciaire privé*, *LexisNexis*, 7e éd., 2011, n° 450, p. 326, J. Couchez, X. Lagarde, *Procédure civile*, *Sirey*, 16e éd., 2011, n° 195, p. 221, J. Héron, Th. Le Bars, *op. cit.*, n° 211, p. 178. Pour un exposé, tout en nuances, de la question, v. Y. Strickler, *op. cit.*, n° 273, p. 153.

[104] Ph. Théry, RTD civ. 2005, 630. Dans le même sens, J. Lemée, *La règle « pas de nullité sans grief » depuis le nouveau Code de procédure civile*, p. 23, spéc. n° 26, p. 36.

[105] « *On ne peut qu'approuver le juge lorsqu'il respecte la volonté du législateur. Cependant, il est permis de penser que la lecture que fait la Cour de cassation de l'article 117 du Code de procédure civile, lorsqu'elle y voit une liste exhaustive des irrégularités de fond, susceptibles d'entacher un acte de procédure est contestable. Et si cette lecture correspond à la volonté des auteurs du Code, ce que la*

du procès civil est devenue une idole exigeante. À ce stade, elle n'est plus raison, elle devient alibi.

Au résultat, la réduction du nombre des irrégularités de fond aux seules hypothèses visées à l'article 117 du Code de procédure civile n'a pour seul effet que de réduire l'interprète à user d'un expédient lorsque, parce que les limites sont atteintes, il considère que, par-delà le préjudice que la formalité imparfaite ou omise a pu engendrer, sa violation appelle sanction automatique[106]. De là, la manipulation des concepts que l'on constate où, ce qui a son origine dans la régularité de l'acte de procédure trouve, au terme d'une singulière alchimie, sa sanction dans une « irrecevabilité » par exemple[107].

---

seule lecture de l'article 117 ne permet pas d'affirmer, c'est alors cette volonté qui a quelque chose d'excessif » (J. Héron, Th. Le Bars, *eod. loc.*).

106 « *Il est des formalités ou des irrégularités qui répugnent à être couvertes ou non sanctionnées au seul motif qu'elles ne causent aucun grief.* (…) *On ne peut tolérer que l'on fasse tout à fait n'importe quoi, n'importe comment et que l'acte soit néanmoins validé au motif qu'il n'a pas réellement causé de grief* » (J. Beauchard, *Originalité et difficulté d'application de la théorie des nullités des actes de procédure dans le procès civil*, *in* M. Boudot, P.M. Vecchi, *op. cit.*, p. 151).

107 « *Il existe une tentation pour le juge de disqualifier en nullité pour irrégularités de fond une nullité pour vice de forme afin d'éviter la recherche de grief, lorsque le vice est grave, ou même de baptiser fin de non-recevoir une nullité pour vice de forme. Quant à la frontière entre nullité de fond et fin de non-recevoir, elle est perméable. Il est assez généralement admis que la liste de l'article 117 est limitative ; pour y échapper, il suffit de nommer fin de non-recevoir une nullité de fond, car la liste de l'article 122 est, de l'avis unanime, non limitative* » (R. Martin, *Un virus dans le système des défenses du nouveau Code de procédure civile : le droit d'action*, RGDP 1998, p. 419, spéc. p. 420). Rappr. J. Beauchard, *eod. loc.*

Sous cet aspect, un arrêt de la deuxième chambre civile de la Cour de cassation en date du 25 mars 2010 apparaît emblématique. En l'espèce, la première chambre civile de la Haute juridiction avait cassé un arrêt de la cour d'appel de Colmar par un arrêt en date du 30 janvier 2007[108]. L'affaire avait été renvoyée devant la cour d'appel de Colmar autrement composée pour qu'il soit fait droit. La difficulté se fit jour à l'occasion de la saisine de la juridiction de renvoi. Le défendeur au pourvoi, qui prit l'initiative de saisir la juridiction de renvoi, procéda à une déclaration au secrétariat de cette juridiction conformément aux prescriptions de l'article 1032 du Code de procédure civile. Toutefois, au lieu de remettre au greffe cette déclaration conformément aux dispositions de l'article 902 du Code de procédure civile dans sa rédaction issue du décret du 20 août 2004 - puisque la manière de faire parvenir au greffe la déclaration est fonction des règles applicables devant la juridiction de renvoi – le défendeur au pourvoi avait adressé la déclaration par la voie postale. Saisie de la difficulté, la cour d'appel de Colmar estima : « *que, si les termes employés par* (…) *dans son acte de saisine après cassation ne pouvait entraîner la nullité ou l'irrecevabilité de celui-ci car il n'existait aucune ambiguïté sur la volonté de* (…) *de saisir la cour de renvoi, il ne pouvait cependant pas user de la voie postale pour le faire* ». En conséquence, les juges du second degré décidèrent : « *que, dès lors que la saisine de la cour avait été faite sans respecter les dispositions de l'article 902 du Code de procédure civile, la déclaration était irrecevable ; que s'agissant d'une irrégularité de fond affectant la validité de l'acte qui ne pouvait être couverte que si la déclaration avait été réitérée dans les formes requises dans le délai de quatre mois édictés par l'article 1034, l'absence de grief était*

---

[108] Civ. 1re, 30 janv. 2007, n° 05-20.935.

indifférente ». Au terme du pourvoi qu'il forma à l'encontre de l'arrêt rendu, le demandeur reprochait aux juges du second degré une violation des dispositions de l'article 117 du Code de procédure civile, puisque « quelle que soit la gravité des irrégularités alléguées, seuls affectent la validité d'un acte de procédure, soit les vices de forme faisant grief, soit les irrégularités de fond limitativement énumérées à l'article 117 du Code de procédure civile », et une violation des dispositions de l'article 114 de ce même code, puisque l'irrégularité commise, qui ne pouvait constituer qu'un vice de forme, avait été sanctionnée sans qu'aucun grief n'ait été invoqué, ni constaté. Toutefois, cette argumentation n'a pas trouvé grâce auprès des conseillers de la deuxième chambre civile : « *qu'ayant relevé que la saisine avait été faite par voie postale et non par déclaration au greffe et que l'irrégularité n'avait pas été couverte pendant le délai de saisine, la cour d'appel en a exactement déduit que l'acte était irrecevable* »[109] !

Pour préserver les apparences, et tenter de convaincre, qui voudra bien l'être, que les irrégularités de fond sont en

---

[109] Civ. 2e, 25 mars 2010, n° 09-14.910. V. déjà Civ. 2e, 17 déc. 2009, n° 07-44.302, Bull. civ. II, n° 289 aux termes duquel cette même formation de la Haute juridiction approuve une cour d'appel d'avoir déclaré irrecevable l'appel dont la déclaration avait été faite au greffe de la juridiction qui avait rendu la décision, en violation des prescriptions de l'article 932 du Code de procédure civile ; Soc. 1er avr. 2009, n° 07-44.962, aux termes duquel la chambre sociale de la Cour de cassation considère que « *l'acte qui ne comporte pas la signature de son auteur* (en l'espèce, la lettre recommandée d'un cabinet d'avocat) *ne vaut pas déclaration d'appel et que l'apposition d'un timbre humide, qui ne présente aucune garantie d'identification de l'auteur de l'acte, ne peut suppléer au défaut de signature* », de sorte que, doit être approuvée, la cour d'appel qui avait estimé - sans rechercher l'existence d'un grief - que l'irrégularité infectant l'acte rendait l'appel irrecevable !

nombre limité, la fin de non-recevoir, pourtant définie comme tout moyen qui tend à faire déclarer l'adversaire irrecevable en sa demande, sans examen au fond, pour défaut de droit d'agir (CPC, art. 122), est de la sorte promue au rang de bonne à tout faire de la procédure civile, avec la bonne conscience que le régime de la nullité des actes de procédure pour irrégularité de fond et celui des fins de non-recevoir sont quasiment identiques[110].

Or, la guerre du fond et de la forme à laquelle se livrent les auteurs, au gré des décisions rendues par la Cour de cassation, est sans intérêt pratique[111]. Que l'annulation de l'acte de procédure trouve son fondement dans un vice de forme, dont la sanction ne peut intervenir que si la formalité imparfaite ou omise est sanctionnée par un texte - sous réserve de son caractère substantiel - et pour autant

[110] V. (de manière expresse) Civ. 2e, 21 févr. 2013, n° 11-26.765 : la cour d'appel qui constate qu'un appel a été formé par lettre recommandée avec demande d'avis de réception adressée au greffe de la cour d'appel, en violation des dispositions de l'article 902 du Code de procédure civile de Nouvelle Calédonie, doit relever d'office la fin de non-recevoir tirée de l'irrégularité de sa saisine ; 6 janv. 2011, n° 09-72.506, Bull. civ. II, n° 5, Procédures 2011 comm. 85, obs. R. perrot : le défaut de saisine régulière du tribunal paritaire des baux ruraux ne constitue pas un vice de forme mais une fin de non-recevoir, et celui qui l'invoque n'a pas à justifier d'un grief. v. déjà Civ. 3e, 3 oct. 1996, n° 94-18.535, préc. Rappr. Com., 21 mars 2006, n° 02-11.464, aux termes duquel cette formation de la Haute juridiction considère que l'action en report de la date de cessation des paiements, introduite par voie de requête, alors qu'elle ne pouvait l'être que par requête conjointe, par la présentation volontaire des parties, ou par voie d'assignation, entache la saisine du tribunal d'une irrégularité qui doit être sanctionnée par une fin de non-recevoir ! Comp. Civ. 2e, 3 avr. 2003, n° 01-03.254, Bull. civ. II, n° 95, RTD civ. 2003, p. 545, obs. R. Perrot : l'absence d'assignation ou de tout autre mode d'introduction de l'instance, équivaut à une absence d'acte, qui entache la procédure d'une irrégularité de fond.

[111] Rappr. R. Perrot, RTD civ. 2006, p. 820.

que son imperfection ou son omission se révèle préjudiciable, à charge pour celui qui s'en prévaut d'en rapporter la preuve, ou qu'elle trouve son assise dans une irrégularité de fond, dont la sanction doit opérer de manière automatique, sans qu'il soit besoin qu'un texte la sanctionne ni même que celui qui s'en empare ait à rapporter la preuve du grief qui en est résulté, l'issue du drame est identique. Sous cet aspect, la controverse doctrinale du fond et de la forme n'a pour seul effet que de limiter le nombre des victimes, mais la justice ne se décrète pas au décompte du nombre des cadavres.

Pour prémunir les parties au procès des conséquences dramatiques dont peut être porteuse l'annulation d'un acte de procédure, l'essentiel n'est pas de tarir la source de l'annulation de l'acte au préjudice de l'ordre procédural, mais de leur garantir qu'elles n'auront pas à pâtir des conséquences de cette annulation, qu'elle intervienne au nom de la justice ou au nom de l'ordre, lorsque l'annulation a pour objet un acte auquel est attaché un effet interruptif de prescription ou de forclusion, et que, par suite de l'écoulement du temps, il ne leur est plus loisible de le refaire.

La question est agitée de longue date. Déjà, dans un ouvrage intitulé « *Traité des prescriptions, de l'aliénation des biens d'église et des dixmes* », publié en 1730, François Dunod de Charnage observait :

> « *Si le demandeur s'est désisté de son assignation, ou s'il a perdu son procès, l'assignation ne pourra pas lui servir pour en induire une interruption. L'on prétend qu'il en est de même s'il a laissé périr l'instance, ou que l'assignation soit déclarée nulle ; parce qu'étant anéantie dans tous les cas elle ne doit avoir aucun effet ; et cela quand même elle n'aurait été annulée, que par rapport à l'incompétence du juge. Cependant, il y a des auteurs d'un grand poids, qui tiennent que toute citation qui est libellée, quand même*

elle serait faite à comparaître par-devant un juge incompétent, suffit pour interrompre la prescription. Leur sentiment est équitable en certaines circonstances ; car l'assignation quoique nulle, est une preuve de la diligence de celui qui se pourvoit en justice ; lorsqu'elle est libellée d'ailleurs et accompagnée de titres, ne peut-elle pas mettre celui qui prescrit en mauvaise foi, et effacer la présomption que formait le long silence du créancier, pour le paiement ou la remise de la dette ? Les formalités des exploits sont si fort multipliées, et la diversité des juridictions si grand qu'un particulier qui s'y trompe est souvent excusable ; et on lit dans le procès-verbal du projet de réformation de la coutume du duché de Bourgogne, à la journée du 7 août 1591, que si l'action portant interruption, n'est bonne et qu'elle soit inutile, elle ne laisse d'interrompre la prescription rationae juris praetensi. Si donc la nullité de l'exploit ne venait pas d'une faute grossière, s'il était libellé, de manière que le prescrivant fut mis en mauvaise foi ; si la prescription ne courait qu'en peine de la négligence de celui qui agit, et n'était pas de rigueur contre lui, on jugerait avec fondement qu'elle a été interrompue »[112].

Toutefois, nul n'ignore que - à cette question - les rédacteurs du Code civil ont apporté une réponse contradictoire. Ils décidèrent que, même donnée devant un juge incompétent, la citation en justice interrompait la prescription (C. civ., art. 2246). En revanche, ils décrétèrent que, si la citation en justice devait être déclarée nulle pour vice de forme, l'effet interruptif de prescription qui lui est attaché (C. civ., art. 2244) devait être regardé comme non avenu (C. civ., art. 2247).

La raison de cette divergence de solutions ne laissait de susciter l'interrogation :

« *L'assignation devant un juge incompétent interrompt la prescription, article 2046, tandis que l'assignation, nulle en la forme, la laisse subsister. Pourquoi cette différence ? M. de Maleville avoue qu'on a d'abord de la peine à la saisir ; il*

[112] F. Dunod de Charnage, *Traités des prescriptions, de l'aliénation des biens d'église et des dixmes*, *Briasson*, 3e éd. 1753, p. 56.

reproche à Dunod de ne pas s'expliquer d'une manière satisfaisante sur la question, et il la tranche en disant qu'on ne peut croire sur rien la citation qui n'est pas revêtue des formes légales, au lieu que celle qui est donnée devant un juge incompétent, n'est pas pour cela nulle, et peut instruire celui auquel on l'adresse. Cette argumentation a pu déterminer le législateur ; mais elle est bien subtile, et il est difficile que la raison s'en accommode. Dunod est conséquent, il met sur la même ligne l'assignation libellée, qui pèche par la forme, et l'assignation donnée devant un juge incompétent. L'une et l'autre lui paraissent également avertir et constituer le défendeur en mauvaise foi »[113].

Forma dat esse rei expliquait-on : « *Une assignation nulle pour défaut de forme, n'a pas le même privilège qu'une assignation donnée devant un juge incompétent. (...) Lorsqu'en effet un acte pèche par la forme extérieure, dont on a dit avec raison, dat esse rei, il n'a aucune existence sérieuse ; c'est un lambeau de papier qui ne fait preuve de rien. Au contraire, un acte valable en la forme,*

---

[113] F. Vazeille, *Traité des prescriptions*, *Tarlier*, 2e éd., 1834, n° 193, p. 70. Dans le même sens, F. Mourlon, *Répétitions écrites sur la prescription*, *Marescq*, 1850, p. 51. Pour ce qui le concerne, Victor Marcadé reprochait au législateur d'avoir joué à pile ou face pour avoir réglé le cas de « nullité pour incompétence » d'après l'équité, et le cas de « nullité pour vice de forme » d'après le *summum jus*, alors que leur règlement eût dû intervenir sur le fondement d'un principe unique (V. Marcadé, *De la prescription*, *Cotillon*, 1854, pp. 128-131). Toutefois, pour Charles Aubry et Charles Rau cette divergence de solutions n'existait pas : « *En déclarant son incompétence, le juge ne se prononce pas, et ne pourrait pas même se prononcer l'annulation de l'assignation dont il a été indûment saisi. Continuant de subsister malgré la déclaration d'incompétence, cette assignation doit, lorsqu'elle est d'ailleurs régulière en la forme, avoir pour effet d'interrompre la prescription, comme ayant manifesté d'une manière suffisante l'intention du propriétaire ou du créancier d'exercer ses droits* » (Ch Aubry, Ch. Brau, *Cours de droit civil français*, *Cosse, Marchal et Cie*, t. 2, 3e éd. 1863, § 215, p. 312, sous-note 8). Dans le même sens, A. Le Roux de Bretagne, *De la prescription*, *Durand et Pedone*, 1869, t. 1, n° 483, p. 344.

mais susceptible d'être annulé par quelque défaut intrinsèque, fait preuve de son contenu. Il a autorité de créance, et l'on ne peut dire de lui : "nullum producit effectum". (...) Pour quiconque veut y réfléchir, il y a une immense différence entre ces deux principes de nullité »[114].

Cependant, si cette divergence de solutions devait trouver son explication dans le fait qu'une citation nulle « *n'étant pas revêtue des formalités légales, on ne peut la croire sur rien* », alors qu'une citation quoique donnée devant un juge incompétent *« peut instruire celui auquel on l'adresse* »[115], on avait peine à comprendre que le lambeau de papier auquel devait être réduite la citation entachée d'un vice de forme pût - si la nullité était couverte pour ne pas avoir été invoquée en temps utile - devenir la base d'une procédure :

> « *Pourquoi une assignation nulle par défaut de forme n'interromprait-elle pas la prescription, aussi bien que celle donnée devant un juge incompétent, pourvu que le vice de forme ne tombe pas sur ce qui constate que la copie est parvenue ? Lorsqu'elle a été donnée, lorsqu'elle est parvenue, le réclamant a-t-il été négligent jusqu'au bout ? Le preneur a-t-il cru jusqu'au dernier moment être tranquille débiteur ! Remarquons que nul jugement ne peut en aucun cas intervenir sur l'assignation donnée devant un juge incompétent, tandis qu'une assignation nulle par défaut de forme, peut, si la nullité est couverte, devenir la base d'une procédure, d'une condamnation, etc.* »[116].

---

[114] R. Troplong, *De la prescription*, *Hingray*, 1835, t. 2, n° 598, p. 137.

[115] J. de Maleville, *Analyse raisonnée de la discussion du Code civil au conseil d'État*, *Garnery et Laporte*, 1805, t. 4, p. 376.

[116] P. Fenet, *Recueil complet des travaux préparatoires du Code civil*, *Videcoq*, 1836, t. 2, p. 750.

Aussi, la Cour de cassation proposait-elle que l'article 2246 du Code civil comportât un second alinéa aux termes duquel il eût été précisé qu'une assignation, qui ne serait nulle que par un vice qui ne toucherait pas à la certitude que la copie est parvenue à celui que l'on veut empêcher de prescrire, emportait, comme la citation en justice donnée devant un juge incompétent, interruption de prescription[117].

À cet égard, prétendre que, « *lorsque la nullité de l'assignation a été couverte parce qu'elle n'a pas été proposée en temps utile, l'assignation ne diffère plus d'un acte valable et capable de causer un trouble civil* »[118] ne pouvait satisfaire[119]. En réalité, la divergence de solutions instituée par les rédacteurs du Code civil trouvait son seul fondement dans le souci de ne pas « *rejeter tout-à-fait les vices de forme* »[120] :

> « *On ne peut donner qu'une seule raison plausible de l'article 2246 et de la différence qui en résulte entre la nullité et l'incompétence ; c'est que celui qui assigne, par un acte valable en la forme, le possesseur ou le débiteur devant un tribunal incompétent manifeste néanmoins l'intention de faire valoir ses droits, ce qui suffit pour que la prescription soit interrompue ; tandis que la volonté n'est pas manifestée légalement lorsque l'acte est nul* »[121].

---

[117] P. Fenet, *eod. loc.*

[118] R. Troplong, *op. cit.*, n° 601, p. 140.

[119] « *Dire que l'assignation restera valable lorsqu'elle ne sera pas annulée, ce n'est certes pas répondre à cette question : Pourquoi l'assignation qui est annulée pour vice de forme, c'est-à-dire pour un vice moins grave que l'autre, puisqu'il eut pu se couvrir, ne produira-t-elle pas autant d'effet que celle qui est annulée pour incompétence matérielle, c'est-à-dire pour un vice plus grave et qui ne saurait se couvrir jamais ?* » (V. Marcadé, *op. cit.*, p. 130).

[120] R. Troplong, op. cit., n° 598, p. n° 598, p. 138.

[121] F. Laurent, Principes de droit civil français, *Marescq*, t. 32, 1878, n° 97, p. 108. Rappr. M. Marchandise, *La prescription libératoire en*

Un temps combattue[122], la question de savoir, si la citation en justice, qui pèche par la forme, comme celle donnée devant un juge incompétent, n'est pas de nature à avertir et constituer le défendeur en mauvaise foi, ne suscitera plus la controverse. La réponse donnée par les rédacteurs du Code civil ne sera plus interrogée. Renonçant au questionnement, les juristes - comme souvent - préféreront s'adonner au culte de la réponse[123].

Il faudra attendre une intervention du législateur pour que trouve son terme le règne du *summum jus summa injuria*. Ce sera l'œuvre de la loi n° 2008-561 du 17 juin 2008

---

matière civile, *Larcier*, 2007, n° 126, p. 128, pour lequel l'intention du législateur relève de la volonté de protéger la valeur de l'acte en déniant le moindre effet à la citation défectueuse.

[122] V. M. Colin, *De l'interruption de la prescription en matière civile*, thèse, 1883 (dir J.-E. Labbé), spéc. pp. 213-216 ; L. Guillouard, *Traité de la prescription*, *Pedone*, 2e éd., 1901, n° 209, pp. 198-200. En 1911 - encore - Marcel Planiol critiquait cette solution : « *La loi montre ici une sévérité injustifiable. La nullité de l'assignation est souvent due à une faute minime, à une simple irrégularité d'écriture, et de plus cette faute est commise par l'huissier et non par la partie. On dit bien que l'huissier en faute sera responsable, si l'action ne peut pas être renouvelée par l'achèvement de la prescription dans l'intervalle, mais sa responsabilité sera illusoire, si sa fortune personnelle ne suffit pas, ce qui est possible, à dédommager son client. Il eût bien mieux valu accorder l'effet interruptif à l'assignation nulle pour vice de forme, comme on l'a fait pour le cas d'incompétence. Ce sont deux situations tout à fait comparables* » (M. Planiol, *Traité élémentaire de droit civil*, *LGDJ*, vol. 1, 6e éd., 1911, n° 2691, p. 841)… critique qui sera reprise dans le traité pratique de droit civil publié par Marcel Planiol et Georges Ripert entre 1924 et 1930 (M. Planiol, G. Ripert, *Traité pratique de droit civil français*, *LGDJ*, T. III *Les biens* par M. Picard, 1926, n° 731, p. 689). Dans le même sens, A. Colin, H. Capitant, *Cours élémentaire de droit civil français*, *Dalloz*, t. 1, 6e éd. 1930, p. 895.

[123] V. cep. A. Bénabent, *Le chaos du droit de la prescription extinctive*, *in* Mél. L. Boyer, *Presses de l'université des sciences sociales de Toulouse*, 1996, p. 123.

portant réforme de la prescription en matière civile. Désormais, même lorsque l'acte de saisine de la juridiction est annulé par l'effet d'un vice de procédure, la demande en justice interrompt le délai de prescription ou le délai de forclusion[124].

Fini. Il en était fini de cette conscience de praticien que dénonçait déjà La Bruyère[125]. Enfin triomphaient au palais la raison, la sagesse et l'équité. La forme n'emporterait plus le fond. Le chicaneur, qui se livre à des ruses d'homme de loi, ne trouverait plus son compte. L'artisan du droit n'aurait plus à recourir à l'artifice. Point ne lui serait dorénavant besoin de recourir à la fameuse formule de l'acte « sur et aux fins »[126], pour tenter de conserver à un acte entaché de nullité l'effet interruptif qui lui est

---

[124] Désormais, lorsqu'une seconde assignation est délivrée ensuite d'une première annulée, le juge doit rechercher si l'annulation de la première ne résulte pas d'un vice de procédure qui laisse entier l'effet interruptif qui lui était attaché, v. Civ. 1re, 25 nov. 2010, n° 09-69.122 à 09-69.124, Procédures 2011 comm. 50, obs. R. Perrot, Contrats, conc. consom. 2011 comm. 45, obs. G. Raymond.

[125] « *Il est vrai, dit-on, cette somme lui est due, et ce droit lui est acquis. Mais je l'attends à cette petite formalité ; s'il l'oublie, il n'y revient plus, et conséquemment il perd sa somme, ou il est incontestablement déchu de son droit ; or il oubliera cette formalité. Voilà ce que j'appelle une conscience de praticien* » (J. de La Bruyère, *Les caractères*, *David*, 1759, t. 2, p. 354).

[126] « *La formule qui consiste à dresser un acte de procédure, et généralement une assignation, "sur et aux fins" d'un acte précédent qui est resté sans effet, afin d'en assurer la survie à la date où il avait été fait, est une curiosité juridique qui a la vie dure.* (...) *Lorsque la loi impose que cet acte soit délivré dans un certain délai, de deux choses l'une : où bien ce délai n'est pas expiré et une régularisation est toujours possible sans avoir besoin de la béquille du « sur et aux fins » ; ou le délai légal est venu à expiration, et ce ne sont pas les acrobaties du vocabulaire juridique qui peuvent donner vie rétroactivement à un acte qui ne peut plus être diligenté* » (R. Perrot, RTD civ. 2011, p. 589).

attaché, comme si le fait qu'un acte de procédure soit réalisé « sur et aux fins » d'un précédent acte irrégulier pouvait avoir le pouvoir magique de le régulariser *ex tunc*, alors que le second acte est délivré une fois que le délai de prescription ou de forclusion est expiré[127].

Le rétablissement de l'équité prend des allures de revanche. En effet, par une loi en date du 16 juillet 2012 modifiant le Code civil et le Code judiciaire en vue de simplifier les règles qui gouvernent le procès civil, le législateur belge a - à son tour - abrogé la règle, inscrite à l'article 2247 du Code civil, selon laquelle l'effet interruptif de prescription qui lui est attaché, doit être regardé comme non avenu « si l'assignation est nulle par défaut de forme ». La genèse de cette réforme législative mérite que l'on s'y arrête.

À l'occasion du bicentenaire du Code civil, le professeur Jean-François van Drooghenbroeck avait publié un article dans le Journal des tribunaux dans lequel - sous l'autorité de Henri de Page - il regrettait que l'acte introductif d'instance nul en la forme n'opérât point l'interruption de la prescription alors que tel était le cas de la saisine d'un juge incompétent :

> « *Où gît la différence, puisqu'en toute hypothèse, "l'effet interruptif de la citation en justice tient aujourd'hui à la manifestation de volonté que cet acte implique" bien davantage qu'aux formes qu'elle adopte ? Fût-elle affectée d'une nullité au sens de l'article 860 du code judiciaire la citation - ou la requête -*

[127] V. Civ. 2e, 9 sept. 2010, n° 09-16.443, préc. ; Com., 4 janv. 2000, n° 97-13.251, Procédures 2000 comm. 58, obs. R. Perrot ; 2 nov. 1993, n° 92-21.946.

n'altère pas l'expression de la volonté de son auteur, pas plus que lorsqu'elle est portée devant un juge incompétent »[128].

Mandatés par madame Laurette Onkelinx, ministre de la Justice, pour établir un état des lieux de la justice, le professeur Georges de Leval et le sénateur Fred Erdman, ont rédigé un rapport aux termes duquel ils ont repris cette suggestion, proposant que l'acte introductif d'instance nul en la forme soit interruptif de la prescription de la même manière que l'acte introductif d'instance donné devant un juge incompétent[129]. « *En effet, dans la mesure où une partie a clairement indiqué sa volonté d'introduire une demande en justice, il est injustifié que l'accès à la justice lui soit ensuite refusé pour une question formelle alors qu'elle n'a pas à subir, en ce qui concerne le droit allégué, les conséquences produites par un système dont la complexité dont les tenants et aboutissants ne sont pas toujours maîtrisés par la communauté des juristes* »[130].

Discutée à l'occasion du vote de la loi du 26 avril 2007 modifiant le code judiciaire en vue de lutter contre l'arriéré judiciaire, cette proposition n'avait pas été

---

[128] *La prescription libératoire : paradigme ou paradoxe de la sécurité juridique ?*, JT 2004, p. 337, spéc. n° 2, p. 337. *Adde* J. F.van Drooghenbroeck, M. Marchandise, *Les causes d'interruption et de suspension de la prescription libératoire (Rapp. belge)*, *in* P. Jourdain, P. Wéry (dir.), *La prescription extinctive (Études de droit comparé)*, *Bruylant*, LGDJ, *Schultess*, *2010*, p. 403, spéc. n° 26, p.441.

[129] F. Erdman et G. de Leval, *Les dialogues justice*, *Ministère de la justice*, 2004, p. 130, disponible sur le site du ministère de la justice du Royaume de Belgique (*justice.belgium.be*).

[130] G. de Leval, Fr. Georges, *La sanction des irrégularités procédurales*, in G. de Leval, Fr. Georges (dir.), *Le droit judiciaire en mutation. En hommage à Alphonse Kohl*, *Anthemis*, 2007, p. 135, spéc. n° 16, p. 141.

retenue[131]. Elle a toutefois été reprise dans une proposition de loi déposée par le député Christian Brotcorne, qui a abouti à la loi du 16 juillet 2012 modifiant le Code civil et le Code judiciaire en vue de simplifier les règles qui gouvernent le procès civil. Aux termes de l'article deux de cette loi, la phrase « Si l'assignation est nulle par défaut de forme » a été abrogée dans l'article 2247 du Code civil. Désormais, en droit belge, la citation nulle pour vice de forme conserve l'effet interruptif de prescription qui lui est attaché[132].

L'ANGOISSE. Au sortir de son extase, l'artisan du droit a néanmoins dû sentir poindre l'angoisse. Écrites dans une langue barbare, les dispositions de l'article 2241, alinéa 2 du Code civil ne laissent de susciter l'interrogation[133].

Instruit que le législateur était que la demande en justice et la saisine du juge sont parfois des actes distincts[134], on ne

---

[131] v. X. Taton, *Les irrégularités, nullités et abus de procédure*, in J. Englebert (dir.), *Le procès civil accéléré ?*, *Larcier*, 2007, p. 199, spéc. n° 14, p. 207.

[132] Pour un commentaire, v. D. Mougenot, *La loi du 16 juillet 2012 modifiant le Code civil et le code judiciaire en vue de simplifier les règles qui gouvernent le procès civil*, JT 2012, p. 633.

[133] Rappr. S. Amrani Mekki, *Les causes de suspension et d'interruption de la prescription (Rapp. français)*, *in* P. Jourdain, P. Wéry (dir.), *op. cit.*, p. 474, spéc. n° 29, p. 491.

[134] Ainsi, devant le tribunal de grande instance, lorsque la demande est formée par assignation, la saisine du juge résulte de la remise au greffe d'une copie de l'assignation dans un délai de quatre mois à compter de sa délivrance, sous peine de caducité (CPC, art. 757). De même devant le tribunal d'instance, lorsque la demande est formée par assignation à toutes fins, la saisine du juge résulte de la remise au greffe d'une copie de l'assignation huit jours au moins avant la date de l'audience, sous peine de caducité (art. 839). De même encore, devant le tribunal de commerce, lorsque la demande est formée par assignation, la saisine du juge résulte de la remise au greffe d'une copie de l'assignation huit jours au moins avant la date de l'audience,

pourra que regretter l'emploi d'une expression (acte de saisine) de nature à semer le trouble dans les esprits. Sans doute, le simple bon sens commande-t-il une assimilation de l'acte de saisine à la demande en justice (demande principale ou demande incidente) laquelle - comme le souligne un auteur - est seule susceptible d'une annulation pour vice de procédure :

> « *Les termes "acte de saisine" peuvent prêter à confusion dans certaines procédures, notamment devant le TGI, puisque la "demande", formée par assignation (art. 750 CPC), est un acte de procédure distinct de la "saisine" du tribunal, qui s'effectue par remise au greffe d'une copie de l'assignation (art. 757 CPC). Or, l'acte de saisine visé par l'article 2241 du Code civil ne peut être que la demande, et non la saisine ultérieure de la juridiction (dont on conçoit difficilement qu'elle puisse être annulée pour vice de procédure) !* »[135].

De même, averti que le législateur était que les vices qui entachent un acte de procédure se déclinent en des vices de forme et des irrégularités de fond, on ne pourra là encore que regretter l'emploi d'une expression (vice de procédure) qui ouvre à l'interprète un océan d'incertitude :

> « *L'ancien article 2247 prévoyait que si l'assignation était nulle pour défaut de forme (de même qu'en cas de désistement de la demande, de péremption d'instance ou si la demande est rejetée), l'interruption était regardée comme non avenue. À l'opposé, la loi nouvelle décide que la demande en justice a un effet interruptif "même (...) lorsque l'acte de saisine de la juridiction est annulé*

---

sous peine de caducité (art. 857). V. Y. Strickler, *op. cit.*, n° 234, p. 128.

[135] N. Fricero, *Le nouveau régime de la prescription et la procédure civile (loi n° 2008-651 du 17 juin 2008)*, *in Le nouveau régime de la prescription et la procédure civile*, Coll. 11 mai 2009, Cour de cassation, n° 14, p. 8 : site de la Cour. *Adde* N. Fricero, *La prescription extinctive un an après la loi n° 2008-561 du 17 juin 2008 : ce qu'il faut savoir !*, Procédures 2009 étude 6, spéc. n° 16.

par l'effet d'un vice de procédure" (art. 2241, al. 2). La réforme n'est pas mineure. Mais les termes et les conséquences d'une telle règle ont-ils été suffisamment pesés ? S'agissant des termes, on s'étonne de la référence aux "vices de procédure », alors que le Code de procédure civile a distingué les notions de "vices de forme" et d' "irrégularités de fond". Les vices de procédure recouvrent-ils aussi bien ceux qui constituent la violation de formalités substantielles ou d'ordre public que les vices de forme prévus par la loi ? »[136].

Élevé dans cette tradition toute moderne selon laquelle « *le juriste s'avance le code à la main* », « *la loi dit que, à la bouche* »[137], nul doute que l'artisan du droit ne se soit enquis des travaux parlementaires pour essayer de découvrir la *ratio legis*. Las, de la lecture des travaux parlementaires, on apprend que la commission des lois du Sénat a décidé de prévoir l'interruption du délai de prescription ou du délai de forclusion lorsque l'acte de saisine de la juridiction est annulé par l'effet d'un vice de procédure... dans la mesure où « *il lui a* (...) *semblé logique de conférer les mêmes effets à deux erreurs similaires, portant, l'une sur la juridiction compétente, l'autre sur la procédure à suivre* » (*sic*)[138]. Soit.

Est-ce à dire que, désormais, lorsque l'acte juridique qui saisit le juge (la demande en justice)[139] est annulé, la

---

[136] V. Lasserre Kiesow, *Commentaire de la loi du 17 juin 2008 portant réforme de la prescription en matière civile*, RDC 2008, p. 1449, spéc. p. 1459.

[137] Pour une généalogie, v. A. Papaux, *Introduction à la philosophie du « droit en situation » : De la codification légaliste au droit prudentiel, Bruylant, LGDJ, Schulthess*, 2006, auquel les formules utilisées sont empruntées.

[138] Rapp. de M. Laurent Béteille au nom de la commission des lois du Sénat, n° 83 (2007-2008), p. 47, disponible sur le site du Sénat.

[139] « *L'acte juridique par lequel le juge est saisi est la demande en justice* » (N. Cayrol, *La saisine du juge*, *in* Mél. G. Wiederkehr, *Dalloz*, 2009, p. 99, spéc. p. 100).

demande en justice conserve l'effet interruptif du délai de prescription ou du délai de forclusion qui lui est attachée, que l'anéantissement de l'acte trouve son origine dans un vice de forme ou dans une irrégularité de fond ? Pour répondre à une question de pareille profondeur, l'artisan du droit n'a pu que solliciter le secours des docteurs de la loi… *qui tam bene scribunt*. Il a dû se mettre en quête des études, réflexions et commentaires, que des juristes à la plume alerte, l'œil vif et l'esprit aiguisé, avaient consacrés aux dispositions de la loi nouvelle, au nombre desquelles celles de l'article 2241, alinéa 2 nouveau du Code civil qui le préoccupaient si fort.

Délaissant ses préoccupations ordinaires, l'artisan du droit a dû s'atteler à la tâche avec enthousiasme. Lire. Relire parfois. Souligner. Prendre des notes à en noircir tout un carnet, persuadé qu'il pouvait être que, au terme de la lecture de pareille somme, il sortirait aguerri, prêt à ferrailler - le code à la main - pour le bon droit, dans les prétoires de France et de Navarre, instruit qu'il serait par ces doctes esprits. Pourtant, au terme de cette entreprise, l'artisan du droit n'a pu que demeurer songeur.

Présage d'une nouvelle guerre dont le vice de procédure risque de devenir l'objet[140], les auteurs s'opposent quant à

[140] V. (prophétique) R. Perrot, Procédures 2011 comm. 50 : « *La solution retenue par la loi* (du 17 juin 2008) *est évidemment séduisante pour le praticien qui de toute manière, si son assignation est contestée pour un vice de procédure, n'aura plus à redouter une prescription menaçante. Et par ailleurs, on veut espérer que seront taris les débats sur la nullité d'un acte introductif d'instance avec pour point de mire l'expiration d'une forclusion. Mais il y a gros à parier que le problème rebondira sur la définition du vice de procédure qui ne s'identifie pas nécessairement au vice de forme et que l'on replongera dans un nouveau contentieux difficile à maîtriser*

la réponse à apporter à la question de savoir si le vice de procédure constitue une catégorie générique, au sein de laquelle doivent être regroupées toutes les défectuosités d'un acte de procédure, dont les vices de forme et les irrégularités de fond formeraient les deux espèces[141].

Pour certains auteurs, marquée du sceau de l'ambiguïté, l'expression « vice de procédure » peut sans doute être entendue comme regroupant sous la même bannière les vices de forme et les irrégularités de fond. Toutefois, seul le maintien de l'effet interruptif attaché à l'acte de saisine du juge, dans l'hypothèse où son annulation trouve son fondement dans un vice de forme, correspondrait à l'intention véritable du législateur. Les explications sont toutefois diverses.

Pour démontrer qu'une extension de la règle du maintien de l'effet interruptif à l'hypothèse où la demande en justice est annulée pour irrégularité de fond trahirait l'intention du législateur, d'aucuns se font exégètes. Ainsi, pour un auteur, la limitation du maintien de l'effet interruptif à la seule hypothèse où l'acte de saisine du juge

---

du fait que la procédure n'est parfois que le vecteur obligé d'une règle de fond ».

[141] Aux auteurs qui - sans même sourciller - considèrent que les dispositions de l'article 2241, alinéa 2 du Code civil doivent trouver application quelle que soit la nature du vice qui entache la validité de l'acte de saisine du juge (v. not. Ph. Malaurie, *La réforme de la prescription civile*, *JCP* 2009. I. 134 (n° 8) ; F. Ancel, *la loi n° 2008-561 du 17 juin 2008 portant réforme de la prescription en matière civile*, Gaz. Pal. 2008, p. 2118), s'opposent les auteurs qui répugnent à cette interprétation (v. not. M. Bandrac, *La nouvelle nature juridique de la prescription en matière civile*, RDC 2008, p. 1413, spéc. n° 17, p. 1420) ou qui entendent la moduler tant ses conséquences leur apparaissent « énhaurmes » (v. not. S. Amrani Mekki, *Liberté, simplicité, efficacité, la nouvelle devise de la prescription ? À propos de la loi du 17 juin 2008*, *JCP* 2008. I. 160, spéc. n° 67).

est annulé pour vice de forme pourrait être soutenue pour deux raisons. Outre que les travaux parlementaires témoigneraient d'une assimilation du vice de procédure et du vice de forme (première raison), si l'intention du législateur n'avait pas été de limiter la règle du maintien de l'effet interruptif au seul cas où la demande en justice est anéantie par suite du vice de forme dont elle est entachée « *il n'était nul besoin de faire référence au vice de procédure ; il aurait suffi d'écrire que la demande en justice nulle conserve son effet interruptif* » (seconde raison)[142]. D'autres se font polémistes. Ignare, le législateur aurait usé d'une expression (vice de procédure), qui ne correspondrait en rien à son intention supposée, tant il est vrai que, « *même si, dans la jurisprudence, la distinction des deux catégories de nullité n'est pas toujours des plus claires, il serait absolument déplacé que l'effet interruptif d'une demande en justice survive à la nullité pour vice de fond de l'acte qui la véhicule* »[143]. Dans ces conditions, il faudrait « *tenir cette inconséquence pour un lapsus législatif qu'il appartient à l'interprète de corriger* »[144] (*sic*) !

Déplacé ou non, d'autres auteurs - peut-être égarés - n'en considèrent pas moins qu'il n'est aucune raison que l'effet interruptif attaché à une demande en justice ne survive pas à l'annulation de l'acte qui la véhicule, quand bien même cette annulation trouverait son fondement dans une irrégularité de fond. Ainsi, la professeure Natalie Fricero

---

[142] O. Staes, *La loi n° 2008-561 et le régime des prescriptions applicables aux transports terrestres de marchandises*, Rev. dr. transp. 2009 étude 5, spéc. n° 23.

[143] Cl. Brenner, N. Lécuyer, *La réforme de la prescription*, *JCP N* 2009, p. 1118, n° 74 à 79, spéc. n° 77. *Adde* Cl. Brenner, *De quelques aspects procéduraux de la réforme de la prescription extinctive*, RDC 2008, p. 1431.

[144] Cl. Brenner, N. Lécuyer, *eod. loc.*

qui, dans le premier commentaire qu'elle a consacré aux dispositions de la loi du 17 juin 2008 avait réservé la réponse à apporter à cette embarrassante question[145], enseigne-t-elle désormais que : « *En l'absence de restriction légale, peu importe que l'acte soit atteint d'un vice de forme ou d'un vice de fond (le CPC distingue, au titre des exceptions de nullité, les irrégularités de forme et les irrégularités de fond, art. 112 s) : par exemple, si une demande est formée pour le compte d'une société par une personne qui n'a pas le pouvoir pour agir, la personne morale irrégulièrement représentée bénéficie de l'effet interruptif de la prescription* »[146].

Si, pour emprunter le raisonnement de cet auteur, il n'est pas discutable que la notion de « vice de procédure » renvoie aux articles du Code de procédure civile qui définissent les exceptions de nullité : nullité pour vice de forme (CPC, art. 112 à 116), nullité pour irrégularité de fond (art. 117 à 121), et qu'il n'est aucune raison pour en écarter les irrégularités de fond[147], on ne saurait pour autant en conclure que l'effet interruptif attaché à la demande en justice survit, en toute hypothèse, que l'annulation de l'acte qui la porte trouve son fondement dans un vice de forme ou dans une irrégularité de fond.

Sous cet aspect, les opinions doctrinales qui ont été exprimées méritent d'être renvoyées dos-à-dos pour être

---

[145] N. Fricero, *La nouvelle prescription : entre sécurité et modernité*, RLDC 2008, n° 51, p. 6.

[146] N. Fricero, *Le nouveau régime de la prescription et la procédure civile*, *eod. loc.*

[147] V. N. Fricero, *Ô temps, suspends ton vol… Procédure judiciaire ou amiable et prescription extinctive*, in *Mél. G. Wiederkehr*, préc., p. 327, spéc. n° 11, p. 332 ; *La prescription après la loi du 17 juin 2008 en droit de la construction*, RDI 2011, p. 435, spéc. n° 13, p. 438.

empreintes de dogmatisme. Si l'idée, qui a présidé à l'instauration de la règle nouvelle, est que la personne qui a agi en justice ne doit pas perdre le bénéfice de l'interruption de la prescription ou de la forclusion, attaché à sa demande, parce qu'elle n'en a pas moins clairement manifesté l'intention de se prévaloir de son droit[148], la seule question qui mérite considération est celle de la réalité de la manifestation de volonté[149], que l'acte qui porte la demande en justice soit annulé pour vice de forme ou pour irrégularité de fond.

Or, à cet égard, la seule existence d'un acte apparaît insuffisante[150]. Il est sans conteste d'autres éléments, qu'ils tiennent à la personne de l'auteur de l'acte - qu'il s'agisse de la partie ou de son représentant - voire à la nature de la formalité imparfaite ou omise, qui appellent considération pour décider de la réalité d'une manifestation de volonté[151]. Dans cette perspective, par-

---

[148] En ce sens, v. Cl. Brenner, N. Lécuyer, *eod. loc.* Pour ces auteurs, l'idée qui a présidé à la rédaction de l'article 2241 du Code civil « *a été que le créancier qui a agi en justice ne doit pas perdre le bénéfice de l'interruption de la prescription attaché à sa demande pour la seule raison qu'un grief de pure forme l'a fait rejeter, car il n'en a pas moins clairement manifesté son intention de se prévaloir de son droit* », quand bien même une telle idée leur apparaît « *très contestable* » dans son principe… *a fortiori* si les irrégularités de fond devaient être considérées comme un « vice de procédure », laissant entier l'effet interruptif attaché à l'acte de saisine du juge annulé.

[149] Rappr. J.-F. van Drooghenbroeck, M. Marchandise, *Les causes d'interruption et de suspension de la prescription libératoire (Rapp. belge)*, *in* P. Jourdain, P. Wéry (dir.), *op. cit.*, n° 7, p.408.

[150] V. cep. *contra* A. Bénabent, *Sept clés pour une réforme de la prescription extinctive*, D. 2007, spéc. n° 24, p. 1804 : « *quel que soit son sort, la citation a suffisamment marqué la volonté de son auteur pour avertir le débiteur* ».

[151] Rappr. J.-F. van Drooghenbroeck, M. Marchandise, *Les causes d'interruption et de suspension de la prescription libératoire (Rapp. belge)*, *in* P. Jourdain, P. Wéry (dir.), *op. cit.*, n° 26, p.441. Ainsi, ces

delà les catégories de vice de forme et d'irrégularité de fond, c'est à la construction d'une véritable casuistique qu'il conviendrait de s'atteler pour déterminer les cas dans lesquels l'intention de l'auteur de l'acte de se prévaloir de son droit permet de considérer que l'effet interruptif attaché à l'acte de saisine du juge doit être maintenu bien qu'il ait été annulé. Sans prétendre réaliser - dans ce cadre - pareille construction, il apparaît néanmoins loisible de poser quelques jalons… dussent-ils être limités à la personne de l'auteur de l'acte de saisine du juge.

Relativement à la personne de l'auteur de l'acte, il est deux éléments qui méritent de retenir l'attention : la capacité et le pouvoir, dans la mesure où ils apparaissent, l'un comme l'autre, susceptibles de rendre évanescente cette manifestation de volonté qui seule autorise à maintenir l'effet interruptif attaché à la demande en justice malgré son annulation.

Lorsque l'acte de saisine du juge (la demande en justice) est annulé par suite du défaut de capacité d'ester en justice qui affecte la personne de son auteur, est-il loisible, sans trahir la réalité, de maintenir l'effet interruptif qui lui est attaché ? La réponse à apporter est sans conteste délicate. Pourtant, on ne saurait en faire l'économie. En parfaite harmonie avec la définition de l'action en justice

---

auteurs estiment-ils que la plupart des causes de nullité de la citation comminées par le code judiciaire - même celles visées à l'article 862 (nullités absolues qui doivent être soulevées et prononcée d'office par le juge), ne sont pas de nature à altérer l'expression de la volonté de son auteur. Ils n'en font pas moins réserve de certains cas extrêmes comme celui d'une demande en justice dont les termes seraient inextricables au point de prohiber l'identification d'une claire manifestation de volonté. Il pourrait en aller de même lorsque l'acte de saisine du juge ne comporte aucune demande, même implicite (v. Com., 21 janv. 1992, n° 90-12.965, Bull. civ. IV, n° 24).

consacrée à l'article 30 du Code de procédure civile, la capacité d'ester en justice : capacité à être partie à un procès (capacité de jouissance) - capacité à être partie agissante (capacité d'exercice) a été retirée du nombre des conditions de l'action en justice[152] pour être rangée au nombre des conditions de validité de ces actes juridiques dont le complexe forme le procès[153]. De là, la question de savoir si l'irrégularité de fond, dans laquelle le défaut de capacité d'ester en justice de l'auteur d'une demande en justice trouve désormais sa sanction, peut être considérée

---

[152] « *la capacité ne commande pas le droit d'action. En effet, la capacité de jouissance est nécessaire pour ouvrir l'accès à la justice, elle est donc logiquement antérieure au droit d'action et même à la régularité : l'accès aux tribunaux précède et couvre la trilogie procédurale* (la régularité formelle de la procédure - le fond de la prétention - la faculté de contraindre le juge à statuer sur le fond). *Quant à la capacité d'exercice, c'est-à-dire celle d'accomplir des actes processuels en tant que partie, elle ressortit à la régularité formelle de la procédure, et non au droit d'action* » (H. Motulsky, *Droit processuel*, 1973, *Montchrestien*, p. 65).

[153] On aura toutefois garde que, lorsqu'il prend la forme du « défaut de personnalité juridique », dût-il trouver sa sanction dans l'annulation de la demande en justice, le défaut de capacité d'ester en justice entache en réalité l'instance (rapport processuel) auquel donne naissance l'acte de saisine du juge (v. G. Cornu, J. Foyer, *op. cit.*, n° 111, p. 496). Sur les conditions du rapport processuel (presupposti processuali), v. C. Mandrioli, *Presupposti processuali, in Novissimo digesto italiano*, t. 13, Torino, *UTET*, 1967, p. 784. Sur la distinction des conditions du rapport processuel (presupposti / presupuestos) et des conditions de l'acte de procédure (requisiti / requisitos), v. J. Montero Aroca, *Derecho jurisdiccional*, Valencia, *Tirant Lo Blanch*, 20e éd. 2012, t. 1 *Parte general*, p. 255 : « *D'emblée on doit distinguer les conditions du rapport processuel des conditions de l'acte de procédure : les conditions du rapport processuel sont inhérentes au procès lui-même, et leur défaut entache d'irrégularité tout son déroulement ; les conditions de l'acte de procédure sont afférentes aux actes de procédure particuliers, de sorte que leur défaut entache la validité d'un acte déterminé* » (traduction de l'auteur).

comme un vice de procédure qui laisse entier l'effet interruptif attaché à l'acte de saisine du juge.

Embarrassante lorsque l'irrégularité de fond, qui entache l'acte de saisine du juge, trouve son fondement dans la capacité de l'auteur de l'acte à être partie agissante (capacité d'exercice), elle confine au casse-tête lorsque son fondement réside dans la capacité à être partie à un procès (capacité de jouissance) de son auteur.

Prétendre que, lorsqu'en violation de la limitation de la capacité à agir en justice qui lui est imposée pour sa propre protection, une personne physique, qui soumettrait à un juge une demande en justice sans autorisation, sans assistance ou sans représentation, manifeste l'intention de se prévaloir de son droit, de sorte que, l'acte de saisine du juge dût-il être annulé, l'effet interruptif de prescription, qui lui est attaché, doit être maintenu, pourrait apparaître saugrenu. En effet, l'« incapacité d'exercice » a pour effet de rendre inopérante la volonté de la personne qu'elle frappe. Pour être efficiente, cette volonté doit être habilitée (autorisation), complétée (assistance), voire substituée (représentation).

Pourtant, quand bien même une demande en justice aurait pour auteur une personne à laquelle la capacité d'agir seule en justice est refusée, quelle que puisse être la cause qui préside à ce refus, qu'elle soit liée à l'âge ou aux facultés mentales ou corporelles, il n'est pas de raison de réputer non avenu l'effet interruptif attaché à la demande en justice dans l'hypothèse où elle est annulée. Sans doute, parce que le procès est « chose commune »[154],

---

[154] « *Bien que les nouveaux textes n'aient pas pris parti sur ce point, il semble indispensable de permettre à la fois au plaideur incapable ou irrégulièrement représenté et à son adversaire de soulever le moyen.*

l'irrégularité, qui entache la demande en justice, peut-elle conduire à l'annulation de l'acte de saisine à l'initiative du juge (CPC, art. 120), voire à la demande de l'adversaire du « plaideur incapable »[155]. Toutefois, dès lors que l'acte, qui porte la demande en justice, révèle, sans équivoque, l'intention de son auteur de se prévaloir de son droit, il serait sans conteste critiquable que l'annulation de l'acte de saisine du juge efface l'effet interruptif qui lui est attaché. Réputer non avenu l'effet interruptif attaché à une demande en justice en pareille occurrence n'aurait pour seul effet que de priver sans raison son auteur du droit d'être entendu par un juge sur le fond de la prétention

---

En effet, toutes les parties ont un intérêt certain à ce que la procédure soit régulière et il faut permettre à une partie de demander la suspension de l'instance tant que son adversaire ne sera pas régulièrement autorisé, habilité ou représenté. Raisonner ainsi aboutirait sans doute à affaiblir la distinction classique entre nullité absolue et nullité relative dans le procès. mais cette distinction est elle-même singulièrement atténuée par un régime visant à favoriser la régularisation de l'instance par la technique d'une exception, susceptible de forclusion » (S. Guinchard, C. Chainais, F. Ferrand, *op. cit.*, n° 266, p. 243). v. cep. *contra* T. Fossier, M. Bauer, F. Vallas Lenerg, *Les tutelles*, *Éditions Sociales Françaises*, 5e éd., 2011, p. 298.

[155] V. Civ. 1re, 2 nov. 1994, n° 92-14.642, Bull. civ. I, n° 313, aux termes duquel cette formation de la Haute juridiction approuve un tribunal de grande instance d'avoir, à la demande de son adversaire, annulé le recours formé par un majeur en curatelle, sans l'assistance de son curateur, à l'encontre d'une ordonnance d'un juge des tutelles organisant la tutelle de son enfant mineur aux motifs « *que les exceptions de nullité peuvent être soulevées par toute partie qui y a intérêt et, qu'aux termes de l'article 120 du nouveau Code de procédure civile, le juge peut relever d'office la nullité pour défaut de capacité d'ester en justice* » (*sic.*). Dans le même sens, Civ. 1re, 16 juill. 1980, n° 79-11.482, Bull. civ. I, n° 217. V. cep. S. Guinchard, C. Chainais, F. Ferrand, *eod. loc.* Selon ces auteurs, la Cour de cassation réserverait à la partie protégée la faculté de soulever la nullité.

qu'il formule, lorsque, par suite du temps écoulé, il aura perdu le droit qu'il revendique[156].

On pourra toujours s'offusquer des conséquences de pareille solution, refuser le maintien de l'effet interruptif attaché à l'acte de saisine du juge, lorsque l'acte qui porte la demande en justice est annulé par suite d'une irrégularité de fond tirée du défaut de capacité d'ester en justice de son auteur n'en conduirait pas moins à froisser l'équité. Serait-il acceptable, que, par exemple, l'action en fixation du prix d'un bail révisé ou renouvelé soit déclarée prescrite, pour être engagée par un majeur en curatelle, assisté de son curateur, après l'expiration du délai de prescription, alors que ce majeur, auquel aurait été signifiée une demande de renouvellement, réveillé de son endormissement une fois placé sous le régime de la curatelle, à la limite du délai de prescription, aurait saisi seul le juge d'une demande en justice - en violation des dispositions de l'article 468, alinéa 3 du Code civil - annulée pour défaut de capacité (CPC, art. 117, al. 3)[157] ?

---

[156] Telle paraît bien avoir été l'opinion de divers commentateurs du Code civil. Ainsi, Raymond Troplong, lequel estimait que l'empire de l'article 2247 ancien du Code civil, qui avait pour effet de dépouiller de la force interruptive l'assignation nulle pour défaut de forme, ne devait pas être étendu aux nullités provenant d'un défaut de capacité dans la personne qui agit (R. Troplong, *op. cit.*, t. 2, n° 599, p. 138). De même, Gabriel Baudry Lacantinerie observait que la nullité résultant d'une autorisation requise par la loi ne résultait pas de la forme mais de l'incapacité, de sorte qu'elle n'était justiciable des dispositions de l'article 2247 (G. Baudry Lacantinerie, *Précis de droit civil*, *Larose et Forcel*, 1884, t. 3, n° 1615, p. 925). Rappr. F. Vazeille, *op. cit.*, n° 195, p. 71.

[157] Depuis la loi n° 2007-308 du 5 mars 2007, portant réforme de la protection juridique des majeurs, entrée en vigueur le 1er janvier 2009, toute action en justice du majeur en curatelle, quel que puisse être son objet, postule l'assistance du curateur (C. civ. art. 468, al. 3), v. F. Arbellot, A. Caron-Déglise, N. Peterka, *Droit des tutelles*,

Certes, dépendante des circonstances, la solution appelle sans doute des nuances. Toutefois, sur le plan des principes, il n'est aucune raison dirimante de ne pas considérer comme un vice de procédure l'irrégularité de fond qui sanctionne le défaut de capacité d'une partie par suite de la limitation de sa « capacité d'exercice ». Sous d'autres cieux, la règle selon laquelle l'acte de saisine du juge conserve l'effet interruptif qui lui est attaché, lors même qu'il serait annulé par suite de l'incapacité de l'auteur de l'acte à être partie agissante, est même inscrite dans le Code civil depuis un siècle ! Des termes de l'article 3986 du Code civil argentin[158], entré en vigueur le premier janvier mille huit cent soixante et onze, il résulte que : « *La prescripción se interrumpe por demanda contra el poseedor o deudor, aunque sea interpuesta ante juez incompetente o fuere defectuosa y aunque el demandante*

Dalloz, 3e éd. 2012, n° 72.132, p. 407. *Adde* J. Hauser, *La distinction des actions personnelles et des actions patrimoniales à l'épreuve du droit des personnes protégées*, *in* Mél. G. Champenois, *Lextenso*, 2012, p. 441 ; V. Norguin, *Focus sur la capacité d'ester en justice du majeur en curatelle*, D. 2010, p. 636). La distinction des actes d'administration et des actes de disposition est sans incidence sur cette règle spécifique (en ce sens, v. Civ. 1re, 4 juill. 2012, n° 11-18475, D. 2012, p. 2699, obs. D. Noguero, J.M. Plazy, AJ fam. 2012, p. 506, obs. Th. Verheyde, Dr. Fam. 2012 comm. 151, obs. I. Maria, Loyers et copr. 2012 comm. 255, obs. B. Vial Pedroletti, RTD civ. 2012, p. 712, obs. J. Hauser. V. cep. M. Bandrac, *Vérification de la capacité d'ester en justice*, *in* S. Guinchard (dir.), *Droit et pratique de la procédure civile*, *Dalloz*, 7e éd. 2011, n° 103, p. 30, spéc. n° 103.33, p. 35, qui considère, au terme d'une interprétation *a contrario* des dispositions de l'article 467 du Code civil, que le majeur en curatelle « *peut* (…) *en principe exercer seul les actions relatives à ses droits patrimoniaux* »).

[158] Mise en règles, sous la forme d'un code, la raison se fait imposante. Rédigé par Dalmacio Vélez Sarsfield, le Code civil argentin, divisé en deux titres préliminaires, et quatre livres, comportait - lors de sa promulgation - quatre mille cinquante et un articles.

no haya tenido capacidad legal para presentarse en juicio »[159].

Au demeurant, puisque le défaut de capacité à être partie agissante paraît encore devoir entacher l'acte de saisine du juge d'une irrégularité de fond, lorsque ce défaut affecte la personne du destinataire de la demande en justice[160], de manière réciproque, on devrait admettre qu'une demande en justice, formée à l'encontre d'une personne à laquelle la capacité à agir seule en justice est refusée, et annulée pour cette raison, conserve l'effet interruptif qui lui est attachée. En pareille occurrence, il n'est aucune équivoque de nature à entacher la manifestation de volonté dont l'acte de saisine du juge est porteur. Ainsi, un établissement de crédit, qui formerait une demande en justice à l'encontre d'une personne soumise à une mesure de protection, par exemple, un majeur soumis à une curatelle, pour obtenir remboursement d'un crédit à la consommation, sans prendre le soin de mettre en cause le curateur, voire de

---

[159] « *La prescription est interrompue par la demande en justice formée contre le possesseur ou le débiteur, même si elle est portée devant un juge incompétent ou si elle se révèle irrégulière en la forme, quand bien même le demandeur n'aurait pas la capacité d'ester en justice* » (traduction de l'auteur). Pour une étude des dispositions de cet article, v. L. Moisset de Espanés, *Interrupción de la prescripción por demanda*, Córdoba, 1966. *Adde* E. López Herrera, *Interrupción de la prescripción*, *in* E. López Herrera (dir.), *Tratado de la prescripción liberatoria*, *Abeledo Perrot*, 2e éd. 2009, pp. 219-312. On précisera que, de l'opinion unanime des auteurs qui ont pu être consultés, la capacité d'ester en justice (*capacidad legal para presentarse en juicio*), visée au texte, doit être entendue comme la capacité à être partie agissante (capacité d'exercice). Elle n'englobe pas la capacité à être partie à un procès (capacité de jouissance) (*falta de personería*). On aura toutefois garde que, sous cette dernière expression, sont regroupés le défaut de personnalité de la partie (*falta de personalidad*) et le défaut de pouvoir du représentant (*personero*) qui agit en son nom et pour son compte (*falta de personería*) au sens propre.

[160] Sur ce thème, v. L. Mayer, *Nullités*, préc., spéc. n° 123, p. 19.

l'informer, devrait-il pouvoir s'emparer des dispositions de l'article 2241, alinéa 2 du Code civil pour éviter les foudres de la forclusion (C. consomm., art. L. 311-53)… interrompue par l'acte de saisine du juge, annulé par suite de cette irrégularité de fond.

Si l'acte de saisine du juge (demande en justice), annulé pour irrégularité de fond tirée du défaut de « capacité d'exercice » de son auteur, paraît devoir conserver l'effet interruptif qui lui est attaché, la question demeure à débattre de savoir si cette solution s'impose encore lorsque l'annulation de l'acte de saisine du juge trouve son fondement dans l'irrégularité de fond, tirée de l'absence de « capacité de jouissance » de l'auteur de cet acte.

Pour légitime qu'elle puisse être, pareille question pourrait bien se révéler dépourvue de toute pertinence. En effet, lorsque la demande en justice émane d'une personne privée de la capacité à être partie à un procès, il ne semble nul besoin de rechercher la manifestation de volonté dont cette demande pourrait être porteuse, dès lors que, privée de « capacité de jouissance », l'auteur de cette demande, dépourvu de personnalité juridique, ne pourrait prétendre à la qualité de sujet de droit. Ainsi, pour le professeur Philippe Théry, « *une incapacité de jouissance pour agir en justice n'a aucun sens ou plutôt ne peut signifier qu'une chose : l'absence de personnalité juridique* » [161].

---

[161] Ph. Théry, RTD civ. 2004, p.766, spéc. p.767. L'assimilation que les auteurs opèrent entre personnalité juridique et capacité de jouissance : « *La personne juridique, au sens technique du terme est (…) le sujet de droit. La personne ainsi considérée n'existe donc, en tant que telle, qu'autant qu'elle a vocation à être titulaire de droits, c'est-à-dire est dotée de la capacité de jouissance. L'existence de la personnalité juridique et la capacité de jouissance sont synonymes* » (J. Ghestin, *Traité de droit civil, Les personnes* par G. Goubeaux, 1989, *LGDJ*, n° 17, p. 25), qui s'inscrirait dans la philosophie

Par suite, il serait inutile de s'évertuer à préserver à une personne, absente de la scène juridique en tant que sujet de droit, le droit d'être entendu par un juge sur le fond de la prétention qu'elle pourrait émettre, puisque, en l'absence du support abstrait de la personnalité, elle ne saurait être titulaire ni de ce droit processuel, ni du droit substantiel qu'elle revendique[162].

---

juridique européenne (v. J. M. Trigeaud, *La personne juridique dans la philosophie européenne*, *in* J. M. Trigeaud (dir.), *Philosophie juridique européenne : les institutions*, préc., p. 197, spéc. p. 199) est d'empreinte moderne. Inconnue du droit romain (v. A. Guzmán Brito, *Derecho privado romano*, *Editorial juridica de Chile*, 1996, t. 1, § 52, p. 271), elle postule l'apparition du « *subiectum iuris* » (sujet de droit), produit de l'école rationaliste, entendu « *non plus comme ce qui se trouve "soumis" à une réglementation objective, mais comme l'être pensant et agissant auquel appartiendrait des "droits subjectifs" - dans le cadre de la "liberté naturelle" de l'individu - considérés comme des prédicats nécessaires à son existence* » (traduction de l'auteur) (R. Orestano, « *Persona* » *e* « *persone giuridiche*» *nell'età moderna, in Azione, diritti soggettivi, persone giuridiche: scienza del diritto e storia*, *Il Mulino*, 1978, p. 193). Pour une reconstruction historique, v. A. Guzmán Brito, *Las orígenes de la noción de sujeto de derecho*, REHJ 2003, p. 151, disponible sur le site de la bibliothèque numérique scientific electronic library online (Scielo) (www.scielo.org).

[162] « *La capacité à être partie en justice* (...) *doit être comprise comme l'aptitude à être titulaire des droits et des obligations de nature processuelle reconnus aux parties à un procès. Elle constitue le parallèle logique de la capacité juridique gouvernée par les règles du droit civil, quand bien même la capacité à être partie à un procès ne se confond pas avec la capacité juridique. La capacité à être partie à un procès fait de l'entité à laquelle elle est reconnue un sujet du procès distinct de l'organe juridictionnel saisi, elle lui confère ce que, en toute rigueur de termes, on devrait désigner comme personnalité processuelle* » (J. Guasp, *Derecho procesal civil*, t. 1 *Introducción y parte general*, *Instituto de estudios politicos*, 3e éd. 1968, p. 173, n° 4) (traduction de l'auteur).

À cet égard, pour prévenir toute difficulté, dont les dispositions de l'article 2241, alinéa 2 du Code civil pourraient être porteuses, la seule question qui vaudrait concernerait la sanction à attacher au défaut de capacité d'ester en justice de l'auteur de l'acte de saisine du juge. Ainsi, certains auteurs considèrent-ils que la « capacité de jouissance » doit être rangée au nombre des conditions d'existence de l'action en justice[163], voire qu'elle en constitue un préalable[164], dont le défaut entache la recevabilité de la demande. Puisque l'action en justice constituerait un droit subjectif[165], dont la personne dépourvue de personnalité juridique ne saurait être titulaire, force serait de considérer que la « capacité de jouissance » de l'auteur ou du destinataire de la demande en justice ne constitue pas une condition de régularité de cette demande, sanctionnée par une exception de procédure, mais une condition de sa recevabilité, fulminée par une fin de non-recevoir[166].

---

[163] « *La capacité de jouissance est bien sûr une condition d'existence de l'action en justice comme est l'est, du reste, de tout droit : une personne décédée ou un groupement de personnes dépourvu de la personnalité morale, n'existant pas juridiquement ne peuvent être titulaires du droit d'agir en justice* ». (L. Cadiet, E. Jeuland, *op. cit.*, n° 355, p. 235. v. déjà P. Julien, obs. préc., D. 2003, p. 1402).

[164] « *L'existence de l'action est subordonnée à l'existence juridique de la personne qui agit ou se défend, qui lui confère sa capacité de jouissance du droit d'agir en justice* » (S. Guinchard, C. Chainais, F. Ferrand, *op. cit.*, n° 124, p. 144).

[165] V. H. Motulsky, *Le droit subjectif et l'action en justice*, APD 1964, p. 215, in *Écrits*, t. 1 *Études et notes de procédure civile*, 1973, *Dalloz*, p. 85.

[166] « *Lorsque* (la) *condition de l'existence de la personnalité juridique n'est pas remplie, cette défaillance est sanctionnée par une fin de non-recevoir (…). En effet, l'article 32, CPC déclare irrecevable "toute prétention émise par ou contre une personne dépourvue du droit d'agir". Prise à la lettre, cette formule sanctionne par une fin de non-recevoir un défaut de droit d'agir, notamment lorsqu'il résulte de l'absence de personnalité juridique (le texte parle d'une*

Produit de la « *grande illusion du pandectisme* »[167], qui a conduit à penser le droit à partir de l'individu, érigé en sujet de droit, et à construire le système juridique à partir du droit subjectif, érigé en atome du droit[168], pareille

---

"personne") » (S. Guinchard, C. Chainais, F. Ferrand, *op. cit.*, n° 125, p. 144) Comp. L. Cadiet, E. Jeuland, *op. cit.*, n° 450, p. 326. Pour ces auteurs, la capacité de jouissance dût-elle constituer une condition d'existence de l'action en justice, à la différence de la capacité d'exercice qui en constitue une condition d'exercice, son défaut trouve - en l'état des dispositions de l'article 117 du Code de procédure civile - sa sanction dans une irrégularité de fond.

[167] V. R. Orestano, *Diritti soggettivi e diritti senza soggetto*, *in Azione, diritti soggettivi, persone giuridiche : scienza del diritto e storia,* préc., p. 132, auquel cette expression est empruntée. Sur le pandectisme, v. (pour une perspective historique) P. Cappelini, *Systema iuris*, t. 1 *Genesi del sistema e nascita della scienze delle pandette*, *Giuffrè*, 1984 ; t. 2, *Dal sistema alla teoria generale*, *Giuffrè*, 1985, (pour une perspective philosophique), P. Dubouchet, *Droit et philosophie : une critique des sciences humaines*, *L'Harmattan*, 2009, spéc. pp. 119-120.

[168] V. (emblématique) O. Ionescu, *La notion de droit subjectif dans le droit privé*, *Sirey*, 1931, pour lequel le droit subjectif constituerait « *l'atome juridique* ». On sait toutefois les discussions passionnées auxquelles a donné lieu la question du droit subjectif en droit romain. À cet égard, la controverse qui a opposé Michel Villey (v. (1) *L'idée de droit subjectif et les systèmes juridiques romains*, RHD 1946, p. 201, *in Leçons d'histoire de la philosophie du droit*, *Dalloz*, 1re éd., 1957, p. 195, sous le titre *La justice distributive et l'idée du droit subjectif*, in *Leçons d'histoire de la philosophie du droit*, *Dalloz*, 2e éd., 1962, p. 167, sous le titre *Les institutes de Gaius et l'idée du droit subjectif* (2) *Le jus in re du droit romain classique au droit moderne*, in *Publications de l'institut de droit romain de l'université de Paris,* 1947, p. 187, (3) *Du sens de l'expression jus in re en droit romain classique*, RIDA 1949, p. 417, (4) *Suum jus cuique tribuens*, *in Studi P. de Francisci*, *Giuffrè*, 1954, t. 1, p. 363) à Giovanni Pugliese (v. *Res corporales, res incorporales e il problema del diritto soggettivo*, *in Studi V. Arangio Ruiz*, *Jovene*, 1952, t. 3, p. 223) est demeurée célèbre. Pour une reconstruction historique de la notion de droit subjectif, v. F. Carpintero Benitez, J. Megías, M. Rodríguez Puerto, E. De Mora, *El derecho subjetivo en su historia*, *Marcial Pons*, 2003. *Adde* E. Gallego, *Tradición jurídica y derecho*

considération - pour logique qu'elle puisse être - ne saurait cependant emporter l'adhésion. Fût-elle dépourvue de « capacité de jouissance », une « personne » n'en demeure pas moins présente sur la scène sociale où elle développe une activité dont le droit ne saurait se désintéresser tout à fait[169]. En ce sens, tout « être social » est un « sujet du droit » quand bien même il ne serait pas un « sujet de droit », parce que, en l'absence de « capacité de jouissance », sa personnalité juridique est réduite à sa seule existence, à son principe même de support[170]... au point de la considérer comme un inutile oripeau, un voile pudique jeté pour mieux dissimuler son absence. Il reste que cette réduction, voire cette absence, peut se heurter aux réalités de la vie sociale, dont cet être demeure un acteur, dût-on le réputer absent de la scène juridique. Dans

---

subjetivo, *Dykinson*, 1996 ; B. Tierney, *The idea of natural rights*, *Wm. B. Eerdmans Publishing*, 2001.

169 V. B. Dondero, *Les groupements dépourvus de personnalité juridique en droit privé*, Aix-en-Provence, 2006 (2 vol.).

170 Rappr. X. Bioy, *Le droit à la personnalité juridique*, RLDF 2012, chron. 12, disponible sur le site de la revue des droits et libertés fondamentaux (rdlf.upmf-grenoble.fr) : « *Trop souvent éludée en la résumant à l'absence de personnalité, la question de l'esclavage ne manque pas de mener au constat que l'existence d'un être humain (notion inconnue à Rome) n'entraîne pas la reconnaissance automatique de l'existence juridique, comme l'institutionnalisera le christianisme. À Rome, un sujet peut disposer de plusieurs persona selon ses domaines d'activité et, inversement, l'ancêtre de la personne morale était une persona comprenant plusieurs « sujets ». L'esclave serait ainsi doté d'une personnalité ne contenant aucun droit, réduite à sa plus simple existence, à son principe même de support. En effet, il semble que l'on puisse affirmer qu'avant la dégradation de la condition sociale des esclaves sous l'Empire et au cours des derniers siècles de la République, leur proximité avec le maître, et les besoins économiques de ce dernier, ont amené le droit à attribuer la persona à l'esclave. Par la suite, ce titre leur est généralement refusé* ».

ces conditions, il a bien fallu en rabattre des prétentions de la raison raisonnante[171].

Force est de constater que toute « personne » présente sur la scène sociale, quand bien même la qualité de sujet de droit ne lui est pas reconnue, dispose de la faculté de pénétrer l'enceinte d'un prétoire (droit au juge), et de soumettre à un juge une demande sur laquelle ce juge devra se prononcer sous peine de déni de justice (droit au jugement) :

> « *Le droit de réclamer la protection du juge est accordé de façon tout à fait générale en ce sens que nul ne peut être empêché d'intenter une action en justice contre qui que ce soit ; il s'agit là d'un droit qui n'est même pas réservé aux seuls sujets de droit, car des entités ne possédant pas la personnalité juridique peuvent également saisir le juge et, par là, le forcer à se prononcer sur la recevabilité de la demande. Ceci ne revient évidemment pas à dire qu'un jugement sur le fond sera rendu dans tous les cas, et il n'en sera notamment pas ainsi dans tous les cas où une entité que la loi n'autorise pas à apparaître en justice sera présente comme défenderesse ou demanderesse. Avant de passer à l'examen au fond d'une affaire, le juge doit en effet contrôler la réunion des différentes conditions de recevabilité de la demande, en particulier la "qualification" des parties* »[172].

---

[171] « *Je crache sur la beauté qui amène le malheur / Je crache sur la raison qui veut être trop belle / Je crache sur le destin qui ne veut rien admettre / Je crache sur les mots qui trompent l'animal / Je crache sur la vie qui n'écoute pas la vie* » (B. Cendrars, *Le lotissement du ciel*, *Denoël*, 1949).

[172] W.-J. Habscheid, *Droit judiciaire privé suisse*, *Georg*, 2e éd., 1981, § 31, p. 183. Rappr. L. Cadiet, J. Normand, S. Amrani Mekki, *Théorie générale du procès*, *PUF*, 2010, n° 78, p. 315 : « *Par principe, l'accès à la justice est librement et également ouvert à toute personne, sans aucune discrimination ni réserve. Il n'importe que cette personne soit ou non recevable à être entendu sur le fond, que la procédure soit régulièrement engagée ou qu'elle ne le soit pas. À peine de déni de justice, le juge devra répondre à cette demande et vider sa saisine. À défaut d'un jugement sur le fond, il lui faudra, selon les cas, rendre un*

Sans doute, « l'absence » de personnalité juridique du demandeur conduira-t-elle le juge saisi à refuser de rendre un jugement sur le fond dans la mesure où la prétention est émise par une personne, dépourvue du droit d'agir en justice, défini comme le droit d'être entendu sur le fond de cette prétention. Il est toutefois une réserve. En effet, si la demande devait avoir pour objet la prétention à être titulaire de la personnalité juridique, le juge saisi ne pourrait - sans violer le droit au procès équitable - refuser de rendre un jugement sur le fond de la prétention qui lui est soumise, le demandeur fût-il dépourvu de personnalité juridique au moment où il pénètre l'enceinte du prétoire. Comme le souligne le professeur Emmanuel Putman, « *On ne peut décarer irrecevable, par défaut de personnalité, l'action d'un groupement, lorsque l'objet du litige est précisément sa prétention à être titulaire de ladite personnalité ! Cela violerait le droit au procès équitable (art. 6 Conv. EDH) mais aussi, bien souvent, des droits substantiels, par exemple, si le groupement affirme être à la tête d'un patrimoine, le droit au respect de ses biens (art. 1, 1er protocole additionnel à la Conv. EDH)* »[173].

Ainsi, par un arrêt en date du 16 décembre 1997, la Cour européenne des droits de l'homme a-t-elle conclu à une violation de l'article 6 de la Convention dans une espèce où - au terme d'un revirement de jurisprudence - les tribunaux helléniques avaient déclaré irrecevable à agir en justice une Église catholique, dépourvue de personnalité juridique, en l'absence d'accomplissement des formalités auxquelles l'acquisition de cette personnalité est subordonnée :

---

jugement d'irrecevabilité, se déclarer incompétent ou annuler l'acte entaché d'irrégularité ».

173 E. Putman, RTD civ. 2010, p. 192.

« *Il ressort du dossier devant la Cour que la personnalité juridique de l'Eglise catholique grecque et des différentes églises paroissiales n'a jamais été mise en cause depuis la création de l'Etat hellénique, ni par les autorités administratives ni par les tribunaux. Ces églises – dont la requérante – ont en leur nom acquis, utilisé et transféré librement des biens mobiliers et immobiliers, conclu des contrats et participé à des transactions notamment notariales, dont la validité a toujours été reconnue. Sur le plan fiscal, elles ont en outre bénéficié des exonérations prévues par la législation grecque sur les fondations de bienfaisance et les associations à caractère non lucrative* (§ 39). *La Cour ne peut souscrire à l'argument du Gouvernement selon lequel l'église requérante aurait dû accomplir les formalités nécessaires pour acquérir l'une ou l'autre forme de la personnalité morale prévue dans le Code civil, car rien ne laissait présager qu'un jour elle se trouverait privée de l'accès à un tribunal pour défendre ses droits de caractère civil. Une jurisprudence et une pratique administrative constantes avaient créé, au fil des années, une sécurité juridique, tant en matière patrimoniale qu'en ce qui concerne la question de la représentation en justice des différentes églises paroissiales catholiques, et à laquelle l'église requérante pouvait légitimement se fier.* (…) *Quant à la possibilité, toujours existante selon le Gouvernement, pour l'église requérante d'acquérir cette personnalité ou de se constituer en union de personnes pour être en mesure désormais d'ester en justice, conformément à l'article 62 du Code de procédure civile, la Cour partage les réserves exprimées par les conseils de l'intéressée : mis à part les difficultés d'adaptation d'une église à ce genre de structures et les problèmes procéduraux qui pourraient surgir à l'occasion d'un litige devant les tribunaux, l'observation tardive des règles du droit interne en la matière risquerait d'être interprétée comme un aveu que d'innombrables actes accomplis dans le passé par l'église requérante ne seraient pas valables. De plus, l'arrêt de la Cour de cassation rendrait problématique le transfert des biens de celle-ci à une nouvelle personne juridique qui se substituerait à l'église, jusqu'ici propriétaire de ses biens* (§ 40). *En jugeant que l'église requérante se trouvait dans l'incapacité d'ester en justice, la Cour de cassation n'a pas seulement sanctionné l'inobservation d'une simple formalité nécessaire à la protection de l'ordre public, comme le soutient le Gouvernement. Elle a aussi imposé à l'intéressée une véritable restriction qui l'empêcha en l'occurrence, et l'empêche dorénavant, de faire trancher par les tribunaux tout litige relatif à ses droits de propriété (...)* (§ 41). *Or une telle limitation porte atteinte à la substance même du « droit à un tribunal » de la requérante et emporte donc violation de l'article 6 § 1 de la Convention* (§ 42) »[174].

Il en irait de même si l'absence de personnalité juridique affectait la personne du défendeur. « L'absence » de personnalité du défendeur conduira là encore le juge saisi à refuser de rendre un jugement sur le fond dans la mesure où la prétention est émise contre une personne, dépourvue du droit d'agir en justice, défini comme le droit de discuter le bien-fondé de cette prétention. Toutefois, en cette hypothèse aussi il est une réserve[175]. Parce que la vie sociale ne se coule pas dans les moules de la raison spéculative, pragmatique à l'image des glossateurs[176], le préteur décide parfois qu'un « être social » peut être attrait en justice, quand bien même il ne saurait prétendre à la qualité de sujet de droit... parce que nonobstant il demeure un sujet du droit[177].

---

[174] V. *Église catholique de La Canée c. Grèce*, CEDH 16 décembre 1997, Rec. 1997-VIII, RTD civ. 1998, p. 997, obs. J.-P. Marguénaud : Telle pourrait être la difficulté à résoudre si - par exemple - une association, antérieure à la loi du 1er juillet 1901, autorisée par le préfet, prétendait agir en justice sans avoir accompli les formalités auxquelles l'octroi de la personnalité juridique est désormais subordonné (Rappr. M. Jeantin, note sous Civ. 1re, 15 janv. 1991, n° 88-15.546, BJS 1991, p. 318).

[175] Sur ce thème, v. E. Savaux, *La personnalité morale en procédure civile*, RTD civ. 1995, p. 1.

[176] V. Y. Thomas, *L'extrême et l'ordinaire. Remarques sur le cas médiéval de la communauté disparue, in Les opérations du droit, Gallimard*, 2011, p. 207. *Adde* L. Peppe (dir.), *Persone giuridiche e storia del diritto, giappichelli*, 2004.

[177] V. en dernier lieu Soc., 21 juill. 1986, n° 85-10.877, Bull. civ. V, n° 456, Rev. sociétés 1987, p. 43, note Y. Guyon. Comp. Com., 15 nov. 2011, n° 10-21.701, préc. ; Soc., 12 juill. 2010, n° 09-41.402, préc. ; Civ. 2e, 20 mars 1989, n° 88-11.585, préc.

Dans certaines contrées, l'œuvre du préteur a même été consacrée par le législateur. Ainsi, en franchissant les Pyrénées, on découvrirait que, dans le Code de procédure civile espagnol (*Ley de enjuiciamiento civil*)[178], il a été inséré un article 6 (*capacidad para ser parte*), lequel, après avoir énoncé que :

> « *Podran ser parte en los procesos ante los tribunales civiles : 1°. Las personas fisicas. 2°. El concebido no nacido, para todos los efectos que le sean favorables. 3°. Las personas juridicas. 4°. Las masas patrimoniales o los patrimonios separados que carezcan transitoriamente de titular o cuyo titular haya sido privado de sus facultades de disposicion y administracion. 5°. Las entidades sin personalidad juridica a las que la ley reconozca capacidad para ser parte. 6°. El Ministerio Fiscal, respecto de los procesos en que, conforme a la ley, haya de intervenir como parte. 7°. Los grupos de consumidores o usuarios afectados por un hecho danoso cuando los individuos que lo compongan esten determinados o sean facilmente determinables. Para demandar en juicio será necesario que el grupo se constituya con la mayoria de los afectados. 8° Las entidades habilitadas conforme a la normativa comunitaria europea para el ejercicio de la accion de cesacion en defensa de los intereses colectivos y de los intereses difusos de los consumidores y usuarios* » (al. 1er),

précise que : « *Sin perjuicio de la responsabilidad que, conforme a la ley, pueda corresponder a los gestores o a los participes, podrán ser demandadas, en todo caso, las entidades que, no habiendo cumplido los requisitos legalmente establecidos para constituirse en personas jurídicas, estén formadas por una pluralidad de elementos*

---

178 Une traduction officielle de ce code en langue anglaise est disponible sur le site du ministère de la justice du Royaume d'Espagne, *Civil procedure act (ley de enjuiciamento civil)* : www.mjusticia.gob.es

personales y patrimoniales puestos al servicio de un fin determinado (al. 2) »[179].

Il est vrai que les limites de la « capacité processuelle », reconnue à cet « être social », réputé absent de la scène juridique, demeurent nimbées d'un halo de mystère. Sans doute, le groupement auquel la capacité à être partie à un procès en tant que défendeur est reconnue, a-t-il loisir comme tout défendeur de soulever une exception de procédure (sous réserve de l'exception de nullité tirée de son absence de personnalité juridique), une fin de non-recevoir ou une défense au fond. Toutefois, la question de savoir si - en sa qualité de défendeur - ce groupement peut former une demande reconventionnelle demeure débattue[180]. Pourtant, « *Le statut de partie à l'instance ne se divise pas et le groupement défendeur devrait pouvoir bénéficier de toutes les prérogatives qui y sont attachées, en particulier de la possibilité de former une demande reconventionnelle ou d'exercer une voie de recours* »[181].

---

[179] Pour un commentaire, v. J. Montero Aroca, *op. cit.*, t. 2 *Proceso civil*, pp. 56-69.

[180] V. cep. Douai, 30 janv. 2009, n° 08/00541 : si une association non dotée de la personnalité morale ne peut être normalement attraite en justice comme étant dépourvue du droit d'agir, il n'en est pas moins constant que, sans être investie du droit d'intenter elle-même une action en justice, elle peut être légitimement attraite dès que les intérêts d'un tiers sont susceptibles d'être menacés et que l'association dispose d'une organisation suffisamment structurée et pérenne. L'association est ainsi pourvu d'une capacité passive lui donnant le droit de se défendre en présentant en outre des demandes reconventionnelles. En décider autrement reviendrait à conférer à ces associations une immunité et un privilège exorbitants.

[181] E. Savaux, *ibid.* n° 16, p. 10. Dans le même sens, v. déjà J. Goldschmidt, *Derecho procesal civil*, *Labor*, 1936 (traduit en espagnol par L. Prieto Castro, et annoté par N. Alcalá-Zamora y Castillo), reproduit sans les annotations *in* J. Goldschmidt, *Derecho, derecho penal y processo*, *Marcial Pons*, 2010, t. 2, *Derecho procesal civil*, § 32, p. 158.

Toutefois, préalablement à la question de savoir si les conditions du droit d'agir sont réunies, il en est d'autres qui appellent réponse. Sur le plan de sa structure logique, le procès est constitué de diverses étapes qui doivent être franchies de manière successive[182], à chacune desquelles correspond un moyen de défense :

> « *Dès lors que l'on peut définir "l'action" d'une manière abstraite comme le droit d'obtenir une décision sur le fond et la distinguer, d'une part, de la régularité de la procédure et, d'autre part, de l'accueil de la prétention au fond, il doit apparaître normal d'isoler des objections formulées à l'encontre d'une prétention, celle qui ne concerne que l'action pour la distinguer, d'une part, des critiques relatives à la procédure - ce sont les "exceptions" au sens procédural - et, d'autre part, des moyens qui s'en prennent à la légitimité de la prétention et notamment à la réalité du droit réclamé - ce sont les "défenses au fond"* »[183].

Or, antérieures à la question de savoir si les parties sont en droit d'être entendues sur le fond de la prétention émise afin que le juge saisi la dise bien ou mal fondée par un jugement sur le fond, il est des questions, prioritaires sur un plan logique, qui doivent être affrontées, parce qu'elles conditionnent l'ouverture même du droit d'action :

> « *Affinché il rapporto processuale si costituisca nel suo primo embrione occorrono almeno due elementi : cioè un organo giudiziario e una domanda di provvedimento a lui diretta, nelle forme stabilite dalla legge processuale. Ma questi due elementi indispensabile non bastano a far sorgere in modo concreto ed attuale nell'organo giudiziario adito il potere-dovere di provvedere sul merito della domanda : affinché questo dovere si*

---

[182] « *Le procès est constitué de plusieurs étapes logiques qui doivent nécessairement et logiquement être franchies pour pouvoir accéder à une étape ultérieure* » (G. Block, *op. cit.*, n° 80, p. 148).

[183] H. Motulsky, note sous Civ. 2e, 6 juin 1962, JCP 1963 II 13191, *in Écrits*, t. 1, *Études et notes de procédure civile*, préc., p. 354, spéc. pp. 357-358.

concreti occorrerà che l'organo giudiziario abbia certi requisiti che lo rendano idoneo a giudicare su quella determinata causa (giurisdizione competenza), che le parti tra le quali il processo si svolgi siano soggetti di diritto aventi capacità d'agire (capacità d'esser parte e capacità processuale), e che in certi casi, siano rappresentate o assistite da un procuratore legale o da un avvocato (capacità di chiedere in giudizio) »[184].

Certes, que ce soit par suite du défaut de capacité d'ester en justice (CPC, art. 117, al. 2) ou par suite du défaut du droit d'agir (CPC, art. 32), « l'absence » de personnalité juridique de la partie (demandeur ou défendeur) conduira le juge saisi à refuser de rendre un jugement sur le fond de la prétention qui lui est soumise. Cependant, admettre que « l'absence » de personnalité de la partie puisse trouver sa sanction dans une fin de non-recevoir, au prétexte que cette carence la prive - en principe - du droit d'être entendu sur le fond de la prétention émise (demandeur), ou du droit de discuter son bien-fondé (défendeur), libérant ainsi le juge de son obligation de rendre un jugement pour qu'il la dise bien ou mal fondée, ce serait méconnaître que

---

[184] P. Calamendrei, *istituzioni di diritto processuale civile*, t. 1, *Premesse storiche e sistematiche*, *Cedam*, 2e éd., 1943, *in* Piero Calamendrei, *Opere giuridiche*, t. IV, *Jovene*,1970, spéc. § 48, p. 187 : « *Afin que le rapport processuel se constitue de manière embryonnaire, deux éléments doivent être réunis : un organe juridictionnel auquel est soumis une demande, dans les formes prescrites par la loi. La réunion de ces deux éléments est toutefois insuffisante pour faire naître de manière immédiate et concrète l'obligation (pouvoir/devoir) du juge saisi de statuer sur le fond du litige : pour que cette obligation (pouvoir/devoir) prenne vie, pour qu'elle se concrétise, il est nécessaire que l'organe judiciaire saisi remplisse certaines conditions qui le rendent apte à juger la demande qui lui a été soumise (pourvoir juridictionnel - compétence), que les parties au procès soient des sujets de droit, dotées l'une et l'autre de la capacité d'ester en justice (capacité à être partie - capacité à être partie agissante), et quelquefois qu'elles soient représentées ou assistées par un mandataire ou un avocat (capacité à comparaître)* ». (traduction de l'auteur).

- distinct du droit au juge - le droit d'action ne prend vie que dans des circonstances procédurales particulières :

> « *Le droit d'action constitue le droit d'obtenir un certain type de jugement, à savoir un jugement qui porte sur le fond de la prétention. Mais ce droit n'est ni un droit virtuel et abstrait (comme le droit au juge) puisqu'il le concrétise, ni un droit qui naît automatiquement de l'introduction d'une instance en justice (comme le droit au jugement qui est celui d'obtenir un jugement, quel qu'en soit le contenu). Le droit d'action ne prend en réalité naissance que dans des circonstances procédurales particulières.* (...) *Il faut tout d'abord que le juge soit compétent et régulièrement saisi et, d'une manière générale, que les divers aspects de la régularité formelle soient remplis. Il faut encore qu'aucune fin de non-recevoir ne vienne empêcher le juge de statuer sur le fond de la prétention. Le droit d'action - droit d'obtenir une décision du juge sur le fond de la prétention - ne prend naissance que pour autant que toutes ces conditions préalables soient remplies. Le droit d'action apparaît donc comme le droit d'obtenir du juge, compétent et régulièrement saisi, une décision sur le fond de la prétention* »[185].

Sans un organe, doté du pouvoir juridictionnel, compétent pour connaître d'une demande régulière en la forme, qui émane d'une personne à l'encontre d'une autre personne, dotée l'une et l'autre de la capacité d'ester en justice, la question du droit d'action ne saurait logiquement être débattue. À ce stade, les seules questions qui peuvent être affrontées concernent l'aptitude de l'organe saisi à juger et la régularité de sa saisine, en d'autres termes le pouvoir juridictionnel de l'organe saisi et sa compétence, et la régularité, en la forme et au fond, de la demande, entendue comme ce premier acte du procès qui donne naissance à ce rapport processuel censé se superposer, pour le temps du procès, au rapport fondamental qui pouvait exister entre

[185] G. Block, *op. cit.*, n° 138, pp. 255-256.

les parties antérieurement au procès[186]. Condition de validité de l'instance (rapport processuel)[187], à laquelle donne naissance l'acte de saisine du juge (demande en justice)[188], le défaut de capacité à être partie à un procès ne saurait - en toute rigueur logique - trouver sa sanction que dans une irrégularité de fond de l'acte qui porte la demande en justice[189].

---

[186] « *On admet aujourd'hui que les adversaires en justice sont liés par un certain lien de droit, nommé lien d'instance ou rapport processuel.* (...) *On peut discuter de la nature juridique de ce rapport processuel, non de son existence* » (G. Cornu, J. Foyer, *op. cit.*, n° 95, p. 431). On sait toutefois que la notion de rapport processuel - rapport de droit - a été contestée, notamment par James Goldschmidt qui entendait lui substituer la notion de situation juridique (v. P. Calamendrei, *il processo come situazione giuridica*, Riv. dir. proc. 1926, p. 219, *in* Piero Calamendrei, *Opere giuridiche*, t. I, *Jovene*, 1965, p.177, où l'auteur rend compte de l'ouvrage du processualiste allemand, *Der prozess als rechtslage : eine kritik des prozessualen denkens*, *Springer*, 1925. *Adde* E.T. Liebman, *L'opera scientica di James Goldschmidt e la teoria del rapporto processuale*, RDP 1950, p. 328). Sur ce thème, v. E. Jeuland, *Droit processuel général*, *Monchrestien*, 2e éd. 2012, n° 502, p. 467.

[187] « *De la règle selon laquelle, dans les actions transmissibles, l'instance est interrompue, à compter de la notification qui en est faite, par le décès d'une partie, on peut induire une règle plus générale : que l'existence de deux parties* (...) *est une condition de validité de l'instance. D'où cette conséquence qu'une instance introduite au nom d'une personne décédée ou contre un individu qui n'existerait plus ou dont l'existence serait incertaine, serait nulle, et nul le jugement qui serait rendu sur cette instance* » (G. Cornu, J. Foyer, *op. cit.*, n° 111, p. 496). Dans le même sens, J. Couchez, X. Lagarde, *op. cit.*, n° 151, p. 189.

[188] « *La capacité des parties est une condition de validité du rapport processuel, par suite une condition de validité de la demande en justice ; en conséquence, le juge qui relève - même d'office - l'incapacité d'une partie, doit, par un jugement, prononcer la nullité de la demande* » (E.T. Liebman, *Manuale di diritto processuale civile*, t. 1, *Giuffrè*, 4e éd., 1984, n° 42, p. 77) (traduction de l'auteur).

[189] En ce sens, Civ. 3e, 24 oct. 2012, n° 11-11.778 & 11-13.169, préc. ; Civ. 2e, 27 sept. 2012, n° 11-22.278, préc. ; Civ. 2e, 23 sept. 2010,

n° 09-70.355, préc. ; Civ. 2e, 25 févr. 2010, n° 09-11.820, préc. ; Com., 7 juill. 2009, n° 08-19827, préc. ; Civ. 2e, 11 févr. 2010, n° 08-16996, préc. ; Civ. 3e, 20 mai 2009, n° 08-16.216, préc. ; Com., 13 mars 2007, n° 05-21.594, préc. ; Civ. 1re, 14 nov. 2006, n° 04-05.097, préc. ; Com., 3 oct. 2006, n° 05-12.410, préc. ; Civ. 3e, 15 déc. 2004, n° 03-16.434, préc. ; Civ. 3e, 18 févr. 2004, n° 02-12.205, préc. ; Civ. 2e, 12 févr. 2004, n° 02-13.672, préc. ; Soc. 16 sept. 2003, n° 01-11.769, préc. ; Civ. 2e, 11 sept. 2003, n° 01-14.493, préc. ; 30 avr. 2003, n° 00-21.704, préc. ; Com., 6 mai 2003, n° 00-17.344, préc. ; Soc., 13 nov. 2002, n° 00-17.176, préc. ; Civ. 2e, 27 juin 2002, n° 00-22.694, préc. ; 8 juin 2000, n° 98-13.180, préc. ; Com., 14 juin 2000, n° 98-10.617, préc. ; 30 nov. 1999, n° 97-14.595, préc. ; 16 mars 1999, n° 96-15.851, préc. ; Civ. 3e, 16 juill. 1998, n° 96-19.557, préc. ; Civ. 3e, 22 mai 1997, n° 95-18.413, préc. ; Civ. 2e, 26 mars 1997, n° 94-15.528, préc. ; Civ. 1re, 11 mars 1997, n° 94-15.591 préc. ; Civ. 3e, 9 oct. 1996, n° 93-10.225, préc. ; 13 janv. 1993, n° 91-17.715, préc. ; Civ. 1re, 16 avr. 1996, n° 92-14.923, préc. ; 18 déc. 1991, n° 89-19.524, préc. Rappr. (acte d'appel) Soc., 7 mars 2006, n° 04-45.323, CSBP 2006, p. 280, obs. F. J. Pansier ; Com., 22 févr. 2005, n° 01-11.667, BJS 2005, p. 868, note P. Scholer ; Civ. 2e, 3 juin 1998, n° 96-15.839 (**nullité**). *Contra* Com., 15 nov. 2011, n° 10-21.701, préc. ; Civ. 3e, 5 juill. 2011, n° 10-15.374, préc. ; Com., 23 nov. 2010, n° 07-21.936 & 07-21.939, préc. ; Soc., 12 juill. 2010, n° 09-41.402, préc. ; Soc. 23 juin 2010, n° 09-60.341, préc. ; Civ. 3e, 13 févr. 2008, n° 07-11.007, préc. ; Com., 6 mars 2007, n° 06-12.055, préc. ; 20 juin 2006, n° 03-15.957, préc. ; Civ. 3e, 31 mai 2000, n° 98-19.142, Bull. civ. III, n° 116 ; Civ. 1re, 2 nov. 1994, n° 92-18.345, préc. ; Com., 7 déc. 1993, n° 91-19.339, préc. ; Civ. 3e, 31 mars 1993, n° 90-10.143, préc. ; Civ. 2e, 20 mars 1989, n° 88-11.585 ; Soc., 21 janv. 1988, n° 86-16.191, préc. ; Civ. 1re, 8 nov. 1978, n° 77-11.873, préc. Rappr. (pourvoi en cassation) Com., 20 mai 2012, n° 11-14.887, BJS 2012, p. 709, note O. Staes, Rev. sociétés 2012, p. 433, obs. S. prévost ; Com., 26 févr. 2008, n° 06-16.406, Bull. civ. IV, n° 46, D. 2008, p. 782, obs. A. Lienhard, Rev. sociétés 2008, p. 142, note J.-F. Barbiéri ; Civ. 3e, 17 mai 2006, n° 05-10.936 Bull. civ. III, n° 130, D. 2006, p. 1820, obs. A. Lienhard, D. 2007, p. 267, obs. J.-Cl. Halouin, E. Lamazerolles, BJS 2006, p. 1450, note X. Vamparys, LPA 2006, n° 195, p. 10, note D. Gibirila ; Com., 3 mars 2004, n° 01-11.943 ; 7 juin 1994, n° 91-20.761, BJS 1994, p. 1225, note C. Prieto, Rev. sociétés 1995, p. 38, note Y. Guyon (**fin de non-recevoir**).

Il est vrai que le défaut de capacité d'une partie à être partie à un procès conduit à une situation troublante. D'une exceptionnelle gravité, il paraît atteindre le procès dans son principe même, dès lors que l'absence de capacité à être partie à un procès est de nature à entacher le complexe des actes de procédure que constitue le procès. De là à considérer que, lorsqu'il trouve son origine dans une demande en justice, dont l'auteur ou le destinataire est dépourvu de personnalité juridique, le procès n'est qu'une apparence, une illusion qu'il faut dissiper à la seule constatation du défaut de capacité d'ester en justice du demandeur ou du défendeur, il n'est qu'un pas que l'on peut être tenté de franchir[190]. Pourtant, pour troublante que puisse être la présence d'un spectre dans le prétoire, il n'en reste pas moins que, même en cette hypothèse, un juge est saisi, un rapport processuel se constitue, un procès se déroule, l'irrégularité qui entache la demande, par suite du défaut de capacité d'ester en justice de son auteur ou de son destinataire, dût-elle en entraver le déroulement normal :

> « *la mancanza dei presupposti processuali o le altre irregolarità del processo non hanno come effetto la inesistenza o la immediata estinzione del rapporto processuale, ma la loro conseguenza immediata è soltanto quella di far venir meno nel giudice il potere-dovere di provvedere sul merito, mentre sopravvive il potere-dovere di dichiarare le ragioni per le quali egli ritiene di non poter provvedere* »[191].

---

[190] Ainsi, certains auteurs évoquent-ils l'hypothèse d'une inexistence que le juge n'aurait qu'à constater. v. Y.-M. Sérinet, *La qualité du défendeur*, RTD civ. 2003, p. 203, spéc. n° 59, p. 216. Rappr. H. Croze, Ch. Morel, O. Fradin, *Procédure civile*, *Litec*, 4e éd., 2008, n° 486, p. 168.

[191] P. Calamandrei, *istituzioni di diritto processuale civile*, t. 1, *Premesse storiche e sistematiche*, préc., § 48, p. 188 : « *L'absence des éléments nécessaires à la constitution d'un rapport processuel valide, comme les autres irrégularités de procédure, n'emportent pas*

L'absence de capacité d'ester en justice d'une partie dût-elle trouver sa sanction dans une nullité pour irrégularité de fond, qui laisse entière la question de la conservation de l'effet interruptif d'une demande en justice annulée pour pareille raison, il demeure à tenter d'apporter une réponse à cette délicate question.

Lorsque la demande en justice émane d'une personne dépourvue de la capacité à être partie à un procès, la tentation est grande de s'emparer de cet axiome que l'être dépourvu de personnalité juridique n'a pas vocation à devenir sujet de droit, pour en déduire sans autre détour que la demande en justice, annulée par suite de ce défaut de capacité, ne saurait conserver l'effet interruptif qui lui est attaché. Ainsi, un auteur observe-t-il : « *l'effet interruptif suppose une manifestation de volonté du créancier qui réclame la reconnaissance de son droit litigieux. Si le demandeur est dépourvu de personnalité juridique, il est difficile d'admettre que sa demande a un effet interruptif de prescription du droit substantiel dont il ne peut être titulaire* »[192]. Pareille opinion apparaît néanmoins marquée au coin d'un absolutisme critiquable[193].

---

l'inexistence ou l'extinction immédiate du rapport processuel, leur seule conséquence immédiate est de dissoudre l'obligation (pouvoir/devoir) du juge de statuer sur le fond du litige, laissant entière son obligation (pouvoir/devoir) d'exprimer les raisons pour lesquelles il considère qu'il ne lui est pas loisible de poursuivre sur ces errements » (traduction de l'auteur).

[192] O. Staes, note préc., BJS 2009, p. 1058, spéc. p. 1061.

[193] Elle n'eût pas manqué de confiner au paradoxe à l'égard de ces associations étrangères, dotées de la personnalité morale selon la loi qui régit leur constitution, auxquelles la Cour de cassation persistait à refuser la capacité d'ester en justice (v. Com., 3 mars 2004, n° 01-11.943, préc.), faute d'avoir été déclarées en France, bien que, aux termes d'un arrêt rendu à propos des sociétés de capitaux soumises à la loi du 30 mai 1857 (abrogée par la loi n° 2007-1787 du 20 déc.

Certes, lorsque l'aptitude de l'auteur de la demande en justice à être sujet de droit est compromise dans son principe même, il serait étrange que l'annulation de l'acte de saisine du juge permît de prétendre à une interruption du cours de la prescription ou de la forclusion sur le fondement d'un acte (demande en justice), qui émane d'un non-être, condamné à demeurer dans le néant juridique, pour ne pouvoir prétendre à la personnalité juridique, qu'il ne puisse l'acquérir[194], ou que, l'ayant acquise, il en soit

---

2007, art. 27 II 4°), la Haute juridiction eût affirmé, au visa notamment de l'article 6 de la convention européenne des droits de l'homme et de l'article 1 de son protocole additionnel, que : toute personne morale, quelle que soit sa nationalité, a droit au respect de ses biens et à ce que sa cause soit entendue par un tribunal indépendant et impartial (Com., 8 juill. 2003, n° 00-21.591, Bull. civ. IV, n° 121, Defrénois 2003, p.1058, note R. Crône, BJS 2003, p. 1179, note M. Menjucq, Dr. sociétés 2004 comm. 1 obs. F.-G. Trébulle, *JCP* 2004. II. 10111, note H. Kenfack, B. de Lamy, D. 2004, p. 692, note G. Khairallah). La condamnation prononcée par la Cour européenne des droits de l'homme (*Ligue du monde islamique et Organisation islamique mondiale du secours islamique c. France*, CEDH 15 janvier 2009, *JCP* 2009. I. 142 (n° 6), obs. T. Clay, D. 2009, p. 374, obs. M. Léna, *ibid.*, p. 2771, obs. J.-F. Renucci, RSC 2009, p. 134, obs. A. Giudicelli, BJS 2009, p. 481, note P. Rubellin) n'eût-elle incité la Cour de cassation à modifier sa position (v. en matière pénale, Crim., 8 déc. 2009, n° 09-81.607, Bull. crim., n° 205, *JCP* 2010, p. 417, note F. Forgues, D. 2010, p. 202, obs. M. Léna, *ibid.,* p. 2256, obs. J. Pradel, AJ pénal 2010, p. 142, obs. L. Ascensi, Dr. pén. 2010 comm. 27, obs. A. Maron, M. Haas, RSC 2010, p. 182, obs. A. Giudicelli, Dr. sociétés 2010 comm. 43, obs. H. Hovasse, BJS 2010, p. 577, note S. Bollée), comment aurait-on pu refuser d'attacher un effet interruptif de prescription à l'acte de saisine du juge, annulé par suite de l'absence de capacité en justice du demandeur, au motif que son auteur ne saurait être titulaire du droit revendiqué, lors même que la déclaration à la préfecture à laquelle l'association étrangère eût dû satisfaire, n'aurait eu pour seul objet que de créer une « personnalité processuelle » pour les seuls besoins de l'action à conduire ?

[194] Soc. 23 juin 2010, n° 09-60.341, préc. (unité économique et sociale) ; Civ. 2e, 11 févr. 2010, n° 08-16.996, préc. (dénomination

désormais dépourvu[195]. En pareille occurrence, on doit sans doute considérer qu'une demande en justice, formée par une partie dépourvue de capacité d'ester en justice, entachée d'une irrégularité de fond qui n'est pas susceptible de régularisation parce qu'elle conduirait à un changement de partie[196], ne saurait emporter interruption du délai de prescription ou du délai de forclusion lorsque son annulation est prononcée.

Est-ce à dire que toute demande en justice formée par une personne dépourvue de capacité à être partie à un procès

---

sociale) ; Civ. 1re, 14 nov. 2006, n° 04-05.097, préc. (service d'aide sociale à l'enfance) ; Com., 3 oct. 2006, n° 05-12.410, préc. (conseil d'administration) ; Civ. 3e, 18 févr. 2004, n° 02-12.205, préc. (société créée de fait) ; Civ. 2e, 11 sept. 2003, n° 01-14.493, préc. (dénomination sociale) ; Soc., 13 nov. 2002, n° 00-17.176, préc. (fédération de syndicats inexistante) ; Com., 16 mars 1999, n° 96-15.851, préc. (centre régional d'abattage) ; Civ. 2e, 3 juin 1998, n° 96-15.839, préc. (groupe de sociétés) ; Civ. 2e, 26 mars 1997, n° 94-15.528, préc. (société en participation) ; Civ. 1re, 2 nov. 1994, n° 92-18.345, préc. (section locale d'une association).

[195] Civ. 2e, 27 sept. 2012, n° 11-2.2278, préc. (société dissoute sans liquidation) ; Civ. 2e, 23 sept. 2010, n° 09-70.355, préc. (société dissoute sans liquidation) ; Civ. 2e, 25 févr. 2010, n° 09-11.820, préc. (personne décédée) ; Com., 7 juill. 2009, n° 08-19.827, préc. (société dissoute sans liquidation) ; Com., 13 mars 2007, n° 05-21.594, préc. (société dissoute sans liquidation) ; Com., 6 mars 2007, n° 06-12.055, préc. (société dissoute sans liquidation) ; Civ. 2e, 12 févr. 2004, n° 02-13.672, préc. (société dissoute sans liquidation) ; Com., 6 mai 2003, n° 00-17.344, préc. (société dissoute sans liquidation) ; Civ. 2e, 27 juin 2002, n° 00-22.694, préc. (personne décédée) ; Civ. 2e, 8 juin 2000, n° 98-13.180, préc. (société dissoute sans liquidation) ; Civ. 3e, 16 juill. 1998, n° 96-19.557, préc. (personne décédée) ; Civ. 3e, 22 mai 1997, n° 95-18.413, préc. (société dissoute sans liquidation) ; Com., 7 déc. 1993, n° 91-19.339, préc. (société dissoute sans liquidation) ; Civ. 2e, 13 janv. 1993, n° 91-17.715, préc. (personne décédée).

[196] En ce sens, v. J. Beauchard, *Nullité des actes de procédure - Irrégularités de fond*, J. Cl. proc. civ., Fasc. n° 138, n° 48. Comp. L. Mayer, *Nullités*, préc., n° 228, p. 34.

émane d'un non-être juridique qui ne saurait prétendre à la qualité de sujet de droit ? Certes, l'être est un. Telle est la leçon de Parménide. Néanmoins, à en croire Aristote, si l'être est un en substance, il est multiple en ses accidents. L'être est en acte, mais il est aussi en puissance.

De là, une question qui taraude l'esprit du juriste[197]. La demande en justice, formée par une personne dépourvue de personnalité juridique (un non-être), ne devrait-elle pas être appréhendée comme l'œuvre d'un être en devenir, dont l'existence en puissance (pour autant qu'elle puisse être caractérisée)[198] pourrait être de nature à légitimer la reconnaissance anticipée de sa qualité de futur sujet de droit, quand bien même le mouvement de la puissance à l'acte ne serait pas encore achevé, qu'il soit en cours ou qu'il ait été interrompu avant d'atteindre son terme formel[199] ? Ainsi, le professeur Deen Gibirila estime-t-il que :

---

[197] V. C. Petit, F. Dekeuwer Defossez (dir.), La notion de personne en droit privé, Dr. fam. 2012 n° 9 (Dossier).

[198] À propos de l'être naturel, v. M. Bastit (dir.), *L'embryon est-il une personne ?*, 2011 (Cahiers de philosophie réaliste [*Disputatio*] n° 3).

[199] Telle pourrait bien être la position vers laquelle incline la Haute juridiction administrative : « *Considérant que, si l'ensemble des formalités qu'implique la constitution d'une société à responsabilité limitée n'étaient pas accomplies à la date de l'introduction de la demande de suspension, il n'est pas contesté qu'étaient intervenus les premiers actes de création de la* (société), *notamment la signature de ses statuts par les associés et la présentation à l'enregistrement ; qu'il ressort, en outre, des pièces du dossier que la constitution de cette société a été entreprise en vue d'acquérir et d'exploiter le fonds de commerce de boulangerie rattaché à l'immeuble faisant l'objet de la décision de préemption litigieuse ; que, par suite, les fins de non-recevoir tirées du défaut de capacité et d'intérêt pour agir de cette société en cours de constitution doivent être écartées* » (CE, 28 févr. 2006, n° 284788, Rev. sociétés 2006, p. 798, note crit. N. Mathey, Défrénois 2006, p. 752, obs. approb. Ph. Benoit Cattin).

« *Il serait (…) possible et opportun de concevoir qu'à l'inverse des autres groupements dépourvus ou définitivement privés de personnalité morale, une société en cours de constitution, qui aspire donc à acquérir celle-ci par l'immatriculation, puisse par anticipation se voir conférer la capacité d'agir en justice, ou d'accomplir tout acte juridique par l'intermédiaire de ses représentants. Il ne s'agirait plus de considérer des personnes agissant uniquement au nom d'une société en formation, mais intervenant en tant que mandataire d'une société vouée à acquérir la personnalité morale, donc potentiellement investie de celle-ci. Toute société en cours de formation et destinée à être immatriculée bénéficierait ainsi d'un traitement de faveur à l'instar de l'enfant simplement conçu, mais à naître qui, lorsque son intérêt l'exige, dispose de certains attributs de la personnalité juridique tels que la capacité d'hériter. Dans le cadre notamment d'une procédure en justice, l'intérêt de la société commanderait que l'avènement de sa "personnalité judiciaire" précède l'apparition de sa personnalité juridique* »[200].

En toute hypothèse, cette existence potentielle serait-elle impuissante à permettre de reconnaître la capacité à être partie à un procès à l'être en devenir, ne devrait-elle pas au moins autoriser l'être en acte à régulariser la demande en justice qu'il a pu former, alors qu'il était encore dans les limbes juridiques, voire à s'emparer du maintien de l'effet

---

[200] D. Gibirila, *L'incapacité d'ester en justice d'une société en formation et ses* enjeux, RJDA 2006, p. 915, spéc. p. 915, 2e col. v. déjà, J. Goldschmidt, *op. cit*, § 32, p. 193, lequel, sur le fondement de l'article 56, alinéa 2 du Code de procédure civil allemand du 30 janvier 1877 (dans sa rédaction en vigueur au 1er janvier 1934) aux termes duquel : S'il y a péril en la demeure et qu'un retard est de nature à se révéler préjudiciable, la partie ou son représentant légal pourra être admis à procéder, sous réserve de régularisation ultérieure, soutenait que : « *La capacité à être partie à un procès constitue une condition du prononcé d'un jugement sur le fond à laquelle il ne saurait être renoncé. Toutefois, s'il y a péril en la demeure, le tribunal peut admettre provisoirement comme partie à un procès une partie privée de cette capacité (par exemple, un groupement en cours de constitution), sous réserve que, dans un laps de temps déterminé, ce défaut soit régularisé* » (traduction de l'auteur).

interruptif qui lui est attaché si, en l'absence de régularisation, l'annulation en avait été prononcée ?

Toutefois, d'aucuns se fussent-ils efforcés de démontrer, convention européenne des droits de l'homme à l'appui, que l'être juridique devait être inscrit dans le devenir[201], la Cour de cassation se refuse à le concevoir. Dès lors que le mouvement revêt un caractère artificiel, en d'autres termes, dès lors que le passage de la puissance à l'acte n'est pas le fruit d'un mouvement naturel, l'avènement de l'être juridique, l'apparition du sujet de droit, est conditionné à l'accomplissement des diverses formalités auxquelles la reconnaissance de la personnalité juridique est subordonnée. Sans immatriculation, il n'est pas de société (C. civ., art. 1842 - C. com., art. L. 210-6) [202] ; sans déclaration, il n'est pas d'association (Loi 1er juill. 1901, art. 2)[203] ; sans dépôt, il n'est pas de syndicat (C. trav., art. L. 2131-3)[204]… en d'autres termes, il n'est pas de sujet de droit capable d'être partie à un procès.

---

[201] V. F. Vinckel, *La capacité des sociétés et le droit au procès équitable*, BJS 2002, p. 192.

[202] V. Com., 20 juin 2006, n° 03-15.957, préc. ; Com., 14 juin 2000, n° 98-10.617, préc. ; Com., 30 nov. 1999, n° 97-14.595, préc. ; Civ. 3e, 9 oct. 1996, n° 93-10.225, préc. ; Civ. 3e, 18 déc. 1991, n° 89-19.524, préc.

[203] V. Civ. 3e, 24 oct. 2012, n° 11-11.778 - 11-13.169, préc. ; 30 nov. 2010, n° 09-71.019 ; 20 mai 2009, n° 08-16.216, préc. ; Civ. 3e, 13 févr. 2008, n° 07-11.007, préc. ; 15 déc. 2004, n° 03-16.434, préc. ; 18 déc. 2002, n° 01-12.648, préc. ; Civ. 3e, 18 déc. 1991, n° 89-19.524, préc. ; Civ. 2e, 20 mars 1989, n° 88-11.585, préc. ; Civ. 1re, 8 nov. 1978, n° 77-11.873, préc.

[204] V. Soc., 16 sept. 2003, n° 01-11.769, préc. ; 21 janv. 1988, n° 86-16.191, Bull. civ. V, n° 69 ; Civ. 2e, 25 févr. 1965, n° 64-60.027, Bull. civ. II, n° 207, Dr. soc. 1965, p. 508, note J. Savatier. Sur ce thème, v. N. Gssime, *Les statuts des syndicats : un régime opaque*, D. 2011, p. 2131.

L'être est, et le non-être n'est pas. Ainsi, en digne héritière des Éléates, la Haute juridiction a-t-elle érigé la capacité à être partie à un procès en une véritable condition d'existence de l'acte de saisine du juge, dont le défaut est sanctionné par une irrégularité de fond qui ne peut faire l'objet d'une régularisation[205]. Peu importe que l'auteur de l'acte de saisine du juge puisse acquérir la personnalité juridique dont il est dépourvu, parce que, même en cette hypothèse, dès lors que l'être juridique est censé émerger du néant *ex nunc*[206], on se trouve confronté à un

---

[205] V. Civ. 3e, 24 oct. 2012, n° 11-11.778 & 11-13.169, préc. ; Civ. 2e, 27 sept. 2012, n° 11-22.278, préc. ; Com., 23 nov. 2010, n° 07-21.936 & 07-21.939, préc. ; Civ. 2e, 23 sept. 2010, n° 09-70.355, préc. ; Civ. 2e, 11 févr. 2010, n° 08-16.996, préc. ; Com., 7 juill. 2009, n° 08-19.827, préc. ; Com., 13 mars 2007, n° 05-21.594, préc. ; Com., 3 oct. 2006, n° 05-12.410, préc. ; Soc., 7 mars 2006, n° 04-45.323, préc. ; Com., 22 févr. 2005, n° 01-11.667, préc. ; Civ. 3e, 15 déc. 2004, n° 03-16.434, préc. ; Civ. 2e, 12 févr. 2004, n° 02-13.672, préc. ; Com., 6 mai 2003, n° 00-17.344, préc. ; Civ. 2e, 11 sept. 2003, n° 01-14.493, préc. ; 30 avr. 2003, n° 00-21.704, préc. ; Soc, 13 nov. 2002, n° 00-17.176, préc. ; Com., 14 juin 2000, n° 98-10.617, préc. ; 30 nov. 1999, n° 97-14.595, préc. ; 16 mars 1999, n° 96-15.851, préc. ; Civ. 3e, 16 juill. 1998, n° 96-19.557, préc. ; Civ. 2e, 3 juin 1998, n° 96-15.839, préc. ; Civ. 3e, 22 mai 1997, n° 95-18.413, préc. ; Civ. 2e, 26 mars 1997, n° 94-15.528, préc. ; Civ. 2e, 13 janv. 1993, n° 91-17.175, préc. Rappr. Com., 11 févr. 2005, n° 01-11.667, préc. (acte d'appel). V. cep. *contra* Civ. 3e, 9 oct. 1996, n° 93-10.225, préc ; 18 déc. 1991, n° 89-19.524, préc. La solution est identique lorsque le défaut de capacité à être partie à un procès trouve sa sanction dans une fin de non-recevoir, v. Soc. 23 juin 2010, n° 09-60.341, préc. ; Com., 6 mars 2007, n° 06-12.055, préc. ; Com., 20 juin 2006, n° 03-15.957, préc. ; Com., 7 déc. 1993, n° 91-19.339, préc. v. cep. *contra* Civ. 3e, 31 mars 1993, n° 90-10.143 ; Civ. 2e, 15 déc. 1986, n° 85-16.398, Bull. civ. II, 190.

[206] V. Civ. 3e, 24 oct. 2012, n° 11-11.778 & 11-13.169, préc. : la publication de ses statuts par une association syndicale libre soumise aux dispositions de la loi du 21 juin 1865 ne permet pas de couvrir l'irrégularité de fond qui entache l'assignation, dès lors que cette publication est réalisée après la délivrance de l'acte introductif

changement de partie[207]... de sorte que la régularisation de l'acte irrégulier est inconcevable[208].

---

d'instance. Com., 23 nov. 2010, n° 07-21.936 - 07-21.939, préc. : L'immatriculation d'une société ne permet pas de couvrir l'irrégularité qui entache l'acte de saisine du juge, dès lors qu'elle intervient après la délivrance de l'assignation. Soc., 7 juill. 2010, n° 08-21.805, Bull. civ. V, n° 162, *JCP S* 2010, p. 1401, obs. B. Gauriau, Procédures 2010 comm. 348, obs. A. Bugada : la nullité d'une assignation ne saurait être prononcée pour défaut de capacité d'ester en justice, lorsque le syndicat qui en est l'auteur a - préalablement à sa délivrance - observé les formalités de dépôt des statuts en mairie, quand bien même ces formalités ont été accomplies à l'occasion d'une modification de ses statuts ; Civ. 1re, 14 janv. 2003, n° 01-03.509 ; Civ. 3e, 3 oct. 2001, n° 00-11.690, Bull. civ. III, n° 110, Défrénois 2001, p. 1514, obs. Ch. Atias, Constr. urb. 2001 comm. 249, obs. D. Sizaire ; 5 nov. 1997, n° 95-20.860, Bull. civ. III, n° 196 : dès lors qu'elle a satisfait aux formalités prescrites à l'article 6 de la loi du 21 juin 1865 et à l'article 4 du décret du 18 décembre 1927, une association syndicale libre est dotée - à compter du jour de leur accomplissement - de la personnalité morale, par suite de la capacité d'ester en justice.

[207] « *Pour demander la protection du juge les plaideurs doivent avoir la capacité d'être partie. Seules les personnes physiques ou des entités jouissant des droits civils - ou exceptionnellement n'en jouissant pas - peuvent introduire ou subir une demande. Il est permis de se demander cependant s'il ne s'agit pas ici d'une fin de non-recevoir dilatoire car il demeure possible pour l'entité en cause d'acquérir la personnalité juridique. Il est vrai qu'il y aurait là un changement d'identité de l'une des parties* » (W.-J. Habscheid, *op. cit.*, § 41, p. 248). On rappellera que - en droit suisse - la capacité à être partie à un procès est rangée au nombre des conditions de recevabilité de l'action, comme il résulte désormais de l'article 59, alinéa 2 du code de procédure civile suisse entré en vigueur le 1er janvier 2011.

[208] Comp. P. Julien, N. Fricero, *Droit judiciaire privé*, 3e éd. 2009, n° 89, p. 43 : « *La régularisation reste possible conformément aux dispositions de l'article 121 du code de procédure civile. Le groupement devra donc effectuer les formalités légales afin de régulariser et conserver le bénéfice de l'acte antérieur* ». Rappr. M.-L. Coquelet, obs. préc., BJS 1997, p. 637.

À une époque où son usage est réprouvé[209], le recours à la notion d'inexistence de l'acte de saisine du juge ne doit pas engendrer la méprise. Il a pour seul objet de rendre compte de l'hypothèse où l'irrégularité qui entache l'acte de saisine du juge se révèle irréparable[210]. Il ne s'agit donc que d'un mode d'expression commode qui ne préjuge en rien de la nécessité d'un recours au juge. À cet égard, si l'acte de saisine du juge, qui a pour auteur une personne dépourvue de la capacité à être partie à un procès, peut être réputé inexistant, ce n'est pas parce qu'il constituerait un « non acte » qui aurait pour effet de dissoudre l'obligation du juge saisi de rendre un jugement ; mais en ce sens que l'irrégularité de fond dont il est entaché ne peut être couverte, de sorte qu'elle peut être invoquée à tout moment, quand bien même un jugement aurait été rendu sur son fondement, quand bien même ce jugement serait devenu définitif[211].

---

[209] V. Cass. ch. mixte, 7 juillet 2006, préc. En défense d'un concept dont il est permis de penser qu'il structure la réalité juridique, v. cep. L. Mayer, *op. cit.*, pp. 301-391.

[210] Sur la distinction des conditions d'existence (presupposti di esistenza) et des conditions de validité (presupposti di validità o di procedibilità) du rapport processuel, v. C. Mandrioli, *Presupposti processuali, préc.*, p. 786.

[211] V. Civ. 2e, 30 avr. 2003, n° 00-21.704, préc., aux termes duquel cette formation de la Cour de cassation considère que la nullité pour irrégularité de fond tirée du défaut de capacité de jouissance de son auteur, qui entache l'acte de saisine du juge, s'étend à toutes les procédures subséquentes. Comp. Civ. 2e, 22 mai 2008, n° 07-10.855, Bull. civ. II, n° 125, D. 2008, p. 1549, obs. A. Lienhard, Rev. sociétés 2008, p. 630, note J.F. Barbieri, BJS 2008, p. 866, note B. Dondero, Dr. sociétés 2008, comm. 174, obs. R. Mortier. En l'espèce, un conseil de prud'hommes avait rendu un jugement à l'encontre d'une société créée de fait (Comp. Com., 4 juill. 2006, n° 04-16.578, Bull. civ. IV, n° 178, D. 2006, p. 2459, obs. X. Delpech, RTD com. 2007, p. 438, obs. B. Bouloc) ! Au stade de l'exécution, le salarié - dont on imagine l'embarras - avait fait délivrer un commandement de payer, préalable à une saisie-vente, aux deux associés de la société condamnée à lui

Pareille solution n'a pas manqué de susciter la critique. Emportée par « *l'apparence d'une logique rigoureuse* », la Cour de cassation se laisserait entraîner à des conséquences excessives, en oubliant « (qu') *une instance peut conserver un germe de validité, malgré l'inexistence de l'un des sujets, personne physique décédée, ou groupement dépourvu de personnalité morale* »[212]. Peut-être, dans un monde complexe, l'apparition d'un nouvel être juridique ne saurait-elle résulter de la seule réunion de ces éléments qui ont été érigés en critères de la personnalité juridique des groupements. Sans doute, la réunion d'un intérêt collectif et d'un moyen d'expression est-elle de nature à faire éclore un « sujet du droit ». Toutefois, elle paraît impuissante à donner naissance à un « sujet de droit ». La naissance d'un nouvel être juridique - du moins lorsqu'elle est le produit d'un mouvement artificiel - paraît bien être devenue le fruit de techniques, toutes entières entre les mains du législateur[213]. Dans ces

---

payer diverses sommes pour licenciement sans cause réelle et sérieuse. Toutefois, au lieu de s'emparer de la nullité, qui entachait l'acte de saisine du juge, pour avoir été délivré à une personne dépourvue de toute existence juridique en tant que sujet de droit, par suite le jugement rendu sur son fondement, les deux associés contestèrent la voie d'exécution mise en œuvre au motif qu'ils n'étaient pas la partie condamnée. De là, pour reprendre l'expression du professeur Renaud Mortier, « *un voyage au pays de l'absurde* » où une décision rendue à l'encontre d'un non-être, dont l'inexistence juridique en tant que sujet de droit aurait dû prohiber toute exécution (v. Civ. 2e, 6 mai 2004, n° 02-17.797, Bull. civ. II, n° 207), est exécutée à l'encontre de tiers !

212 P. Hébraud, RTD civ. 1959, p. 144, n° 2.

213 « *il est évident que les personnes morales ne peuvent pas naître spontanément, sous n'importe quelle forme, avec n'importe quelle organisation, et s'imposer ainsi aux tiers et à la société. La société d'aujourd'hui est trop complexe, trop internationale pour qu'il en soit ainsi. L'insertion d'un nouvel être juridique dans la vie économique, sociale et juridique exige une organisation rigoureuse de ce nouvel être, prenant en compte aussi bien les intérêts des membres de cette personne morale que ceux des tiers et de la société dans son*

conditions, pour sévère qu'elle puisse être, la solution dégagée par la Cour de cassation apparaît comme la logique conséquence des techniques qui régissent l'apparition de la personnalité juridique[214]. Il est vrai que ces techniques sont abstraites, et que, pour ces êtres qui ont vocation à acquérir la personnalité juridique, les conséquences, que la Haute juridiction en infère peuvent apparaître choquantes[215], au point que des dissonances ont pu se faire entendre au sein même de la Haute juridiction[216].

---

ensemble » (J. Paillusseau, *Le droit des activités économiques à l'aube du XXIe siècle*, D. 2003, pp. 260-268, spéc. n° 93, p. 267).

214 « *Soucieux de faire respecter le formalisme strict qui, le plus souvent, commande l'attribution de la personnalité juridique* (les Hauts magistrats) *ne sont pas favorables à la reconnaissance d'une personnalité embryonnaire qui précéderait l'attribution formelle de la capacité* (…). *On ne saurait leur en faire reproche : l'attribution formalisée de la personnalité juridique, au lieu d'une naissance "spontanée" de cette personnalité, est issue d'un choix du législateur, qui a opté pour la sécurité qu'apporte un formalisme strict. C'est au législateur qu'il appartient de nuancer éventuellement son choix, en ouvrant une faculté de régularisation lorsque la personnalité est en germe* » (J.-F. Barbiéri, note préc., BJS 2007, p. 33).

215 Sur ce thème, v. Cl. Bourgeois, *Sociétés en formation et exercice d'une action en justice : Enjeux théoriques et pratiques*, D. 2008, p. 1160 ; A. Mairot, La société partie au procès civil, SHC, n° 8 (Actes du colloque interdoctoral 2011), disponible sur le site de la revue sciences humaines combinées (revuesshs.u-bourgogne.fr).

216 V. Civ. 1re, 11 mars 1997, n° 94-15591, préc. : l'irrégularité de fond, qui entache la validité de l'assignation, délivrée par la succursale d'une société étrangère, dépourvue de personnalité juridique, est couverte par l'intervention de la société-mère avant que le juge ne statue ; Civ. 3e, 9 oct. 1996, n° 93-10.225, préc. : l'irrégularité de fond, qui entache la validité de l'assignation, délivrée par une société en formation, dépourvue de personnalité juridique, est couverte par son immatriculation avant que le juge ne statue ; Civ. 1re, 16 avr. 1996, n° 92-14.923, préc. : l'irrégularité de fond, qui entache la validité de l'assignation, délivrée par la succursale d'une société

Quoi qu'il puisse en être, si la capacité à être partie à un procès a bien été érigée en une condition d'existence de l'acte de saisine du juge, dont le défaut est sanctionné par une nullité qui ne peut être couverte, il apparaît improbable que la Haute juridiction accepte de considérer l'irrégularité de fond tirée du défaut de capacité d'ester en justice de l'auteur de l'acte de saisine du juge comme un vice de procédure qui laisse entier l'effet interruptif attaché à la demande en justice annulée par suite de ce défaut. À nier toute existence juridique à l'être en devenir, au point de le réduire à un non-être, quelle que puisse être la cause de l'absence de l'être en acte, on aurait peine à comprendre qu'une demande en justice présentée par un non-être puisse manifester une quelconque volonté de se prévaloir d'un droit que seule l'acquisition de la personnalité juridique permettra à l'être en acte de revendiquer… quand bien même - cette personnalité acquise - la fiction devrait conduire à l'en réputer titulaire depuis un temps où il n'existait pas en tant que sujet de droit[217] !

La même solution doit-elle prévaloir lorsque le défaut de capacité à être partie à un procès affecte la personne du destinataire de la demande en justice (défendeur) ? La

---

étrangère, dépourvue de personnalité juridique, est couverte par l'intervention de la société-mère avant que le juge ne statue.

[217] Là réside toute l'étrangeté de ce mécanisme au moyen duquel le législateur autorise la société future à « anticiper » son avènement. Censée émerger du néant juridique à compter du jour de son immatriculation au registre du commerce et des sociétés, à laquelle l'acquisition de la personnalité juridique est subordonnée, la société régulièrement constituée et immatriculée, qui accepte de reprendre les engagements souscrits en son nom et pour son compte par ses fondateurs, est réputée les avoir souscrits dès l'origine… soit depuis un temps où - en l'absence de toute rétroactivité - elle n'existait pas en tant que sujet de droit !

symétrie le commanderait. Toutefois, nul n'ignore que la Cour de cassation n'a pas toujours cure des règles de l'esthétique. Le défaut de capacité du défendeur à être partie à un procès donne lieu à des solutions tout en nuances qui témoignent du souci du juge de ne pas compromettre le droit du demandeur d'être entendu sur le fond de la prétention émise. Est-ce à dire que le défaut de capacité d'ester en justice d'une partie puisse faire l'objet d'un traitement différencié selon qu'il trouve son fondement dans la personnalité absente du demandeur ou du défendeur ? On aurait peine à le concevoir.
Sans doute, lorsque l'acte de saisine du juge est annulé par suite du défaut de capacité du défendeur à être partie à un procès, ne saurait-on prétendre que la manifestation de volonté du demandeur de se prévaloir du droit dont il s'affirme titulaire est sans objet. Doté de la personnalité juridique, l'auteur de la demande en justice a bien vocation à s'affirmer titulaire du droit qu'il revendique. Toutefois, dès lors que cette demande est dirigée contre une personne dépourvue de personnalité juridique (un non-être), cette manifestation de volonté se trouve entachée d'une telle équivoque que l'on ne saurait raisonnablement prétendre conserver à la demande en justice annulée pour ce motif l'effet interruptif qui lui est attaché. La manifestation de volonté de l'auteur de l'acte de saisine du juge peut sans doute triompher d'une maladresse dans la désignation de l'être existant[218], *a fortiori* lorsqu'elle a été provoquée[219]. Elle ne saurait toutefois survivre au non-être. Dès lors que la demande en justice est dirigée contre une personne inexistante en tant que sujet de droit, la manifestation de volonté dont elle est porteuse se vide de toute substance. Même si la demande

[218] V. Com., 11 mai 2010, n° 08-20.666 ; Civ. 2e, 14 mai 2009, n° 08-10.292.
[219] V. Civ. 2e, 14 juin 2001, n° 98-12.803.

en justice n'a plus désormais à être signifiée à son destinataire pour être interruptive, elle doit au moins - pour faire sens - être dirigée contre celui que l'écoulement du temps pourrait libérer de sa dette[220].

Si la réponse à apporter à la question de savoir si l'annulation de l'acte de saisine du juge par suite de l'irrégularité de fond tirée de l'absence de capacité d'une partie, capacité à être partie à un procès (capacité de jouissance) ou capacité à être partie agissante (capacité d'exercice), est de nature à laisser entier l'effet interruptif attaché à la demande en justice, se révèle difficultueuse, il semble qu'elle ne soit pas de nature à engendrer l'hésitation, lorsque l'annulation de l'acte de saisine du juge trouve son fondement dans cette autre irrégularité de fond que constitue le défaut de pouvoir de l'auteur de l'acte.

Ainsi, les auteurs qui acceptent de regrouper, sous la bannière du « vice de procédure », les vices de forme et les irrégularités de fond, affirment-ils sans ambages que désormais - fors l'hypothèse d'un refus de pareil regroupement par le préteur[221] - « *l'assignation délivrée à l'insu de la partie par une personne dépourvue du pouvoir de représentation et annulée pour ce motif* (devrait conserver) *son effet interruptif à la différence du droit*

---

[220] V. Civ. 3e, 18 févr. 2004, n° 02-12.205, préc.

[221] Pour une première réponse, v. Com., 20 nov. 2012, n° 11-26.581, Bull. Civ. IV, n° 206, Gaz. Pal. 9 mars 2013, n° 68, p. 40, obs. L. Mayer, qui fait application des dispositions de l'article 2241, alinéa 2 du Code civil à une irrégularité de fond tirée en l'espèce d'une absence de constitution d'un représentant à l'instance.

ancien »[222]. Dans cet harmonieux concert, des voix discordantes se sont néanmoins élevées.

À l'occasion du commentaire qu'elle a consacré à la loi du 17 juin 2008, le professeur Soraya Amrani Mekki avait émis une réserve. Après avoir souligné que « *en l'absence de distinction, les actes nuls pour vices de fond peuvent également interrompre les délais* », l'auteur observait : « *Or, le vice y est alors grave et ne permet pas de s'assurer du réveil du créancier. Ainsi de l'hypothèse d'une personne dépourvue de pouvoir de représentation qui agit à l'insu de la partie* »[223].

À quelques années de distance, cette réserve s'est transformée en protestation :

> « *textuellement, l'article* (2241 du Code civil) *ne vise pas uniquement les vices de forme mais les vices de procédure. Si le langage courant tend à assimiler vice de procédure et vice de forme, au contraire, la procédure civile distingue rigoureusement deux types de nullité. Les vices de forme qui sont une catégorie ouverte bien qu'elles doivent être prévues par un texte ou constituer une formalité substantielle, sont soumises à un régime strict qui rend difficile leur application. Les vices de fond, au contraire, bénéficient d'un régime plus souple, équivalent à celui des fin de non recevoir, permettant une application stricte des exigences qu'ils véhiculent. Ces vices de fond, contrairement à l'opinion de la doctrine quasi unanime, sont limitativement énumérés par l'article 117 CPC selon la jurisprudence la plus récente. Or, il s'agit des cas de défaut de capacité d'ester en justice, de défaut de pouvoir de représenter à l'action ou à l'instance une partie. Dans ces hypothèses, est-il raisonnable de permettre malgré toute l'interruption ? Rien n'est moins sûr. En*

[222] J.-J. Taisne, *Interruption de la prescription*, J. Cl. Civ. art. 2240 à 2246, Fasc. unique n° 75. Dans le même sens, N. Fricero, *Le nouveau régime de la prescription et la procédure civile*, préc., n° 14, p. 8.

[223] S. Amrani Mekki, *Liberté, simplicité, efficacité, la nouvelle devise de la prescription ? A propos de la loi du 17 juin 2008*, préc., n° 67.

effet, à défaut de pouvoir, la fiction de la représentation ne peut fonctionner et on ne peut admettre un réveil du créancier permettant l'interruption. Il serait donc incohérent d'admettre l'extension de l'effet interruptif d'une citation en justice au cas où celle-ci serait entachée d'un vice de fond. Contrairement au sens technique qui lui est attribué en procédure il faudrait donc réduire à la notion de vice de procédure à celle de vice de forme »[224].

Pour autorisée qu'elle puisse être, pareille opinion apparaît néanmoins discutable, réductrice d'une réalité peut-être rebelle à toute systématisation[225]. En effet, le défaut de pouvoir ne se réduit pas à la seule hypothèse d'une personne qui prétendrait représenter à l'action ou à l'instance une partie à son insu, alors qu'elle est dépourvue de pouvoir légal, judiciaire ou conventionnel de représentation. Il en est notamment ainsi dans les hypothèses où une personne, dotée du pouvoir de représenter une personne physique ou une personne morale dans les actes de la vie civile, ne saurait agir en justice en son nom et pour son compte sans avoir obtenu au préalable une autorisation de la personne représentée, voire de son gardien[226]... en d'autres termes, lorsque la représentation en justice d'une personne est dissociée de l'opportunité d'intenter une action en justice en son

[224] S. Amrani Mekki, *Les causes de suspension et d'interruption de la prescription (Rapp. français)*, *in* P. Jourdain, P. Wéry (dir.), *op. cit.*, spéc. n° 34-35, p. 496.

[225] Sur ce « mauvais penchant » du juriste, v. (pour une perspective philosophique) R. Manzin, *Ordo iuris : la nascita del pensiero sistematico*, *Franco Angeli*, 2012. Rappr. Ch. Atias, *Ce que savent les juristes. Les états du droit*, préc., spéc. n° 9, p. 316.

[226] « *En maintes situations différentes, celui qui entend agir en justice au nom d'une personne* morale *doit se munir d'une décision valant autorisation* » (Ch. Atias, *La raison d'être des autorisations d'agir en justice au nom d'une personne morale*, D. 2011, p. 701, spéc. n° 1, p. 701).

nom[227]. Ainsi, en matière de copropriété, libre d'agir en défense, le syndic de copropriété ne peut-il agir en demande au nom du syndicat sans y avoir été autorisé par une décision de l'assemblée générale, sous réserve des actions en recouvrement de créance, de la mise en œuvre des voies d'exécution forcée à l'exception de la saisie en vue de la vente d'un lot, des mesures conservatoires et des demandes qui relèvent des pouvoirs de juge des référés (Décr. 17 mars 1967, art. 55). De même, en matière de protection des majeurs vulnérables, le tuteur, investi du pouvoir légal de représenter en justice la personne en tutelle, ne peut-il agir, en demande ou en défense, pour faire valoir les droits extra-patrimoniaux de la personne protégée qu'après autorisation ou sur injonction du juge ou du conseil de famille s'il a été constitué (C. civ., art. 475). De même encore, en matière de groupements, lorsque les statuts réservent à un autre organe que celui auquel est conféré pouvoir de la représenter, la décision d'agir en justice au nom de la personne morale[228].

Certes, nul ne disconviendra que - même en cette hypothèse - le cerveau ne doive commander aux membres, à la voix. Nul doute que pour doté d'un pouvoir de représentation qu'il puisse être, le représentant qui saisirait

---

[227] « *Dissocier la représentation en justice de la personne morale de l'opportunité d'intenter une action en justice en son nom c'est, si l'on veut procéder par métaphore, dissocier l'organe de réflexion et de décision (le cerveau) des organes d'expression de cette décision (les membres, la voix)* » (S. Manciaux, *La représentation en justice des personnes morales de droit privé*, RGDP 1999, p. 153, spéc. p. 165).

[228] V. Soc., 16 janv. 2008, n° 07-60.126, Bull. civ. V, n° 1, D. 2008, p. 2051, note K. Rodriguez, Dr. sociétés 2008, comm. 71, note R. Mortier ; BJS 2008, p. 405, note P. Le Cannu ; *JCP S* 2008. 1195, note I. Pétel Teyssié. Rappr. à propos d'un syndicat dont les statuts prévoyaient que le président intente les actions en justice sur décision du bureau, Civ. 3e, 4 avr. 2013, n° 11-22.127, Bull. civ. III, n° 46, D. act. 18 avr. 2013, obs. M. Kébir.

un juge d'une demande sans être autorisé par la partie au nom et pour le compte de laquelle il prétend agir ou par quelque autre autorité, n'entache l'acte de saisine du juge d'une irrégularité de fond, qui sanctionne l'absence de volonté du titulaire de l'action en justice[229]. Toutefois, en maintes occasions, l'irrégularité de fond qui entache l'acte de saisine du juge ne trouve pas son fondement dans l'absence totale de volonté de celui auquel l'opportunité de l'action en justice a été réservée. Le défaut de pouvoir du représentant n'emprunte pas toujours la forme de l'absence[230]. Parfois, il est le fruit de la maladresse. Parfois, il est le produit de l'accident. Pour tentante qu'elle puisse être, une *reductio ad unum* est à réprouver[231].

À cette logique, tout entière fondée sur le réveil du créancier, certains auteurs prétendent cependant en

---

[229] Dans cette hypothèse, « *ce qui fait défaut, c'est la volonté même du titulaire de l'action en qui réside l'intérêt pour agir* » (R. Perrot, RTD civ. 1986, n° 2, p. 180, spéc. p. 181).

[230] Sans compter que – parfois - l'absence est fille de l'urgence. L'urgence ne devrait-elle pas légitimer le représentant d'une personne à agir en justice en son nom quand bien même elle ne serait pas autorisée à cette fin, en d'autres termes, sans pouvoir préalable ? (Sur ce point, v. D. Cholet, Rép. proc. Civ. V° *Assistance et représentation en justice*, n° 27, p. 9).

[231] Il serait sans conteste regrettable que, parce que les distinctions à opérer sont de nature à se révéler subtiles, on renonce à la distinction au profit de l'amalgame. Ce n'est pourtant pas dans une généralisation de l'injustice que réside le remède… dût-elle conduire à une égalité de traitement. On ne ferait que retrouver le vieux démon qui avait finalement conduit les commentateurs du Code civil à agiter la délicatesse des distinctions à opérer entre les vices susceptibles d'entacher une citation en justice pour justifier la différence de traitement entre l'incompétence et la nullité. (v. G. Baudry Lacantinerie, A. Tissier, *Traité théorique et pratique de droit civil*, *Sirey*, 3e éd., 1905, t. 28, n° 498, p. 376 ; T. Huc, *Commentaire théorique et pratique du Code civil*, *Pichon*, 1902, t. 14, n° 396, pp. 497-498).

substituer une autre[232]. Point ne serait besoin de ressusciter des questions, dignes des pires heures de la scolastique, pour s'assurer de la volonté de l'auteur de la demande en justice afin de déterminer si l'effet interruptif, qui lui est attaché, doit être maintenu en cas d'annulation. En l'état des termes de l'article 2241, alinéa 2 du Code civil, il suffirait de considérer que, désormais, toute personne, dotée du pouvoir d'en représenter une autre, est investie du pouvoir d'interrompre un délai de prescription ou de forclusion, quand bien même il serait dépourvu de l'« augment de pouvoir »[233] nécessaire pour agir en justice en son nom… en d'autres termes, quand bien même la demande en justice formée serait entachée d'une irrégularité de fond, tirée du défaut de pouvoir de son auteur.

Respectueuse de la lettre du texte, cette interprétation aurait en outre l'avantage de mieux s'harmoniser avec la nature du vice allégué. Filles du droit civil (droit commun), au sein duquel elles ont été conçues comme des instruments de contrôle des initiatives du représentant, les règles qui subordonnent le pouvoir d'agir en justice du représentant à l'autorisation de la personne représentée voire de son gardien, auraient été dénaturées par le préteur.

---

[232] V. Ch. Atias, *Défaut d'autorisation du syndic d'agir en justice au nom du syndicat et réforme de la prescription*, Ann. loyers 2008, p. 2337, spéc. n° 22, p. 234.

[233] L'expression est empruntée au professeur Christian Atias pour lequel : « *L'autorisation* [d'agir en justice] *constitue* (…) *un augment de pouvoir. Elle est requise pour compléter celui du représentant, parce qu'il est réputé insuffisant, sauf circonstances particulières* » (*La raison d'être des autorisations d'agir en justice au nom d'une personne morale*, préc., n° 3, p. 701).

Sous cet aspect, la question de l'autorisation du syndic de copropriété d'agir en justice se révélerait emblématique. Conçue comme une règle destinée à protéger les copropriétaires des initiatives intempestives du représentant légal du syndicat, mais encore le syndic lui-même des conséquences du désaveu de ses initiatives par le syndicat des copropriétaires, la règle selon laquelle « *Le syndic ne peut agir en justice au nom du syndicat sans y avoir été autorisé par une décision de l'assemblée générale* » (Décr. 17 mars 1967, art. 55) - « *règle de prudence et de sagesse* »[234] - aurait été transformée en une arme qui a fini par être retournée contre ceux qu'elle entendait protéger. Si l'autorisation donnée à un syndic de prendre toutes dispositions nécessaires pour arriver à bonne fin, avant l'expiration du délai de la garantie décennale, a pu être jugée suffisante pour lui permettre d'agir en justice au nom et pour le compte du syndicat des copropriétaires[235], ce temps paraît révolu[236]. Faute de préciser la nature de l'action à mettre en œuvre, son objet, de permettre l'identification de la partie adverse, et de conférer - de manière formelle - mandat au syndic pour agir, la résolution d'une assemblée générale des copropriétaires ne vaut pas autorisation du syndic d'agir en justice au nom du syndicat des copropriétaires[237]. Il en résulterait un formalisme « *digne des "actions de la loi"*

---

[234] La formule est empruntée à Édith Kichinewsky Broquisse, *La copropriété des immeubles bâtis*, *Litec*, 4e éd. 1989, n° 453, p. 492.

[235] V. Civ. 3e, 10 déc. 1985, n° 84-14.769, Bull. civ. III, n° 124.

[236] V. cep. Civ. 3e, 6 mai 2009, n° 07-21.512 & 07-21513, RDI 2009, p. 486, note D. Noguéro.

[237] Pour une analyse, v. Ch. Atias, *La copropriété des immeubles bâtis*, Ann. loyers 2012, p. 1157, spéc. n° 631 à 651, pp. 1623-1641 ; G. Vigneron, *Contentieux de la copropriété : Exercice des actions collectives et individuelles*, J. Cl. copr. Fasc. 101-10.

[qui] *ne présente aucun avantage en droit ou en justice* »[238].

Pire. Le droit judiciaire privé, au sein duquel la distinction des nullités relatives et des nullités absolues, issue du droit civil, s'estompe, si elle ne disparaît[239], aurait consacré leur perversion. En ouvrant la critique de leur méconnaissance à l'initiative de toute partie[240], ces règles, conçues comme des instruments de contrôle destinés à assurer la protection de la personne représentée[241], auraient été réduites au rang

---

[238] Ch. Atias, Rép. dr. Civ. V° *Copropriété des immeubles bâtis*, n° 896, p. 86.

[239] « *S'agissant d'un vice de fond, toutes les parties peuvent invoquer l'irrégularité, de même que le juge qui peut soulever d'office la nullité pour défaut d'ester en justice, mais qui doit soulever d'office les nullités ayant un caractère d'ordre public* » (Y. Strickler, *op. cit.*, n° 276, p. 154. Dans le même sens, L. Cadiet, E. Jeuland, *op. cit.*, n° 451, p. 328. Comp. J. Couchez, X. Lagarde, *op. cit.*, n° 196, p. 233).

[240] V. Civ. 3e, 8 mars 1995, n° 92-14.664 ; 12 mai 1993, n° 91-15.937 & 91-15.982, Bull. civ. III, n° 65, D. 1994, p. 20, obs. Ph. Delebecque ; 17 juin 1992, n° 89-19.831, Bull. civ. III, n° 210, D. 1993, p. 355, note F. Magnin, RDI 1992, p. 378, obs. P. Capoulade, Cl. Giverdon ; Ass. plén. 15 mai 1992, n° 89-18021, Bull. ass. plén., n° 5, *JCP* 1992. II. 21940, note P. Capoulade, Cl. Giverdon ; 11 juin 1992, n° 90-12.093, IRC 1992, p. 387, obs. P. Capoulade ; Civ. 3e, 16 oct. 1991, n° 89-17.166, Bull. civ. III, n° 240, D. 1992, p. 341, note Cl. Giverdon, J.-L. Lecharny ; 17 avr. 1991, n° 89-12.569, Bull. civ. III, n° 120 ; 27 mars 1991, n° 89-17.915, RDI 1991, p. 262, obs. P. Capoulade, Cl. Giverdon ; 6 févr. 1991, n° 89-12.996, RDI 1991, p. 262, obs. P. Capoulade, Cl. Giverdon ; 12 déc. 1990, n° 89-10.657, RDI 1991, p. 92, obs. P. Capoulade, Cl. Giverdon ; 7 nov. 1990, n° 89-12.380 & 89-12.419, Bull. civ. III, n° 222, RDI 1991, p. 92, obs. P. Capoulade, Cl. Giverdon ; 30 mai 1990, n° 88-20.036 ; 28 mars 1990, n° 88-16.733, RDI 1990, p. 533, obs. P. Capoulade ; 14 févr. 1990, n° 88-18.422, péc. ; 12 oct. 1988, n° 86-19.403, préc. : tout défendeur à l'instance est en droit de se prévaloir de l'irrégularité de fond tenant au défaut de pouvoir du syndic d'agir en justice.

[241] « *C'est manifestement dans l'intérêt de la collectivité que les pouvoirs du représentant sont limités. Ils ne s'étendent pas à l'action en justice parce que le sort de ses membres, leur position, leurs droits et obligations, leurs finances aussi, sont en jeu. La personne assignée,*

d'artifices qui permettent au plaideur roué de vaincre sans combattre… au préjudice de la justice élémentaire[242].

De là, une véritable croisade destinée à dénoncer la banalisation de l'exception de nullité tirée du défaut d'habilitation du syndic pour agir en justice au nom du syndicat des copropriétaires[243], alors que, dans le même temps, dans des circonstances analogues, la Cour de cassation n'hésite pas à réserver à la partie protégée le pouvoir de soulever la nullité édictée. Ainsi, en cas de défaut d'autorisation du maire pour agir en justice au nom d'une commune (CGCT, art. L. 2132-1)[244].

Par un arrêt en date du 11 janvier 1984, la troisième chambre civile de la Cour de cassation avait estimé que l'exception tirée du défaut d'autorisation du maire de plaider au nom d'une commune revêt un caractère d'ordre

---

qu'elle soit d'ailleurs membre de la personne morale ou non, peut certes trouver grand avantage à l'intervention d'un organe collégial. Elle peut toujours espérer que la majorité ne sera pas aussi vindicative que le seul représentant. Il n'en reste pas moins qu'en droit l'exigence d'une autorisation d'agir n'a pas été posée pour protéger ses intérêts propres » (Ch. Atias, *La raison d'être des autorisations d'agir en justice au nom d'une personne morale*, préc., spéc. n° 4, p. 701). Pour une autre formulation, v. Ch. Atias, *La copropriété des immeubles bâtis*, préc., n° 641-1, p. 1632.

[242] Sous cet aspect, le contentieux lié à l'interruption du délai de garantie décennale des constructeurs (C. civ., art. 1792-4-1) est sans conteste emblématique. Pour une étude, v. J.-L. Sablon, *Le contentieux des dommages de construction*, 2012, spéc. pp. 117-130.

[243] V. Ch. Atias, *La raison d'être des autorisations d'agir en justice au nom d'une personne morale*, préc. ; *Le pouvoir de contester les dépens*, AJDI 2011, p. 692 ; *Actualité de la contestation, par un tiers, de l'habilitation à agir au nom d'une personne morale*, AJDI 2013, p. 473.

[244] V. D. Cholet, *L'action en justice exercée par les exécutifs locaux devant les juridictions civiles*, AJCT 2012, p. 304.

public[245]. Aux termes de cette décision, cette formation de la Haute juridiction avait toutefois précisé que la commune a néanmoins loisir de couvrir l'irrégularité qui entache l'assignation par une délibération ultérieure[246], dans la mesure où, si l'exception tirée du défaut d'autorisation du maire de plaider au nom d'une commune revêt un caractère d'ordre public, c'est seulement dans l'intérêt de la commune. Toutefois, par un arrêt en date du 17 février 1993, la première chambre civile de la Haute juridiction - à laquelle la deuxième chambre civile a emboîté le pas - en est venue à considérer que le défaut d'autorisation du maire - en l'espèce - de relever appel au nom d'une commune - qui trouvait désormais sa sanction dans une fin de non-recevoir (!) - est édictée dans le seul intérêt de la commune, de sorte que son adversaire ne saurait s'en prévaloir[247]. De la sorte, s'est fait jour une divergence de solutions sur le remède de laquelle l'éminent civiliste et le zélé processualiste croisent le fer.

À ce compte, dût-on même devoir s'incliner devant la banalisation de l'exception de nullité tirée du défaut de

---

[245] Civ. 3e, 11 janv. 1984, n° 82-15.909, Bull. civ. III, n° 8. La solution était conforme à la position que la Haute juridiction avait arrêtée au cours du dix-neuvième siècle : « (…) *Le défaut d'autorisation des communes et des établissements publics produit une nullité absolue, qui peut être opposée par toute partie et en tout état de cause ; mais l'autorisation peut être donnée après la demande* » (F. Vazeille, *op. cit.*, n° 198, p. 72).

[246] Soc., 13 mai 2009, n° 08-42.258.

[247] V. Civ. 1re, 17 févr. 1993, n° 88-10.763, Bull. civ. I, n° 76 (fin de non-recevoir) ; Civ. 2e, 13 janv. 2000, n° 95-20.237 (irrégularité de fond) ; 26 juin 2008, n° 07-14.996 (fin de non-recevoir). Dans le même sens, à propos du défaut d'autorisation du président d'un conseil général pour relever appel d'une décision au nom du département, Civ. 2e, 16 mai 2013, n° 12-20.317, à paraître au Bulletin civil, D. act. 3 juin 2013, obs. S. Menetrey, Procédures 2013 comm. 209, obs. R. Perrot (irrégularité de fond).

pouvoir du représentant[248], il conviendrait - à tout le moins - dans le respect de l'esprit de ces règles qui a conduit le législateur à limiter le pouvoir d'agir en justice du représentant d'une personne, que, lorsqu'une demande en justice est annulée - à l'initiative de l'adversaire - par suite du défaut de pouvoir de son auteur, l'acte de saisine du juge conserve l'effet interruptif qui lui est attaché. Ainsi, sous l'empire de la législation ancienne, le professeur Christian Atias observait-il : « *L'interprétation donnée à l'article 2247 du Code civil sur l'effet interruptif de prescription de l'assignation pourrait être revue. (…) Cette disposition n'est pas si générale et "absolue" qu'elle doive être étendue sans examen au cas où l'acte introductif d'instance est affecté d'une irrégularité de fond. Il n'est pas nul par défaut de forme et la demande n'est pas rejetée ; elle est rendue inopérante par le défaut de pouvoir. Les solutions actuelles reposent sur une tendance disciplinaire marquée. La régularité est exigée pour elle-même. Pourtant, aucun formalisme n'est ici de mise ; l'irrégularité est de fond. La considération déterminante doit être l'intérêt de la personne morale que l'article 117 du Code de procédure civile protège* »[249].

Que les dispositions de l'article 2241, alinéa 2 du Code civil, autorisent pareille perspective apparaît néanmoins discutable. L'acte de saisine du juge, annulé par l'effet

---

[248] « *Pas plus que les fins de non-recevoir, les exceptions de procédure ne sont nécessairement banales, ouvertes à tous. Celles qui protègent un intérêt déterminé sont attitrées ; elles ne doivent pouvoir être invoquées que par qui se prévaut de l'intérêt juridiquement protégé* » (Ch. Atias, *La raison d'être des autorisations d'agir en justice au nom d'une personne morale*, préc., spéc. n° 9, p. 702).

[249] Ch. Atias, *L'étrange position procédurale de la personne morale en cas de défaut de pouvoir de son représentant*, D. 2008, p. 2241, spéc. n° 15-16, p. 2243.

d'un vice de procédure, qu'il prenne la forme d'un vice de forme ou d'une irrégularité de fond, dût-il conserver l'effet interruptif qui lui est attaché, cette conservation ne paraît devoir trouver un fondement légitime que dans la manifestation de volonté dont peut être porteuse une demande en justice.

Est-ce à dire que, lorsque la demande en justice est annulée par suite d'une irrégularité de fond tirée du défaut de pouvoir de son auteur, l'effet interruptif qui lui est attaché se trouve compromis dans son principe même ? On peut en douter. Lorsque, en dépit de son annulation par suite du défaut de pouvoir de son auteur, la personne au nom et pour le compte de laquelle le représentant a entendu agir n'en a pas moins manifesté sa volonté de se prévaloir de son droit, les dispositions de l'article 2241, alinéa 2 du Code civil devraient autoriser la préservation de l'effet interruptif attaché à l'acte de saisine du juge.

Sans doute - puisqu'il s'agit de scruter le réveil du créancier - confinerait-on au paradoxe à prétendre que l'acte de saisine du juge, annulé par suite du défaut de pouvoir de celui qui prétendait agir au nom et pour le compte d'une partie, témoigne de la volonté de cette dernière de se prévaloir de son droit… alors qu'elle n'a pas été consultée, en d'autres termes, alors qu'elle n'a pu manifester une quelconque volonté. Toutefois, on ne saurait raisonnablement prétendre que la personne indument représentée en justice n'a pas manifesté l'intention de se prévaloir de son droit, lorsque l'irrégularité de fond, qui infecte l'acte de saisine du juge, n'entache pas la manifestation de volonté… en d'autres termes, lorsque l'irrégularité est le fruit de la maladresse ou le produit de l'accident.

Ira-t-on vraiment jusqu'à prétendre que, par exemple, la volonté des copropriétaires n'a pas à être considérée, lorsque, au cours d'une assemblée générale, ces derniers auront, aux termes d'une délibération qui précise la nature de l'action à mettre en œuvre, son objet, et l'identité de la partie adverse, décidé d'agir en justice sans prendre le soin d'autoriser le syndic à agir au nom du syndicat, que cette autorisation fasse formellement défaut ou qu'elle ait été confiée à un autre que le syndic[250] ? Certes, décider d'agir en justice est une chose et charger le syndic d'exercer cette action une autre chose. Certes encore, déduire une autorisation du syndic d'agir en justice au nom du syndicat de la seule décision de l'assemblée générale des copropriétaires d'introduire une action en justice constituerait une dénaturation[251]. Toutefois, l'acte de saisine du juge serait-il entaché d'une irrégularité de fond par suite de l'absence d'autorisation du syndic pour exercer l'action en justice, pareille irrégularité ne paraît pas de nature à entacher la volonté du syndicat des copropriétaires de mettre en œuvre une action en justice.

Ira-t-on vraiment jusqu'à soutenir, par exemple encore, que la volonté des copropriétaires n'a pas à être

---

[250] V. Civ. 3e, 4 nov. 2009, n° 07-17.618, Bull. civ. III, n° 241, AJDI 2010, p. 475, obs. D. Tomasin ; 31 janv. 1996, n° 93-19.421, Bull. civ. III, n° 30, RDI 1996, p. 281, obs. P. Capoulade, Cl. Giverdon ; 5 avr. 1995, n° 93-12.511, Bull. civ. III, n° 97, RDI 1995, p. 596, obs. P. Capoulade, Cl. Giverdon ; 11 janv. 1995, n° 93-11.939, Bull. civ. III, n° 15, RDI 1995, p. 336, obs. Ph. Malinvaud, *ibid.*, p. 377, obs. P. Capoulade, Cl. Giverdon, AJDI 1997, p. 211, obs. P. Guitard, D. 1998, p. 271, obs. P. Capoulade ; 10 mai 1994, n° 92-17.473, D. 1994, p. 502, obs. P. Capoulade, Cl. Giverdon, D. 1996, p. 166, obs. P. Capoulade ; 24 févr. 1993, n° 90-21.794, IRC 1993, p. 121, note P. Capoulade, RDI 1993, p. 273, obs. P. Capoulade, Cl. Giverdon ; 11 juin 1992, n° 90-12.093, RDI 1992, p. 379, obs. P. Capoulade, Cl. Giverdon.

[251] V. P. Capoulade, RDI 1995, p. 377.

considérée, lorsque l'autorisation qui a été donnée au syndic pour agir en justice au nom du syndicat des copropriétaires est emportée par l'annulation de la résolution de l'assemblée générale des copropriétaires qui désignait le représentant légal du syndicat[252] ? Quelque passion que l'on puisse nourrir pour les fictions juridiques, il n'apparaît pas que, en pareille situation, on puisse considérer que les copropriétaires n'ont pas manifesté une volonté non équivoque de préserver leurs intérêts, de sorte que, pour irrégulière que l'acte de saisine du juge puisse se révéler, l'effet interruptif attaché à la demande en justice devrait survivre à son annulation.

Il est vrai que, pour certains auteurs, dans cette dernière hypothèse, ce n'est pas de pouvoir dont il serait question mais de qualité[253], « qualité civile », par opposition à la « qualité procédurale », qui devrait trouver sa sanction dans une fin de non-recevoir[254], quand bien même le

---

[252] V. Civ. 3e, 6 mai 2003, n° 00-21.911 : l'annulation des assemblées générales antérieures en conséquence de la nomination irrégulière d'un syndic a pour effet de priver de pouvoir le syndic irrégulièrement nommé de sorte que l'assignation délivrée par ses soins au nom et pour le compte du syndicat des copropriétaires est irrégulière.

[253] « *L'irrégularité de fond, qui affecte l'acte introductif d'instance, lorsque le syndic n'a pas été autorisé à agir au nom du syndicat par une décision d'assemblée générale, résulte d'un défaut de pouvoir du représentant de la personne morale (art. 117 CPC).* (…) *L'hypothèse ne doit pas être confondue avec celle du défaut de qualité de celui qui agit au nom d'une personne morale dont il n'est pas le représentant en exercice. Ce peut être le résultat de l'expiration ou de l'annulation du mandat du syndic ou de celle de la décision qui l'avait désigné. Une fin de non-recevoir profite alors au défendeur* » (Ch. Atias, *Défaut d'autorisation du syndic d'agir en justice au nom du syndicat et réforme de la prescription*, préc., n° 22 à 23, p. 234).

[254] V. cep. Civ. 3e, 13 janv. 2009, n° 05-12.741, D. 2010, p. 112, obs. Ch. Atias, P. Capoulade, Loyers et copr. 2009 comm. 70, obs. G. Vigneron, AJDI 2009, p. 549, obs. P. Capoulade ; 26 avr. 2006, n° 05-11.986, D. 2006, p. 2764, obs. Ch. Atias, P. Capoulade, Loyers

« défaut de titre à représenter » diffère de l'absence de titre exigé pour la mise en œuvre d'une action en justice[255]. Pourtant, dans cette hypothèse, on ne saurait prétendre que la personne morale, au nom de laquelle l'action en justice a été mise en œuvre, est demeurée étrangère à cette initiative. Sa volonté d'agir en justice pour réclamer le droit dont elle s'estime titulaire n'est entachée par aucune équivoque. À raffiner sur la notion de qualité à agir pour faire place à un « défaut de qualité civile », tiré de « l'absence de titre à représenter » du tiers qui prétend agir au nom d'une autre personne, il conviendrait à tout le moins de restreindre son domaine à la seule hypothèse où le « *falsus procurator* » entache l'acte de saisine du juge d'une absence totale de volonté, faute de toute manifestation de volonté de la personne à laquelle l'opportunité de l'action en justice est réservée. Pareille extension n'en demeurerait pas moins discutable. Même en un temps de « dénaturation » du concept de fin de non-recevoir, la sanction du « défaut de titre à représenter » par ce moyen de défense apparaît critiquable. L'absence totale de volonté de la personne au nom de laquelle le « *falsus procurator* » prétend agir devrait plutôt trouver sa sanction dans une irrégularité de fond qui n'est pas susceptible d'être couverte. Sans doute, en pareille occurrence, l'existence de la personne n'est pas en cause, mais, comme le soulignait Pierre Raynaud, « *l'absence totale de volonté est aussi grave que l'absence*

---

et copr. 2006 comm. 159, obs. G. Vigneron, AJDI 2007, p. 208, obs. P. Capoulade aux termes desquels cette formation de la Haute juridiction estime que, délivrée à la requête d'un syndic dont l'élection a été annulée, une assignation est délivrée par une personne « dépourvue de qualité », qui entache cet acte d'une irrégularité de fond.

[255] V. Ch. Atias, *L'action en justice du prétendu représentant d'une personne morale (qualité civile et qualité procédurale)*, D. 2003, p. 1582.

de personnalité »[256]. En réalité, en pareille circonstance, ce n'est pas la qualité de la partie qui est en cause mais sa capacité… « capacité de jouissance », parce que l'absence totale de volonté touche à l'être, et qu'elle compromet la capacité à être partie à un procès[257].

---

[256] P. Raynaud, RTD civ. 1948, p. 366.

[257] En ce sens, v. Civ. 2, 11 mars 2013, n° 12-17.107, à paraître au Bulletin civil, D. act. 5 avr. 2013, obs. M. Kebir, BJS 2013, p. 381, note J.-J. Barbiéri, AJDI 2013, p. 511, note C. Rouquette Térouanne : le commandement de payer, délivré à la requête d'une personne morale dont le représentant était décédé à la date de la délivrance de l'acte, est affecté d'une irrégularité de fond qui n'est pas susceptible d'être couverte. Dans le même sens, Civ. 3e, 29 oct. 2008, n° 07-14.242, Bull. civ. III, n° 165, AJDI 2009, p. 618, obs. M.-P. Dumont : le commandement de payer, délivré à la requête d'une société filiale qui n'avait pas pouvoir de représenter la société mère (Bailleur), est affecté d'une irrégularité de fond qui n'est pas susceptible d'être couverte. Civ. 3, 4 janv. 2006, n° 03-14.115 : le commandement de payer délivré par une société dépourvue de représentant légal est entaché d'une nullité de fond insusceptible de régularisation. Civ. 3e, 25 mars 1992, n° 90-15.691, Bull. civ. III, n° 104 : le commandement de payer, délivré à la requête d'une personne morale dont le représentant était décédé à la date de la délivrance de l'acte, est affecté d'une irrégularité de fond que ne saurait couvrir la délivrance d'une assignation en référé délivrée au nom de la personne morale représentée par son nouveau représentant légal. V. cep. Civ. 2e, 24 janv. 2008, n° 07-10.748, Bull. civ. II, n° 21, BJS 2008, p. 388, note G. Gil, Procédures 2008 comm. 149, obs. H. Croze, RTD com. 2008, p. 581, obs. Cl. Champaud, D. Danet : À compter de la clôture de la liquidation, le liquidateur n'a plus qualité pour représenter la société en défense ou en demande, et le juge peut relever d'office la fin de non-recevoir tirée du défaut de qualité. Dans le même sens, Com., 5 mai 2009, n° 08-12.601, Bull. civ. IV, n° 62, Rev. sociétés 2009, p. 575, note J.-F. Barbiéri, Dr. sociétés 2009 comm. 131, obs. M.-L. Coquelet ; 6 sept. 2011, n° 10-24.601, BJS 2012, p. 194, note M.-L. Coquelet. Fille dégénérée de l'opportunisme, la fin de non-recevoir s'offre désormais à tous les vents de la fantaisie (!). Rappr. R. Martin, *Un virus dans le système des défenses du nouveau Code de procédure civile : le droit d'action*, préc., spéc. p. 420 : « (…) *les*

De même, en matière de représentation à l'instance, on ne saurait, sans trahir la réalité, considérer que, lorsque l'acte de saisine du juge est annulé par suite du « *défaut de pouvoir de représentation de l'avocat constitué* » (*sic*), tiré du franchissement des limites du ressort territorial qui lui est assigné, la partie représentée à l'instance n'a pas manifesté l'intention de se prévaloir du droit dont elle s'estime titulaire. Discutable sous l'empire des dispositions de l'article 2247 ancien du Code civil, un refus du maintien de l'effet interruptif ne serait plus justifié sous l'empire des dispositions de l'article 2241 nouveau[258].

Au rebours de tout esprit de système, par-delà la distinction des vices de forme et des irrégularités de fond, le préteur devrait s'atteler - dans chaque hypothèse - à rechercher la manifestation de volonté dont l'acte de saisine du juge peut être porteur, pour déterminer si la demande en justice doit conserver l'effet interruptif qui lui est attaché en dépit de son annulation. Le lit de la justice ne saurait être à l'image de celui dont usait Procuste. Certes, la justice réside dans l'égalité. Toutefois, une grise égalité, indifférente aux circonstances, sans égards pour

---

tribunaux se déterminent davantage par le résultat qu'ils veulent atteindre que par la nature de la défense ».

[258] « *La généralité de la notion de citation permet de risquer la conclusion que l'assignation, même si la constitution d'avocat est irrégulière, suffit à interrompre le délai dès lors que l'assignation témoigne de l'intention ferme et univoque du demandeur de mettre l'action en mouvement. Du reste, seule l'irrégularité pour vice de forme conduisait à regarder l'interruption comme non avenue : elle ne s'appliquait donc pas à l'hypothèse d'une assignation délivrée par un avocat inscrit auprès d'un autre barreau, qui relevait pour sa part des irrégularités pour vice de fond* » (G. Dehard, note sous Civ. 2e, 8 sept. 2011, n° 10-18342, préc.).

les personnes, ne peut conduire qu'à sa négation[259]. Il serait à l'honneur du préteur de renoncer à la logique de la règle pour embrasser la logique du cas[260].

Dans cette même perspective, il serait encore à l'honneur du préteur de corriger les inconséquences auxquelles l'usage débridé de la fin de non-recevoir est de nature à conduire[261]. Nul ne saurait ignorer que, pour pallier les difficultés engendrées par la distinction des vices de forme

---

[259] Telle était bien la pensée du Stagirite, auquel on ne saurait prêter l'idée saugrenue d'avoir voulu réduire le langage du droit aux mathématiques (v. not. G. Zanetti, *La nozione di giustizia in Aristotele*, Bologna, 1993). *Suum cuique tribuere* - puisque telle serait l'objet de la justice pour le juriste - ne postule pas que le juge se rende aveugle aux circonstances, ni aux personnes et à leurs comportements, pour établir la part qui revient à chacun.

[260] *« Les cas ne sont pas silencieux, ils demandent à être réglés conformément à ce que leur sens et leur valeur requièrent. C'est dans le cas, dans ses replis, dans les comportements de ses protagonistes, que le juge doit rechercher les prémisses de sa décision, et l'interprète ses arguments »* (U. Vincenti, *I nuovi topoi del giurista contemporaneo, in Giustizia e metodo : contro la mitologia giuridica*, Torino, 2e éd., 2005, pp. 57-62, spéc. p. 62) (traduction de l'auteur). Il faudra bien que, en ce temps ou en un autre, redescendus de leurs nuées, les juristes s'avisent que le droit n'est pas pure création de l'intellect humain, mais que l'intellect humain le puise dans la vie sociale historique… pour le dire en d'autres termes, que : *ex facto jus oritur*. V. déjà P. Moro (dir.), *Il diritto come processo : principi, regole e brocardi per la formazione critica del giurista*, préc.). Telle paraît encore être la conception défendue par certains juristes français qui s'intéressent à la philosophie du droit. On pense notamment à Christian Atias et à Michel Villey… par-delà le congé que d'aucuns ont prétendu lui signifier (v. S. Piron, *Congé à Villey, L'atelier du centre de recherches historiques, 2008, n° 1, Historiographies de la pensée politique médiévale* (dir. B. Dufal), disponible en ligne (acrh.revues.org), dans l'attente de l'acte d'opposition qu'un juriste ne manquera pas de rédiger.

[261] Sur les « excroissances de la notion de fin de non-recevoir », v. J. Normand, RTD civ. 1981, p. 690.

et des irrégularités de fond, sur le fondement de laquelle le régime des nullités des actes de procédure a été bâti, le législateur comme le préteur a fait un usage immodéré de « l'irrecevabilité ». Lors même qu'elle est censée être liée à une prétention (objet de la demande), la fin de non-recevoir est ainsi devenu un moyen commode d'assurer la sanction automatique d'un acte de procédure lorsque la formalité, à laquelle sa validité est subordonnée, est irrégulière ou omise. De là, l'inventaire poétique que certains en sont venus à dresser lorsqu'il s'agit d'identifier une fin de non-recevoir :

> « *outre les cas mentionnés à l'article 122 du Code de procédure civile, une fin de non-recevoir peut sanctionner : l'omission d'un acte de la procédure (défaut de convocation du dirigeant social poursuivi personnellement, défaut de mise en cause de toutes les parties en cas de recours en révision - art. 595 du cpc...) ; l'irrégularité affectant l'acte lui-même, quant à ses mentions (article 57 et 1090 concernant les mentions de la requête conjointe) ou quant à ses développements au fond : défaut de motivation (contredit, question prioritaire de constitutionnalité, requête en récusation ou en suspicion légitime...), omission de certaines informations obligatoires (en matière de divorce - articles 257-2 du Code civil et 1115 du cpc) ; l'irrégularité affectant les annexes de l'acte (projet de convention en matière de divorce - article 1091 du cpc, documents médicaux en matière de mesure de protection à l'égard des majeurs - article 1218 du cpc) ; l'irrégularité affectant le support de l'acte lui-même (forme électronique en matière de procédure d'appel - article 930-1 du cpc) ; l'ensemble d'un comportement procédural déloyal (interdiction de se contredire au détriment d'autrui). Enfin, une fin de non-recevoir sanctionne parfois des conditions de fond de l'action comme la bonne foi du demandeur en matière de surendettement, la réconciliation des époux en matière de divorce pour faute* »[262].

---

[262] L. Leroy Gissinger, Rapp. sur avis de la Cour de cassation du 13 février 2012, aux termes duquel la Haute juridiction a estimé que « *le moyen qui tend à faire déclarer irrecevable une assignation en partage, faute de comporter un descriptif sommaire du patrimoine*

Ainsi, le lien consubstantiel que certains auteurs entendaient établir entre la fin de non-recevoir et la prétention a-t-il été rompu[263]. La fin de non-recevoir devrait être tenue pour un « *nomen* » : « *Il n'existe pas de fin de non-recevoir par nature que l'on pourrait détecter à partir de ses seuls éléments constitutifs. La fin de non-recevoir n'est qu'une sanction, particulièrement énergique que le législateur attache à l'inobservation de certaines règles procédurales parce qu'il le trouve bon* »[264].

Enjeu d'une joute théorique, cette « *disputatio* » était cependant sans conséquences pratiques... du moins au regard de l'interruption de la prescription. À l'instar de l'acte de saisine du juge annulé par suite de l'irrégularité dont il était entaché, la demande en justice dont l'examen était repoussé par l'effet d'une fin de non-recevoir, entraînait le non-avènement de l'effet interruptif qui lui

---

à partager, de préciser les intentions du demandeur quant à la répartition des biens et d'indiquer les diligences entreprises en vue de parvenir à un partage amiable, conformément aux prescriptions de l'article 1360 du Code de procédure civile, constitue une fin de non-recevoir » (Avis, 13 févr. 2012, n° 01200001, Rapp. L. Leroy Gissinger, concl. J. Lathoud).

[263] « *La fin de non-recevoir est un moyen de défense qui empêche le juge de statuer sur le fond d'une prétention, dès lors qu'il est compétent et régulièrement saisi* » (G. Block, *op. cit.*, n° 130, p. 240).

[264] J. Héron, Th. Le Bars, *op. cit.*, n° 441, p.376. Pertinente apparaît toutefois l'interpellation de M. Guy Block : « *Quelle différence y aurait-il entre les nullités de procédure et les fins de non-recevoir si ces dernières pouvaient s'attaquer aux actes de procédure ? Quelles seraient les raisons qui justifieraient de maintenir deux catégories juridiques différentes ayant des champs d'application qui se recouperaient et dont le prononcé conduirait à des effets identiques ? Certes* (...) *leur régime procédural différerait* (...). Mai*s cette seule différence dans le régime procédural pourrait-elle, à elle seule, justifier le maintien de catégories juridiques différentes de moyens de défense ? C'est là que réside le nœud du problème* » (G. Block, *op. cit.*, n° 35, p. 55).

était attachée[265]. Toutefois, ce temps paraît révolu. À la différence d'une demande irrecevable, une demande en justice annulée par l'effet d'un vice de procédure (vice de forme ou irrégularité de fond) conserve désormais l'effet interruptif qui lui est attaché[266].

Dans ces conditions, on comprendra que la question de la survie de l'effet l'interruptif attaché à la demande en justice lorsque l'examen au fond en est refusé par suite d'une fin de non-recevoir, puisse être agitée. Il serait sans conteste inacceptable que - parce que tel a été le plaisir du prince ou de son chancelier - une fin de non-recevoir prive la demande en justice de l'effet interruptif qui lui est attaché, dès lors qu'elle n'a pas pour effet l'annulation de l'acte de saisine du juge, quand bien même elle sanctionnerait l'omission ou l'imperfection d'une formalité requise pour la régularité d'un acte de procédure. À cet égard, le maintien de la règle traditionnelle selon laquelle la demande en justice, dont l'examen au fond est refusé par suite d'une fin de non-recevoir, ne saurait

---

[265] V. Civ. 2e, 10 mars 2011, n° 10-12.090 ; Civ. 3e, 26 nov. 2003, n° 02-13.438, Bull. civ. III, n° 212 ; Civ. 1re, 22 mai 2002, n° 99-12.222, Bull. civ. I, n° 141, D. 2002, p. 3178, obs. H. Groutel ; Civ. 3e, 27 juin 2001, n° 99-12.430 ; Civ. 1re, 30 janv. 2001, n° 98-19.733, Bull. civ. I, n° 21 : Civ. 3, 21 juin 1978, n° 77-10.112, Bull. civ. III, n° 263 : « *attendu qu'aux termes de l'article 2247 du Code civil, l'interruption de la prescription résultant d'une citation en justice est regardée comme non avenue si la demande est rejetée ; que cette disposition est absolue et ne comporte aucune distinction entre le cas ou la demande est définitivement rejetée par un moyen de fond et celui ou elle est repoussée, soit par un moyen de forme, soit par une fin de non-recevoir qui laisse subsister le droit d'action* ».

[266] « (…) *au regard de la prescription, la lettre de l'article 2241 du Code civil n'invite pas à considérer qu'un acte irrecevable soit de nature à interrompre la prescription* » (J. Junillon, *Conséquence de la loi reformant la prescription : une déclaration d'appel irrégulière peut-elle interrompre le délai d'appel ?* Procédures 2009 Prat. 2).

conserver l'effet interruptif qui lui est attaché, n'a pas manqué d'être critiqué. Certes, une « demande irrégulière » n'est pas une « demande irrecevable ». La première trouve sa sanction dans l'annulation de l'acte qui en constitue le support. La seconde dans le refus de l'examen au fond de la prétention qui en constitue l'objet. Toutefois, la lettre de l'article 2241, alinéa 2 du Code civil prohiberait-elle de confondre « demande nulle » et « demande irrecevable », de sorte qu'on ne pourrait prétendre que, nulle ou irrecevable, une demande en justice doit conserver l'effet interruptif qui lui est attaché, l'interprète ne peut manquer d'éprouver une forme de gêne, *a fortiori* en un temps où, devenue bonne à tout faire, la fin de non-recevoir ne sanctionne plus nécessairement le défaut du droit d'agir de l'auteur voire du destinataire de la demande en justice.

Si véritablement l'idée qui a présidé à l'instauration de la règle nouvelle réside dans la préservation du droit d'un justiciable d'être entendu par un juge sur le fond d'une prétention, sans qu'il ait à pâtir des maladresses procédurales que lui-même ou son représentant a pu commettre, alors que l'intention de revendiquer le droit dont il se pense titulaire est avérée, on a sans conteste peine à comprendre que l'exception de nullité et la fin de non-recevoir puissent faire l'objet d'un traitement différencié, alors qu'elles ont toutes deux pour effet de conduire le juge saisi à rendre un jugement sans examen au fond de la demande qui lui a été soumise[267].

---

[267] « *Le but poursuivi par le législateur, en décidant que désormais les actes même entachés d'un vice de procédure seraient interruptifs de prescription, semble avoir été d'éviter qu'un justiciable perde son droit d'ester en justice en raison d'un motif purement procédural susceptible, qui plus est, de régularisation. Pourquoi alors distinguer entre les vices de fond ou de forme, d'une part, et les fins de non-recevoir, d'autre part, dès lors que ces deux catégories de moyens de*

En matière de manifestation de volonté, il n'est pas de distinction à établir selon que la demande en justice est annulée par suite du vice qui entache sa régularité ou qu'elle est déclarée irrecevable par suite de la fin de non-recevoir qui prohibe son examen au fond. Soit on considère que l'effet interruptif de prescription attaché à la demande en justice est un privilège qui ne saurait être accordé qu'à l'auteur d'une demande en justice propre à contraindre le juge saisi à rendre un jugement sur le fond, en d'autres termes une demande régulière et recevable… parce qu'il n'est de volonté efficiente que coulée dans les « formes » prescrites par la loi. Soit on estime que ce privilège doit profiter à tout justiciable qui manifeste l'intention de se prévaloir du droit dont il s'estime titulaire, quand bien même la demande en justice qu'il forme ne serait pas de nature à contraindre le juge saisi à rendre un jugement sur le fond, en d'autres termes quand bien même la demande se révélerait irrégulière ou irrecevable… parce que, dès lors qu'elle n'est pas velléitaire, et qu'elle n'est pas entachée d'équivoque, la volonté mérite considération, quand bien même elle n'aurait pas été exprimée dans les « formes » légales.

Dans ces conditions, renonçant aux bornes de la plaisante justice, il serait sans conteste à l'honneur du préteur de s'emparer des dispositions de l'article 2243 du Code civil pour rétablir l'équité. Dès lors que l'interruption qui résulte de la demande en justice est désormais réputée non avenue lorsque la demande est « *définitivement rejetée* », la solution traditionnelle - dégagée sous l'empire des dispositions de l'article 2247 ancien du Code civil - qui conduisait à confondre les diverses hypothèses de rejet

---

défense tendent à l'extinction de l'instance sans examen au fond ? » (J. P. Chazal, S. Wattel, *Prescription et vices de procédure : contrariété entre le Code civil et le Code de procédure civile ?*, préc.).

d'une demande sans distinguer selon qu'il résultait de son examen au fond ou d'un moyen de procédure, pourrait être remise en cause. Dans la mesure où « *l'irrecevabilité découlant d'une fin de non-recevoir n'est pas un cas de rejet définitif, lequel est réservé au fond* »[268], le préteur pourrait - sans outrage - décider que, à l'instar de l'acte de saisine du juge annulé par l'effet d'un vice de procédure, la demande en justice déclarée irrecevable conserve l'effet interruptif qui lui est attaché.

Il est vrai que la référence au caractère définitif du rejet de la demande ne trouve peut-être pas son explication dans la volonté du législateur de maintenir l'effet interruptif attaché à la demande en justice lorsqu'elle fait l'objet d'une déclaration d'irrecevabilité[269]. Est-ce à dire que l'on doive renoncer à cette remise en cause ? Rien n'est moins sûr. Dans toute la mesure où l'effet interruptif de prescription attaché à la demande en justice trouve désormais son fondement dans la manifestation de volonté de l'auteur de l'acte de saisine du juge de se prévaloir du droit dont il s'estime titulaire, quand bien même cette demande se révélerait impuissante à contraindre le juge saisi à rendre un jugement sur le fond, il n'est aucune raison de refuser d'attacher un effet interruptif de prescription ou de forclusion à la demande en justice dont

---

[268] A. Hontebeyrie, Rép. dr. Civ. V° *Prescription extinctive*, n° 419, p. 49.

[269] Comme on l'a observé, la référence à la notion de « rejet définitif » pourrait trouver son explication dans le souci de prévenir toute contradiction avec la solution nouvelle du maintien de l'effet interruptif attaché à la demande en justice, annulée par l'effet d'un vice de procédure, à laquelle eût pu conduire la seule référence à la notion de « rejet », que les tribunaux appréhendaient de manière globale sans distinguer selon qu'il procédait de l'examen de la demande au fond ou qu'il résultait d'un moyen de procédure (v. A. Hontebeyrie, *Prescription extinctive*, préc., n° 418, p. 49).

l'examen au fond est refusé par suite d'une fin de non-recevoir… *a fortiori* en l'état auquel la fin de non-recevoir a été réduite. Admettre, sur le fondement des dispositions de l'article 2243 du Code civil, que seul le rejet de la demande en justice par un jugement sur le fond emporte le non-avènement de l'effet interruptif qui lui est attaché, ne serait somme toute qu'un rétablissement de l'équité. Il serait sans conteste regrettable que, sous l'influence des mythes fondateurs du droit moderne[270], un préteur, timoré à l'excès, ne permette une prolongation du règne du *summum jus summa injuria* auquel la loi du 17 juin 2008 entendait mettre un terme.

[270] « *Aujourd'hui encore, lorsque sont évoqués les concepts de loi, législateur, code, légalité, hiérarchie des sources du droit, sécurité juridique, égalité de droit, séparation des pouvoirs, etc. - en d'autres termes, lorsque sont invoquées les saintes idoles du monument de mille sept cent quatre vingt neuf - nous réagissons sans esprit critique, comme un jacobin enflammé par un discours de Robespierre* à la Convention » (traduction de l'auteur) (P. Grossi, *Storia del diritto e diritto positivo nella formazione del giurista di oggi, in Società, diritto, stato : un recupero per il diritto*, préc., p. 13, spéc. n° 4, p. 19).

QUESTIONS JURIDIQUES

AUX ÉDITIONS L'HARMATTAN

Dernières parutions

CONCILIATION ET MÉDIATION PRUD'HOMALES
Collectif GEMME-France
À l'initiative du Groupement européen des magistrats pour la médiation, conseillers prud'hommes, juges départiteurs, magistrats des cours d'appel et de la Cour de cassation ainsi que syndicalistes dressent ici un état des lieux et lancent des pistes de réflexion pour améliorer la qualité et l'efficacité de l'institution prud'homale. La question de la médiation prud'homale y est abordée avec les débats qu'elle suscite.
(12.00 euros, 108 p.)
ISBN : 978-2-343-00955-1, ISBN EBOOK : 978-2-296-53756-9

INTELLIGENCE (L') TERRITORIALE, UNE NÉCESSITÉ
Fath Bernard - Préface de Gérard Marcou
L'enjeu majeur pour les années à venir serait pour les collectivités territoriales de se doter des moyens propres à imaginer leur futur. Cependant l'État retire son ingénierie des territoires et s'ouvre sur les privatisations concurrentielles... Des solutions s'imposent, l'intelligence territoriale apparaît comme une hypothèse nécessaire pour impulser un futur mis en prospective. Le monde local foisonne d'initiatives propres à donner corps à l'intelligence territoriale.
(Coll. Grale, 27.00 euros, 274 p.)
ISBN : 978-2-343-00778-6, ISBN EBOOK : 978-2-296-53772-9

MARCHÉS (LES) PUBLICS À PROCÉDURE ADAPTÉE – Entre liberté et contrainte pour les collectivités territoriales
Ravignot Béatrice
Cette étude met en évidence les limites de la liberté octroyée aux pouvoirs adjudicateurs par le Code des marchés publics, dans le cadre de la conclusion de marchés à procédure adaptée. Du lancement de la procédure jusqu'au choix de l'attributaire et ses conséquences, les collectivités territoriales restent en effet soumises à des contraintes formelles ou procédurales, qui sont souvent identiques ou proches de celles existant dans le cadre des procédures formalisées.
(Coll. Master Collectivités territoriales et politiques publiques, 16.50 euros, 162 p.)
ISBN : 978-2-343-00223-1, ISBN EBOOK : 978-2-296-53768-2

FRANCE INTERCOMMUNALE (LA) – Regards sur la loi de réforme des collectivités territoriales du 16 décembre 2010
Sous la direction de Pierre-Yves Monjal et Vincent Aubelle
Les communautés de communes, d'agglomération et urbaines et autres métropoles, ne vont-elles pas porter un coup définitif à l'organisation décentralisée

de la République ? La France n'est-elle pas sur le point de changer de mode de gouvernance locale en recourant à des procédés politiques et juridiques fondés sur les notions de mutualisation, de territoire pertinent, de développement, de communautarisation ?
(Coll. Grale, 39.00 euros, 406 p.)
ISBN : 978-2-336-29370-7, ISBN EBOOK : 978-2-296-53725-5

TRAITEMENT DES RESPONSABILITÉS CIVILE ET PÉNALE
Approche comparée en droit français et iranien
Nory Yoshanloey Jafar
La distinction contemporaine n'a pu empêcher le rapprochement pratique des responsabilités civile et pénale tant en droit français qu'iranien. Il apparaît qu'à la fonction réparatrice de la responsabilité civile peut s'additionner une fonction punitive qui s'incarnerait dans «la peine privée», et à la fonction répressive de la responsabilité pénale une fonction réparatrice appelée «restitution pénale». Ces deux modes de responsabilité doivent se rejoindre dans une cohérence juridique afin que la justice soit rendue avec une dimension sociale.
(Coll. Sciences criminelles, 35.00 euros, 348 p.)
ISBN : 978-2-336-29122-2, ISBN EBOOK : 978-2-296-53750-7

JACQUES VERGÈS – Un aristocrate de refus
Charvin Robert - Préface de Hervé de Charette
J. Vergès, avocat des causes difficiles, ne laisse personne indifférent. Il est l'ennemi de certains ayant fait son procès dans quelques mauvais livres mais l'ami des simples gens, l'encourageant à combattre encore et toujours les puissants. Sa vie est un roman, mais il n'est pas question de faire un roman de sa vie : il conserve son mystère comme tout homme dans sa complexité. Un avocat qui possède en lui des éléments de dignité, qui a dévoré sa vie avec sincérité.
(13.50 euros, 120 p.)
ISBN : 978-2-343-00533-1, ISBN EBOOK : 978-2-296-53645-6

SANG (LE) ET L'ENCRE – Et si Christian Ranucci était innocent ?
Le Meur Yann
Christian Ranucci, 22 ans, est guillotiné le 28 juillet 1976 à Marseille pour l'enlèvement et le meurtre d'une fillette de 8 ans. De la fin de l'instruction au pied de l'échafaud, où il demande à ses avocats de le réhabiliter, il a toujours clamé son innocence. S'appuyant sur des contre-enquêtes relatives à l'affaire, le dossier pénal et de longues investigations documentaires et de terrain, ce livre aboutit à des conclusions, toutes dans le sens de l'innocence de Ranucci.
(29.50 euros, 302 p.)
ISBN : 978-2-343-00604-8, ISBN EBOOK : 978-2-296-53558-9

IMMIGRÉ (L') ET LA GESTION DU PATRIMOINE
Loubassou Nganga Maixent
Cet ouvrage met à la disposition des personnes qui viennent d'arriver en France et qui ne connaissent pas l'environnement fiscal, juridique, bancaire et financier français, des outils indispensables pour une gestion optimale de leur patrimoine : choisir le meilleur régime matrimonial, organiser ou réorganiser de façon

optimale leurs placements, trouver des produits de défiscalisation adaptés, choisir le meilleur placement immobilier.
(Coll. Pour Comprendre, 12.00 euros, 106 p.)
ISBN : 978-2-336-30090-0, ISBN EBOOK : 978-2-296-53639-5

ADMINISTRATION PÉNITENTIAIRE ET JUSTICE
Un siècle de rattachement
Sous la direction de Paul Mbanzoulou et François Dieu
Depuis le décret du 13 mars 1911, l'administration pénitentiaire est rattachée au ministère de la Justice. Au-delà de l'éclairage historique, qui occupe une place notable dans cet ouvrage, les contributions réunies ici examinent le positionnement actuel de l'administration pénitentiaire, ainsi que ses perspectives d'évolution à la lumière de quelques expériences étrangères.
(Coll. Criminologie, 26.00 euros, 256 p.)
ISBN : 978-2-343-00412-9, ISBN EBOOK : 978-2-296-53667-8

DÉMOCRATIE (LA) LOCALE À LA RECHERCHE D'UN NOUVEAU SOUFFLE
Marceau Anne - Préface de Gérard Marcou
Comment peuvent se concilier démocratie représentative et démocratie participative ? La multiplication des procédures de consultation ne nuit-elle pas à leur efficacité ? Quels seront les acteurs de la démocratie locale demain : les élus, les citoyens, les habitants, les usagers ? Les outils de démocratie locale mis en place ces dernières années constituent-ils un véritable renouveau ou apparaissent-ils comme le simple rhabillage de formules anciennes ?
(Coll. Grale, 32.00 euros, 308 p.)
ISBN : 978-2-343-00118-0, ISBN EBOOK : 978-2-296-53527-5

CONSEIL (LE) DES DROITS DE L'HOMME ET SES PRINCIPAUX MÉCANISMES
Bilan et perspectives d'actions pour le Burkina Faso à l'entame de son second mandat de membre
Merindol Ouoba Clarisse
Le Conseil des droits de l'homme a remplacé la Commission des Nations unies aux droits de l'homme. Cet ouvrage contribue à la dynamique de promotion et de protection de ces droits, notamment à travers les actions entreprises par cet important organe du système des Nations unies, dont le Burkina Faso est membre depuis 2008. L'auteur apporte un regard personnel sur les quatre années de présence de ce pays en son sein.
(14.50 euros, 142 p.)
ISBN : 978-2-336-29180-2, ISBN EBOOK : 978-2-296-53513-8

NOUVEAU (LE) DROIT DU PROCÈS ADMINISTRATIF
Les évolutions choisies, les évolutions subies
Sous la direction de Jacques Fialaire et Jerry Kimboo
Plus de 10 ans après l'entrée en vigueur du Code de justice administrative, l'office du juge s'est profondément transformé. Parmi les évolutions subies par le juge administratif figure l'institution du «rapporteur public», mettant en

harmonie le contentieux administratif avec le principe d'égalité des armes entre les parties, développé dans la jurisprudence de la Cour EDH. Certaines innovations procédurales destinées à accélérer l'instruction des affaires semblent, quant à elles, davantage choisies.
(Coll. Logiques Juridiques, 22.00 euros, 224 p.)
ISBN : 978-2-343-00571-3, ISBN EBOOK : 978-2-296-53519-0

GOUVERNER, ADMINISTRER RÉVOLUTIONNAIREMENT : LE COMITÉ DE SALUT PUBLIC
(6 avril 1793 - 4 brumaire an IV)
Matta-Duvignau Raphaël - Préface de Vida Azimi
Le comité de salut public se présente comme la commission de la Convention nationale ayant pris en charge, du 6 avril 1793 au 4 brumaire an IV, la surveillance, le contrôle et la direction des fonctions gouvernementales et administratives tout en ayant exercé une dictature soutenue par la Terreur. Cette étude explique comment le Comité, initialement conçu comme simple instrument de la Convention, est devenu le principal sujet actif du Gouvernement révolutionnaire.
(Coll. Logiques Juridiques, 59.00 euros, 732 p.)
ISBN : 978-2-336-29065-2, ISBN EBOOK : 978-2-296-53498-8

CONCLUSION (LA) DES CONTRATS ÉLECTRONIQUES
Étude de droits africains et européens
Kabre Windpagnangde Dominique
Les contrats électroniques se distinguent des contrats formés entre parties présentes ou conclus par les moyens traditionnels de communication à distance. Ces caractéristiques donnent lieu à un mode technique particulier de conclusion des contrats, régi par des règles juridiques qui constituent ce qu'on appelle le «droit spécial des contrats électroniques». L'ouvrage montre que ce droit spécial engendre un processus de formation du contrat différent de celui du droit commun des contrats, tant en droit burkinabé et de la CEDEAO qu'en droit européen, belge et français.
(Coll. Etudes africaines, 52.00 euros, 584 p.)
ISBN : 978-2-336-29211-3, ISBN EBOOK : 978-2-296-53666-1

L'HARMATTAN ITALIA
Via Degli Artisti 15; 10124 Torino

L'HARMATTAN HONGRIE
Könyvesbolt ; Kossuth L. u. 14-16
1053 Budapest

L'HARMATTAN KINSHASA
185, avenue Nyangwe
Commune de Lingwala
Kinshasa, R.D. Congo
(00243) 998697603 ou (00243) 999229662

L'HARMATTAN CONGO
67, av. E. P. Lumumba
Bât. – Congo Pharmacie (Bib. Nat.)
BP2874 Brazzaville
harmattan.congo@yahoo.fr

L'HARMATTAN GUINÉE
Almamya Rue KA 028, en face du restaurant Le Cèdre
OKB agency BP 3470 Conakry
(00224) 60 20 85 08
harmattanguinee@yahoo.fr

L'HARMATTAN CAMEROUN
BP 11486
Face à la SNI, immeuble Don Bosco
Yaoundé
(00237) 99 76 61 66
harmattancam@yahoo.fr

L'HARMATTAN CÔTE D'IVOIRE
Résidence Karl / cité des arts
Abidjan-Cocody 03 BP 1588 Abidjan 03
(00225) 05 77 87 31
etien_nda@yahoo.fr

L'HARMATTAN MAURITANIE
Espace El Kettab du livre francophone
N° 472 avenue du Palais des Congrès
BP 316 Nouakchott
(00222) 63 25 980

L'HARMATTAN SÉNÉGAL
« Villa Rose », rue de Diourbel X G, Point E
BP 45034 Dakar FANN
(00221) 33 825 98 58 / 77 242 25 08
senharmattan@gmail.com

L'HARMATTAN BÉNIN
ISOR-BENIN
01 BP 359 COTONOU-RP
Quartier Gbèdjromèdé,
Rue Agbélenco, Lot 1247 I
Tél : 00 229 21 32 53 79
christian_dablaka123@yahoo.fr

Achevé d'imprimer par Corlet Numérique - 14110 Condé-sur-Noireau
N° d'Imprimeur : 108989 - Dépôt légal : juin 2014 - *Imprimé en France*

Measuring the Social Impact of Natural Resource Policies

Measuring the Social Impact of Natural Resource Policies

William R. Burch, Jr.
Donald R. DeLuca

with the assistance of
Laurel Burch-Minakan
Carol Zimerman
Gary Machlis

University of New Mexico Press : *Albuquerque*

Library of Congress Cataloging in Publication Data

Burch, William R., 1933-
Measuring the social impact of natural resource policies.

Bibliography: p.
Includes index.
1. Energy policy—United States. 2. Natural resources—Government policy—United States. 3. Environmental policy—United States. 4. United States—Social policy—1980— . 5. Policy sciences.
I. DeLuca, Donald R. II. Title.
HD 9502.U52B86 1983 333.79'0973 83-12378
ISBN 0-8263-0690-X

Manufactured in the United States of America.
Library of Congress Catalog Card Number 83-12378.
International Standard Book Number 0-8263-0690-X.
First edition

We dedicate this book to
Professor Leonard Doob—teacher, colleague, and friend.
He has shown us the larger vision and practice of a social science actively seeking to improve the human condition and thereby improving its theoretical grasp.
We hope that our small efforts here continue his vision.

Contents

Illustrations

Figures

Tables

Graphs

Maps

Preface

The National Environmental Policy Act (NEPA), passed in 1969, has been a convenient scapegoat for those unable to fathom the reality of our times. And that reality is that even Americans are life forms who cannot consume all resources or fill all niches with wastes if we and our finite earth are to persist. NEPA is that rare act where a great society has confronted reality and chosen endurance over greed. The act's supporters saw the quality of the human environment as enough reason and reward for seeking the good life, indeed, without it even the most materially wealthy are impoverished. Our society has assumed a moral responsibility to withhold action and to weigh consequences. The great significance of this decision should not be obscured by attempts to foil the intent of the act. We are groping for ways to do that which no society has ever before attempted.

This volume is intended to help deal with the new realities. NEPA stresses improving the quality of the *human* environment. This emphasis is often overlooked in the rush by planners to get the "real" physical facts. It is aided and abetted by social scientists who, for the most part, have tended to overlook the dependency of their species upon the well-being of other plant and animal life forms and therefore have not picked up the NEPA challenge.

I have never accepted conventional social science wisdom; my professional career began in the thick of environmental affairs, long before Earth Day. A significant influence was Fred Cottrell's emphasis upon the importance of energy in the mid-1950s when cheap gas and Eisenhower's confidence saw only a blooming future. And in the early 1960s Walter Firey did important studies on the linkage between resources and social values. His works, like those of Cottrell, were allowed to go out of print even before the declining days of the Johnson administration.

I mention these pioneer studies because many of the engineers, foresters, and biologists shaping our energy and natural resource policies struggle at great expense toward poor approximations of these early insights. In the spring of 1977 I had the privilege to participate in the Inexhaustible Energy Resources Study. That study, and participation in an earlier effort at Brookhaven National Laboratory, suggested that whenever noneconomic social issues and futures are addressed, there is a tendency to extrapolate trends of the past or to write social science fiction, as if the years of social research did not exist.

I suggested to Bennett Miller, director of the Inexhaustible Energy Resources Study, that there were several bodies of long-term, solid, empirical social research that could guide and make more rational decisions and projections concerning various energy alternatives. For example, we do not need to wonder about people's attitudes regarding nuclear power and rummage in old newspaper clippings, as one group of engineers was doing. We can look in the archives of public opinion polls that have been conducted regularly for the past twenty years and clearly see trends and influences. Our chapter on the social-survey approach deals with this issue.

Miller's encouragement, and a small grant from the Department of Energy, helped us to make a preliminary exploration of what is known that could aid social assessment and develop methods of social forecasting. Other people have given us inspiration, advice, and strong criticism.

Bob Schnurstein, of Atomics International, and Charles Walker, of Yale's Department of Engineering and Applied Science, gave us the viewpoint of engineers concerned with energy in a social context. Neil Cheek, then of Texas A & M University, and Leroy Gould and Stanley Black, then of Yale University, advised us on the use of sociological theory and methods. Sue Johnson, University of Kentucky, and Rabel Burdge, University of Illinois, gave us expert advice on the state of the art in measuring the social impact of various projects. D. A. Brodnick, of Argonne Laboratory, gave her usual helpful suggestions. A. Laura Catterton's wit, wisdom, and enthusiasm kept our egos intact while trimming our excess pedantry, jargon, and lush sentences. Joe Miller, friend and colleague, kept our references clear and our ideas challenged. Burdge and Don Field, University of Washington, gave advice on the overall effort as well as on techniques for communicating social science information. Our colleagues in the Seminar on Energy and Society, of the Institution of Social and Policy Studies, have inspired us and provided no small amount of criticism, fact, and fiction since the mid-1970s. The efforts of our editors—David V. Holtby and David Margolin—and the entire staff of the University of New Mexico Press are appreciated. Of course the authors remain solely responsible for any errors remaining in the book, though we hope we have resolved most issues raised by our advisors.

Burch had overall responsibility for the manuscript and direct responsibility for the first four chapters. While the table of contents lists the authors of subsequent chapters, as friends and teachers and students and colleagues, we all participated in each others' efforts. Ours was an intensity and unity rarely found in such multiple efforts; we hope you share some of our excitement of discovery.

William R. Burch, Jr.

Moosehead Lake, Maine
August 1982

Measuring the Social Impact of Natural Resource Policies

1

Introduction

This book deals with the social dimensions of energy and natural resource systems. We believe it can contribute to decisions involving forestry, wildlife, grazing, minerals, and other natural resources. The focus of attention and the majority of our examples, though, are given over to the central fulcrum of all resource actions—energy.

We have attempted to provide basic information with a minimum of jargon, to aid students and people outside the social sciences interested in social impact analysis. At the same time we hope to interest the practicing social scientist in our particular synthesis and ordering of basic findings. Indeed, we believe that an engineer or other administrator of an environmental assessment study should consult the book to get a better understanding of what social assessment can contribute to an Environmental Impact Statement (EIS).

The book seeks to link applied needs of impact assessment to several bodies of well-developed theory and data; it should complement the excellent technical reports on measuring and modeling social responses to change (Burkhardt and Ittelson 1978; Chalmers and Anderson 1977; Finsterbusch and Wolf 1976; Fitzsimmons, Stuart, and Wolff 1975; Jain and Hutchings 1978; Mc-Evoy 1977).

Our interest is in making social assessment a continuation of traditional theoretical concerns with the structure and function of communities, households, and regions, and with the development of time-budget, survey, and indicators research. Environmental assessment is a rare opportunity for the noneconomic social sciences to reapply, expand, and test some middle-range theories. This volume should demonstrate that social analysts have an empirical and theoretical heritage as rich and useful as that claimed by their colleagues in the biological, physical, and economic sciences.

Using This Book in the Decision-Making Process

The use of this book in the decision-making process is illustrated by the flow chart presented in figure 1. The social analyst determines the social forecasting or impact need; each different purpose will make use of different parts of the book. For example an energy issue may involve: (1) national responses to changes in

Figure 1
Project Phases in Evaluating Natural Resource Systems

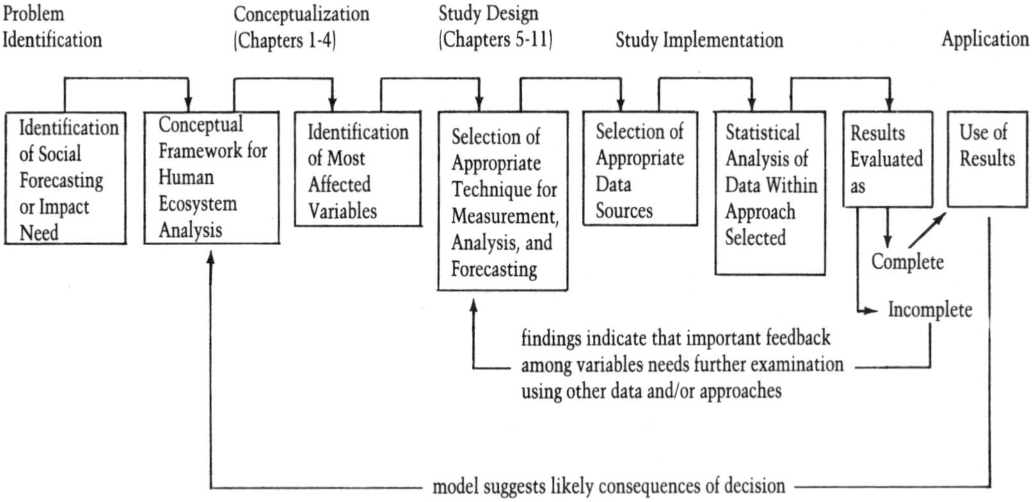

amount or type of energy; (2) responses of a small town to "boomtown" aspects of extraction; (3) encouragement of conservation practices by households; (4) comparison of the relative social impact caused by two or more types of energy production; and so forth. Chapters two through four would suggest likely key variables for the problem and direct the reader to the subsequent chapter that details the most effective techniques for measurement and analysis of those key variables. A study using the particular techniques could then be directed by the analyst.

The analyst, for example, may decide that the relevant social impact is the adoption of energy conservation practices—lowering electricity and heating fuel consumption, installing insulation, reducing vehicle use and gasoline consumption, and so forth. The most likely social units of such adoption are the household and the group, or firm. Our conceptual framework suggests that the behavior of these units is structured by life and exchange cycles. The reader would then move to the chapters on life cycle (Chapter 6) and adoption of innovation (Chapter 7), where the range of findings and appropriate techniques of measurement and analysis are found.

In addition to the conceptual framework, we outline seven theoretical approaches, each of which gives details on one or more of the elements identified in the conceptual chapters. These chapters should permit the analyst to pick the best approach for: assessing the social impact of specific actions involving energy and/or natural resources; forecasting future social patterns in the absence of specific policy actions; comparing the social consequences of alternative energy or resource management systems; and identifying social trends requiring a particular policy decision concerning energy or natural resources.

Identified in table 1 are the units of analysis, data sources, type of analysis, and policy use of each approach. The reader will note that the approaches move from the realm of individual behavior to that of nation-states, from the concrete levels of person and household to the abstractions of region and demographic category. Table 1 also includes the major types of an analysis used in social science-behaviorism (from social psychology), biological constraints (as examined in sociobiology), organizational processes (from administrative science), ecological distributions (as used in rural sociology), spatial patterns (from geography), attitudinal stud-

Table 1
Application of Individual Chapters

Chapter	Approach	Unit of Analysis	Data Source	Type of Analysis	Possible Resource Policy Use
5	Time Budget	Individual	Diaries/logs	Behavioral	Determining individual demand/ response to variation in type and supply of resource(s)
6	Life Cycle	Individual/ household	Census/ interviews	Biosocial	Determining effectiveness of resource conservation and waste disposal programs
7	Adoption	Individual/ household/firm	Interviews/ records	Organizational	Determining constraints on and opportunities for introducing new resource policies or techniques
8	Community	Neighborhood/ town	Interviews/ observation/ records/ documents	Ecological	Determining collective response to variation in resource extraction, production, distribution, and waste disposal
9	Regional	Region	Documents/ census	Spatial	Determining efficiency and equity factors in interregional exchange of resource costs and benefits
10	Social Survey	Demographic Categories	Interviews/ questionnaires	Attitudinal	Determining categories of population sampled who are most/ least susceptible to variations in resource systems
11	Social Indicators	Political Subdivisions/ Nation-state	Records/ documents/ census	Serial	Determining distribution effect of variation in national resource budget; monitoring effects of policy

ies (developed in social psychology), and time-series comparisons (employed in economics and political sociology). It should be clear that the student interested in a particular approach will need to go to the sources we suggest in the literature of the parent discipline.

On the "Problems" of Social Measurement

Social impact assessment deals, at a micro scale, with the trends identified by Durkheim, Weber, Marx, and others as they attempted to account for the movement of western society from a preindustrial to an industrial social order. The issues are large and familiar: the substitution of rational, formal, and logical principles for sacred, traditional, and folk values; the change from statics and stability to movement and fluidity; the shift in evaluation from status to contract relations; the shift from rural and village residential locales to urban locales; and the increasing scale and centralization of activities.

The underlying idea of social assessment research is scientifically and humanely correct—we need a means for assessing our social well-being that complements the measures given us by economics and engineering. The flat, unidimensional "economic person" has never existed in reality and is certainly not the preferred image of postindustrial, leisure-centered, university-trained young Americans. Unhappily, on those rare occasions when noneconomic indicators are used by policy makers, it is primarily because traditional cost-benefit analysis has not supported their preferred project or because it has failed to reject a project they do not like.

Part of this manipulative attitude may be due to the common assumption that measuring human behavior is nearly impossible. This is absurd. The procedure for inventorying a human habitat, setting, or locale is similar to ecological analyses of the environments of other large animals. One counts a variety of things—size and structure of population, fecudity, fertility, territory, hierarchy, social change, organization of the breeding and socializing unit, to mention but a few. The real point is that most nonhuman ecosystem studies have relatively primitive theoretical questions, which only require simple, elementary measures, and it is precisely these elementary, simple measures of the human community that are most readily available and generally superior in accuracy to similar measures made in field studies of other animals.

Environmental social impact assessment has been something of a growth industry since the passage of the National Environmental Policy Act (NEPA) in 1969. Aside from generating jobs for needy scientists, NEPA has spawned a multitude of incredibly elaborate shopping lists of biological and social measures, some of which are probably significantly related to another. Certainly many of the social measures seem caught in both a democratic and an individualistic fallacy.

The democratic fallacy is reflected by the very interest in measuring human values and somehow including them in decisions made by various authorities. This assumes that large numbers of people can and should affect major environmental issues, that they have the necessary information and knowledge to participate in such decisions, and that they have the energy, time, and interest to participate. As I have argued elsewhere (Burch 1976), the major issues of energy, food, and population are either so tightly bound by closed circles of authority (energy) or so diffuse in responsibility (population) that meaningful public participation is impossible.

The information issue is of major importance. All one needs to do is reflect that most people (including intellectuals) receive the bulk of their information from television. Consider the trivialization, dramatization, and sheer invention of this source. Then consider that experts cannot tell whether the carbon dioxide buildup from fossil fuel consumption will lead to a greenhouse effect, with disastrous results or whether concomitant buildup of water vapor and particulate matter will lead to a cooling of world temperatures, with equally unpleasant effects. A substantial majority of Americans, when given a short explanation of entropy and the contribution that their cars, home heating, and so forth make to this proces, are still likely to vote to repeal the second law of thermodynamics rather than to accept the immediate social revolution entailed in leaving the high energy society. My point is that matters such as thermal pollution and $C0_2$ increases are certainly of great importance, yet the "correct" solutions are totally independent of the environmental values people hold.

The individualistic fallacy is more serious but also more amenable to scientific research. All of the indicators, techniques, measures, and philosophies present in the literature are applied to individuals. This is a methodological convenience which distorts our ability to understand how the social world really works. It is apparent that ascribing a positive value to clean air, sound family life, and a rising standard of living does not spring from the single mind of an individual person—each is a cultural expression, a collective creation established, altered, or reinforced by the intimate and meaningful social circles within which individuals find themselves.

It is not surprising that we have all sorts of problems in gaining neat consistencies and useful predictability from the various social measures we have used. As Kenneth Burke (1955) reminded us sometime ago, values are motives, or a shorthand way to account for our behavior that makes sense to us and to others as social beings; they are social constructs.

There is nothing inconsistent about a person who is deeply concerned about energy shortages who still prefers to drive at 70 miles per hour. The role of concerned citizen and that of driver are seldom intersecting social circles, and we are seldom aware of such inconsistencies. For example, a man might consider all women as potential sexual partners and organize his behavior to have reality conform to this interest. However, as a father of daughters this same person is greatly concerned about their future well-being and success, does not want them to be viewed as sexual objects, "defends" their virginity, and demands marital fidelity on the part of their future spouses. This person's behavior is not simply hypocritical. Rather, it may be perfectly sensible behavior, consistent with the patterns of two different social roles.

My message is simple. Most of the present "measures" of environmental values give too much attention to the wrong unit of analysis: they continue to reflect the highly regular but seemingly idiosyncratic patterns of individuals. This book suggests that collective measures should permit more consistent and predictable ways to consider the emergence, growth, stability, and alteration of environmental values and behavior. Such measurement does not fit many existing research techniques or the individualistic bias of western social science: still, biologists and epidemiologists suggest ways for us to deal with collective phenomena.

The impact of certain human actions upon biological systems

can be anticipated and understood because biology is built on predictive theories, such as the theory of evolution. These, in turn, establish programs of measurement and taxonomies for identifying the elements in a given ecosystem and how they are interconnected. "Bad" actions in biological terms are those which irrevocably destroy the habitat of particular species of flora and fauna. No biologist would maintain that the loss of a particular habitat and its associated life forms would mean the end of evolutionary processes, let alone the end of the earth. Nevertheless, a biologist is likely to argue that such incremental losses can accumulate in such a way that ultimately human values, human societies, and even human survival could be significantly affected.

In assessing prospective impacts, biologists examine disruptions to nutrient and energy flows, influences on the stability of certain genetically derived information patterns, the population dynamics of certain species, and the alteration of hierarchy patterns. In short, biologists look at the survival potential of certain species or groups of species, or of entire ecosystems, and the mechanisms available for short-run and long-run adaptability. In a sense they define the rules of conduct, or norms for survival, developed by the entities they observe. Striving to find the grand cultural determinants, most social analyses seldom concern themselves with such "simple" matters as long-run species survival.

Epidemiologists and public health professionals have attempted to identify health effects "caused" by certain environmental insults. By and large the statistical associations they find between disease episodes and alterations in air or water quality are based upon aggregated data. Thus, some levels of air pollution tend to increase mortality rates for some susceptible persons—the elderly, the young, or persons already suffering from mild bronchial problems. Their studies use broad statistical associations to predict, for instance, that the installation of a particular industry with a known process and a known emission system is likely to produce an increase of so many grams per square meter of particular pollutants, which will result in certain changes in morbidity and mortality rates for specific segments of particular populations. Like the biologists they focus on a limited issue—what affects rates of survival.

Social anthropologists have combined with public health researchers to measure how changes in technology change social organization and nutritional patterns. One study (Gross and Underwood 1971) found that industrial development sharpens differences of both wealth and nutrition between social strata and, therefore, the differential patterns of wealth become biologically sustained. Development has thus initiated a process which is difficult to reverse, and the alteration in hierarchical structure suggests the decay of an egalitarian community form and the emergence of a more stratified form. In these biosocial anthropological studies a good deal more complexity has been added to the epidemiological approach, yet the issue of survival remains central.

Most sociological efforts are not comfortable with the interest of public health researchers or social anthropologists in survival. This may reflect lingering concerns over the abuses of social darwinism and an even more deeply lingering Judeo-Christian faith that somehow humans are different from other animals. Consequently, when sociologists have encountered instances of social impact arising from proposed technical or structural changes, they have attempted to transfer all of the theoretical and methodological baggage used in attempting to understand *only* man's cultural characteristics. But the environmental issue is often located at the much more basic levels of adaptation and survival.

If social scientists accept a different set of assumptions and measurements than they are traditionally accustomed to, they may be able to provide more useful knowledge about social behavior and the impact which certain actions may have upon that behavior. Such an approach would focus on enduring continuities and universal constraints facing the human species.

It would consider the structure and flow of resources, the way these resources enter and are ordered in social life, and the basic cycles that alter a group or community's demand for certain resource flows.

Although no biosocial approach is complete, whether that of Wilson (1975) or van den Berghe (1975), I believe that the general direction promises the clearest theoretical synthesis for applied environmental sociology. Nevertheless, the humanistic promise of NEPA, and of social assessment studies cannot be met unless we retain some of the madness of the poet. We need the means to recognize our shared uniqueness, our part of the larger human drama, and the humble place of our species in the larger community of nature.

The next two chapters seek to define those places. We outline a framework that seeks to consider the biosocial dimensions humanity shares with all life forms and those basic regularities that are unique to us.

Part I

General Framework

2

Thinking about Human Resource Systems

This book is intended for the environmental planner, impact analyst, or student interested in the social dimensions of energy and natural resource issues. Some readers will have great deal of background in the theory and methods of social science and others will have very little. Therefore, the following three chapters are planned as an introduction for some and a review for others on how a social scientist approaches environmental matters. The framework these chapters provide should link the later chapters on specific research approaches and, we hope, contribute to the theory and practice of environmental sociology.

Resource decisions such as the reduction of grazing allotments, the establishment of a campground, or the permission for a new coal mining operation confront the manager or policy maker with many social questions. Indeed, these questions may be more crucial than the technical, biological, and economic ones. Some of them are *descriptive* and relate to social characteristics, structure, and change of various client groups and affected communities. Some relate to markets and the *demands* for various services, such as the trends in particular wilderness or developed campground preferences, fuel preferences by utilities, or trends in types of housing. Some questions are *distributional* and relate to which persons or groups will gain and which will lose from particular actions. For example, a hydroelectric impoundment provides city people with electricity for air conditioning and provides recreation for water skiers, but it may displace rural people from their homes of several generations and effectively destroy a prime trout fishery. The social analyst might be expected to measure the magnitude of these distributional effects and to identify possible means for minimizing certain costs. Another set of questions relate of *effects* of a resource action: what social changes are going to happen anyway? What sorts of social patterns are going to remain constant? Which patterns reflect a direct response to the resource action?

While there are many other categories of social questions that concern the natural resource decision maker, we give central concern to the four issues of description, demand, distribution, and effects. The careful reader of this book should be able to: (1) provide descriptive social profiles of selected populations which vary in depth, detail, and continuity; (2) survey or otherwise track demographic influences that affect demand; (3) identify and measure inequalities in the distribution of project costs and benefits; and forecast or monitor the social effects of various actions.

An adequate description of a human resource system (Duncan 1964) must give attention to at least three elements: the nature of resource flows, the way distribution of these flows is organized (social order), and the cyclic, social patterns of ebb and flow in demand. In the next three chapters we will consider these three elements in some detail. The reader should be aware that we are greatly simplifying reality in our attempt to identify those elements which are crucial for any usable social profile. We begin with the nature of resource flows.

Some Basic Elements in Human Resource Systems

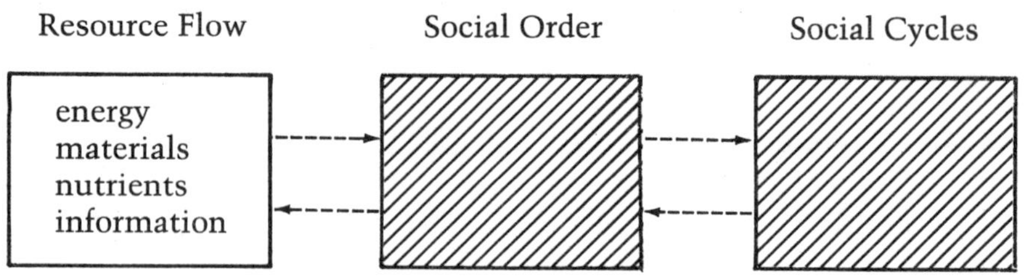

There are many kinds of resources, but four kinds seem essential for understanding enduring human groups. We must have some form of *energy*, or the ability to do work, whether human or animal, solar or fossil fuel. We need *materials* so that we can apply the energy to construct our shelter, clothing, and other desired products, both necessary and superflous. In order to do that we need *information* as to how to respond to our environment, how to construct, and some means to pass this on to our children. Finally, to sustain healthy lives we need the correct balance of *nutrients* provided by minerals, vitamins, and other food elements. Any social analysis must begin by considering the nature, types, sources, and amounts of these four resources.

Resources are not simply physical givens (Humphrey and Buttel 1982); rather, they must be identified and defined as a resource by human beings. It is thus the interplay between the culture of a particular human group and its habitat that determines a "resource." For example, the ore of the Mesabi Iron Range in Minnesota had little value to the Chippewa Indians. Indeed, even the early European settlers in the region saw it simply as poor farmland. It took the values, norms, and technology of industrial culture to make such "peculiar rock" a highly valued resource. Japanese culture defines seaweed as a desirable food resource, yet European Americans do not define it in this way, although the coastal waters of North America have ample supplies of seaweed. What is true of material and nutrient resources is likewise true for energy and information resources.

Energy

Energy can serve as a metaphor for a variety of relations between resources and society. The type, source, and quantity of energy available to a particular community, state, region, or nation-state is an essential factor in any social assessment.

Burch (1970:30) argues that "energy permits comparison over a wide span of time and culture because all forms of energy can be measured in terms of the common denominator of a standard unit of work, such as horsepower hour, kilowatt hour, calorie or British thermal unit (btu)." Gilliland (1975:1056) emphasizes the superiority of energy as a reliable index for environmental policy decisions:

Since energy is the one commodity present in all processes and since there is no substitute for it, using energy as the physical measure of environmental and social impacts, of material, capital, and manpower requirements, and of reserve quantities reduces the need to compare or add "apples and oranges." In energy analysis, many environmental and social costs and benefits are internalized directly.

Because it is socially important to specify social costs and benefits, we have not adopted Gilliland's suggestion to use energy as the overall measurement unit. Nevertheless, knowledge of the types of energy converters[1] used and those considered to be potentially useful permits us to determine existing patterns of social organization, while knowledge of various changes, such as the buildup of carbon dioxide or the declining use of oil and increasing use of coal, solar, and nuclear power will suggest patterns of social organization in the future. Dramatic alteration in the rate of any particular change allows the analyst to estimate the type of social perturbation and social consequences likely to occur.

Thomas (1974) has developed a systematic means for analyzing energy flow at the household level, through the use of a highly quantitative flow diagram that tracks the precise causes and consequences of increases or decreases in energy flow. He identifies variety of elements in the energy system of a Nuñoa household, from the solar energy source on through strategies for utilizing cereal crops or pasture, energy stores such as dung, and regulating variables such as the export of animal products. Though his effort may be more detailed than necessary for most social assessment, it does illustrate a range of energy analyses from the very broad, societal level to very precise, household details.

For a given community or region a social analyst will need to consider the actual and potential proportion of total horsepower hours supplied by various converters, ranging from human and animal power through solar collectors, biomass, fossil fuel, and nuclear systems. By identifying the predominant energy system of a community or region we can anticipate a variety of social factors—dependency upon other regions, wealth distribution, division of labor, and so forth.

For example, a woodlot home-heating fuel system is labor in-

[1]The means for "converting" raw material, such as sun or food into units of work.

tensive and involves a family division of labor at various stages of the production-consumption cycle. The assignment of production roles is likely to be based primarily upon age and gender characteristics. Electricity produced by a coal-fired plant has a different pattern of organization, and production roles are likely to be assigned on the basis of function, expertise, and technical skills. A nuclear energy system is likely to have a higher proportion of its production roles assigned on the basis of formal technical training. For the household, regardless of source of electricity, social organization for consumption will remain fairly similar.

One can use a variety of government and other documentary sources to develop quantitative measures of energy structure. One useful measure is the btu consumption rate per capita which, in combination with other measures, can indicate the level of a community's material affluence, its dependency on high energy technology, its efficiency of conversion, and its vulnerability to changes in energy supply. Efficiency rates of a community's predominant energy converters (for example, human conversion is more efficient than steam engine conversion) can suggest the amount of slack available to absorb radical changes in fossil fuel supplies; production rates of energy-related pollutants, such as carbon dioxide, can indicate long-term consequences for certain types of vegetation, watersheds, forest products, and ultimately human health.

Materials

Our second resource element is materials. Again, our interest is in the nature of the materials essential to maintain or alter a give social order.

Materials can be classified into three types: (1) fiber, such as lumber, pulpwood, and hemp; (2) nonfuel minerals divided into (a) nonmetals, such as asbestos and phosphates, (b) mine-based metals, such as bauxite and copper, or (c) smelter-based metals, such as aluminum and iron; and (3) construction materials, such as stone, cement, sand, and so forth. Analysts have access to ample statistics on the production, supply, and estimated reserves of these three types of materials. Furthermore, there are longitudinal data on trends in consumption, wholesale price indexes, imports, exports, and so forth.

An analyst can measure the decline or emergence of materials in a community's economy, identify degree of independence from or dependence upon certain materials, and trace the distribution of specific materials within the social strata and ethnic groups of the community. These measures permit predictions of likely social impacts resulting from natural resource policies. For example, policies concerning fuel economy standards for autos lead to less steel and more plastic to reduce weight, with corresponding losses in steel-producing regions and gains in plastic-producing regions. The establishment of parks, wildlife and wilderness reserves can affect fiber and mineral flows from these areas, with local industries changing from primary production to tertiary production activities, such as tourist services.

The social importance of materials is seen in the classification of human epochs by the use of stone, bronze, iron, steel, and aluminum. To a certain extent these gross taxa are simply a matter of archaeological convenience. However, a society with steel axes has an obvious technological superiority over one with stone axes. Steel implies a whole range of more complex social patterns and the ability to do more work with less effort.

Materials technology can create new materials such as plastic or fiberglass and in turn compel us to create new social organizations, meanings, and norms. A stone-age political economy tends to be small in size, with fairly egalitarian forms of authority and to have behavior directed by tradition; it will exhibit these basic patterns regardless of the part of the world where it is found. Similarly, a steel and aluminum political economy, whether capitalist, socialist or communist, occidental or oriental, exhibits certain behavioral regularities. It has large-scale industrial production, highly rationalized forms of social control, and hierarchical structures of authority, for example.

Many materials are basically interchangeable; cement and lumber can substitute for one another in construction. However, lumber imposes certain limits on the height of a structure. Consequently, people in low-density, wood-rich Oregon are more likely to live in a single story, wood homes than are people in New York City. As a larger proportion of a population shifts to more dense settlements, wood is likely to serve as a decorative element rather than as a structural factor, with corresponding changes in demand for types of lumber and species of trees.

Demographic characteristics of a population are influenced by and, in turn, influence materials flows. Large numbers of people in the early stages of child rearing will increase the demand for lumber to build detached and semidetached housing. The availability of materials such as aluminum and steel has enabled the development of rapid transportation and high-rise urban centers. Thus social analysts (like archeologists) will find that much can be learned about a people by considering their materials.

The indicator measures of energy and materials permit the development of useful biophysical profiles of human communities and the identification of points for policy consideration in supply, distribution, and waste management. A good example is the flow chart developed by Walker and Pestle (1971) that estimates the energy and materials flows during a typical day in a midsize city such as New Haven, Connecticut. A chart such as figure 2 has a variety of uses; just by considering solid-waste output, an analyst could monitor the effects of a bottle bill or a waste separation ordinance, or could determine when the landfill method of waste disposal will become obsolete.

Nutrients

Our third resource element is nutrition. Nutrient budgets, like energy and materials budgets, are significant indicators of a social group's long-term health, stability, and adaptability.

Human nutritional needs vary by body size, age, type of activity, and climate. A short, slight woman with a sedentary occupation in a warm climate may require only 1,200 kilocalories (kcal)[2] per day, while a six-foot-tall male logger in a cold climate could require as much as 8,000 kcal. For our purposes we may take the standard average daily requirement to be 2,400 kcal for adult females and 3,000 kcal for adult males.

However, it is not simply the total number of calories we consume that influences our health. The sources of these calories must be balanced between protein, carbohydrates, fats, minerals, and vitamins. This means some balance between the four food groups: meat or meat substitutes; vegetable and fruit group; milk group and the bread-cereal group. Significant health consequences

[2]A calorie is the amount of heat energy needed to increase the temperature of a gram of water by 1 C, this unit is usually increased by 1,000 to the common measure of kilocalorie (kcal).

Figure 2
A DAY IN NEW HAVEN, CONNECTICUT
E&AS 93a (STCY 48a); 1.S.S.381, Yale University
Estimates of Material & Energy Flows

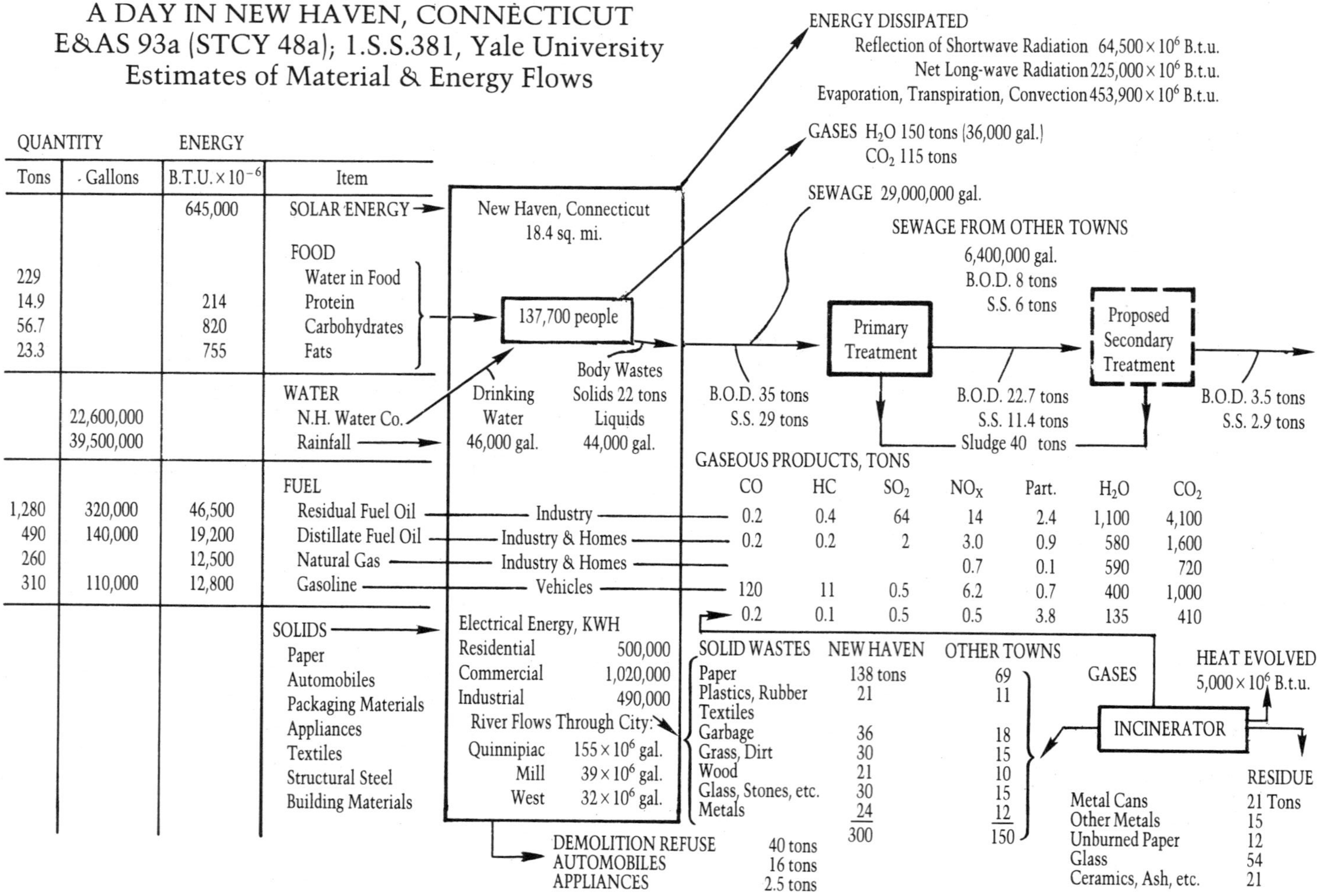

result when diets are deficient in roughage or minerals such as iodine, or when they have an excess of sugar or salt. Throughout the world, protein malnutrition (kwashiorkor) is more prevalent than carbohydrate malnutrition (starvation).

While there are many important issues to consider in a social group's nutrient budget, four seem especially important for the social impact analyst: (1) average daily caloric intake per person; (2) distribution of that caloric intake within the social unit; (3) sources of calories in terms of food groups; and (4) ratio between calories used to produce a food base and the actual number of calories available for human consumption.

A surplus or deficit in caloric supply can have significant consequences for individuals and their society (Greene 1977). On the individual level (Cravioto 1968:48–57, (1) "during periods of malnutrition the child is less responsive to his environment and consequently learns less"; (2) there is severe interference during critical periods of learning which may never be overcome; (3) there is apathy and reduced interaction at a critical period; and (4) "nutritional inadequacy may interfere with the staging and time of the development of both brain and behavior."

On the social level the distribution effects are equally significant. For example, Gross and Underwood's (1971) detailed study of the impact of industrialization on an agricultural community found significant connections between nutrition and class structure. With industrialization upper-stratum households gained calories and lower-stratum households lost, while within worker households, employed adult males gained calories at the expense of children and adult females. Thus the class system was being sustained by nutritional deficiencies.

> In pre-industrial societies, the socially and politically dominant classes can utilize malnutrition as a means of maintaining their control over vast numbers of economically deprived groups. If chronic malnutrition leads to decreased mental function and apathy, it represents a powerful tool of the oppressor over the oppressed (Eichenwald and Fry 1969:648).

Analysis of production levels involved in a group's nutrient budget can suggest its susceptibility to certain perturbations As Thomas (1974) demonstrates, groups who produce most of their own food are more susceptible to fluctuations in local growing conditions. Groups who import a high proportion of their nutrient budget may avoid the consequences of local droughts or pest infestation, but are tied to slender lines of transportation and other peoples' problems.

The human species has devised a variety of systems for food production and distribution. Each system requires a particular form of social organization and a given energy input and returns certain caloric values. Hunter-gatherer economies are organized largely on the basis of clans, age, and gender and yield returns of five to fifty calories for every one invested. Industrialized food systems are highly bureaucratized, with complex systems of machines, fertilizer, and pesticides followed by elaborate processing, packaging, distribution, and long-distance transportation. Such systems "require 5 to 10 calories of fuel to obtain 1 food calorie" (Steinhart and Steinhart 1974). Hirst (1973) and a series of articles by Pimentel and associates (1973, 1975, 1976, 1980) identify the factors that influence such a high energy subsidy for food energy. An important factor is the feeding of cereals to animals rather than consuming the protein directly. It should be apparent that any food system with a five to ten calorie subsidy has a very limited future.

The preceding discussion should suggest the importance of nutrient budgets in developing useful social profiles and in forecasting the impact of energy and resource policies. A variety of documentary sources is available for calculating the nutrient budgets of individuals, households, regions, and nation-states. Many state, country, and town health departments conduct such surveys. At the federal level the National Center for Health Statistics conducts national health and nutrition surveys. Many medical schools have departments of public health and epidemiology that also conduct nutritional surveys. From these data the analyst can develop indicator measures, such as caloric production ratios, distance gradients for major diet items, and per capita caloric intake, to monitor project impact.

Information

Although information is not often thought of as a natural resource, its nature and types determine the success or failure of all living things. Each life form has some ordered means for narrowing, defining, and responding to the wide range of incoming stimuli. The organism is "programmed" as to which stimuli to attend to and which to ignore, as well as for what the appropriate response should be. It sorts through the "noise" from the bombardment of environmental stimuli to identify necessary information.

Information is carried in a variety of ways. For most organisms their information is carried by genetic codes that provide organisms with predetermined patterns of response to their environments. All social species have some part of their behavior shaped by learning from other members of the group, but humans seem to obtain the largest proportion of their responses to the environment in this way. Furthermore, humans have the ability to communicate through symbols, so that we can consider objects which are not present, as well as abstract ideas, such as truth, beauty, and justice.

Human communities based upon an oral tradition of information exchange will differ considerably from those based upon written and electronic information sources. A generation reared upon orally transmitted information about seasons and crops will respond to the world differently from one which receives its information from written sources; a generation born into the "global village" of television and radio responds to the world in ways different from either oral or print traditions.

Experimental studies by social psychologists (Glanzer and Glaser 1965; Leavitt 1951) suggest that the shape of message transmission influences the meaning of the message. Information transmission has a variety of shapes. A simple form is linear and unidirectional, with no feedback, such as an assembly line: 0→0→0→0.

An example of a more complex message shape is the bidirectional "Y", with "gate keepers":

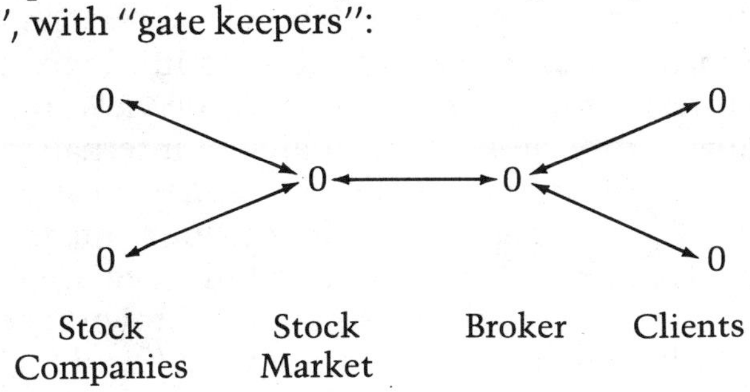

Here the stockbroker must observe trends in the stock market and advise clients on the buying and selling of their stocks; if enough of them follow the advice they will affect the very market trends the broker is observing. The broker is interacting with the market, which represents a funnel of many buyers and sellers, and at the other end are the many buyers and sellers who are the broker's clients. The buyers and sellers never interact directly, but must always use the market and the broker as the means for their exchanges.

The "Y" system, in turn, contrasts greatly with a circular information system, in which every member has direct access to every other member of the circle.

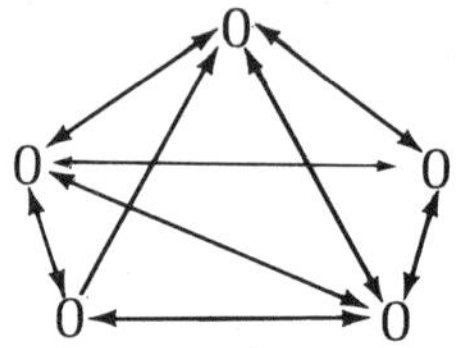

This shape is common in policy discussions. It should be evident that a social system whose characteristic communication shape is linear, unidirectional, and without feedback is less flexible and adaptive than one with a bidirectional "Y" shape. On the other hand, social units whose predominant communication shape is circular may have an excellent sense of exchange and participation, but may not be as effective in producing specific products or decisions. There are a variety of ways to identity the shape of communication in a particular social unit: observation, key-informant interviews, random-sample interviews, and content analysis.

Each social unit has its particular source and shape of information; alteration of either or both will have reasonably predictable outcomes. For example, a rapid drop in library circulation rates and corresponding increase in television viewing rates might signal changes from more individualistic, internalized patterns of message reception to more collective, external patterns. In such a situation, resource policy messages using print media would be less effective than those using electronic media.

The flow of information in a small, rural town tends to be by word of mouth. People count on gossip and "hard" talk as more credible forms of behavior control than newspapers and police.

A public grazing officer wishing to encourage discussion about new animal-unit allotment policies might find that elaborately printed plans and newspaper reports would fail to convey any real information because the officer's linear, unidirectional information form does not fit the town's circular patterns. Intending to be open and democratic, the officer would appear overly formal and authoritarian.

Measures of trends in a community's predominant information source can be developed from readily available census and other public data. The analyst can construct indicators of literacy rates, library circulation rates, television viewing rates, proportion of pupils per school age regularly attending, etc. The aim is to identify a social group's predominant information sources, structures, budgets, and trends.

We began this chapter by suggesting that any social profile must include the nature, types, distribution, and trends in resources, and we briefly considered four resource elements—energy, materials, nutrients and information. We suggested some possible ways to measure these elements and indicated how such measures might permit better social forecasts and improve the use of social analysis for resource management policy implementation.

This chapter covered resource "supply" to social systems. The next chapter will consider the regular mechanisms that direct distribution of resources.

3

The Social Order of Human Resource Systems

The elements of nature enter the stream of human survival and become resources or nonresources, only through the workings of the social order. The social order is woven of seeming confusion and contradiction. It must bind together a diverse set of individuals and have them perform a great variety of tasks, many of which they might prefer to avoid. It must provide a sense of permanence and continuity at the same time that it must be open to adaptation and change. It seems a miracle that these cross tendencies and disruptive forces could combine to sustain a society. However our daily familiarity simply makes the process seem commonplace. Indeed, we only become upset during those rare moments when our expectations of social behavior are unfulfilled. Then we attribute the violation to accident, mistake, deviation, corruption, social problems, or sin, seeking some way to make orderly and normal the deviation from our expectations.

Basic Elements of the Human Social Order

There are at least three basic elements which do this ordering: hierarchy, territory, and norms. Variations in hierarchy (or pat-

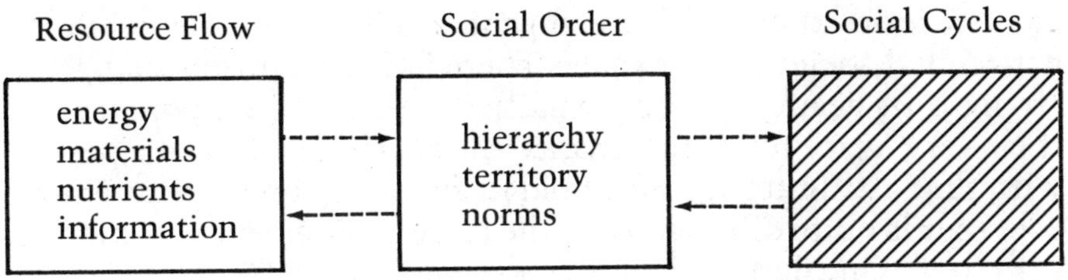

terns of unequal access) regulate the distribution and utilization of social and physical resources. Individuals and groups may struggle over the nature of that distribution, but hierarchy remains a ubiquitous and stabilizing element, regardless of temporary upsets. Territory, the spaces where people and groups reside, where sacred groves and parks are established, and to which particular activities are assigned is another element of social order. Finally, social norms (rules of conduct) establish the limits of appropriate and inappropriate behavior for particular social roles. In the following pages we will briefly note some dimensions of these three elements. We begin with hierarchy.

Hierarchy

As Marx, Weber, and their contemporaries in the late nineteenth century were aware, an analysis of the structure and function of social hierarchies is essential for understanding the direction of social change. New strata emerge around "new" natural resources—merchants harnessed the wind to expand trade, capitalists harnessed coal to expand production, whole countries have harnessed oil to expand their influence. Resource discoveries or failures, whether the acquisition of the horse for the Plains Indians or the loss of cheap petroleum by industrial economies, raise the social position of some strata and lower that of others. These patterns of shifting privilege are what Lenski (1966) calls "distributive processes" or "who gets what and why?" His study is essential for understanding and interpreting relations between resource systems and hierarchical structures.

All societies recognize differences such as age, gender, skill, strength, and beauty and establish standards of better or worse. In some societies old age is given a great deal of respect, while in others it is more a subject for ridicule and exploitation. In matriarchal societies the more valued gender may be female, while in patriarchal societies it is male. There is a recognition that great strength or beauty are not equally distributed in a population; their very rarity tends to enhance the social standing of a person with that attribute. We may hold in awe a person's beauty, however that is quite different than the esteem we give to our friend's skill in playing darts or being a good waiter.

However, no pattern of invidious comparison between individuals—better or worse, pretty or ugly, strong or weak—forms a consistent hierarchical pattern. Hierarchy involves aggregates, or groups, who occupy two or more levels, or strata, with the higher levels controlling the lower ones to some extent. Invidious comparison is based upon assignment to particular strata: "How can he help it, with his working-class background?"; "We should have known better than to trust the elitist snobs." It is this group aspect of hierarchy that makes it such a key element in managing the scarce resources of a social unit.

Human social systems have at least four hierarchical structures which relate to four scarce social resources: wealth (class), prestige (status), power, and knowledge. Social strata are based upon differential access to these four social resources. There is some overlap in the four structures, but seldom complete isomorphism. A nuclear physicist is not likely to command the wealth of a New York pimp, though the physicist has a unique command of socially vital knowledge. Neither the physicist nor the pimp is likely to wield the power of a state governor or corporation president. Finally, a poet like Robert Frost may not have a great deal of wealth, power, or crucial knowledge, but may outrank all the others in the prestige accorded his role.

Each hierarchical system provides motives for its members. In some, such as the caste systems of India or South Africa, one can be a member of a stratum only through birth, and both high and low are expected to accept their positions as being determined by the gods, fate, or some similar force. In other systems such as the more permeable or open systems of the United States and Western Europe, those who have more power, wealth, etc. seek to retain their positions and those who have less seek greater access to them.

Because there are always more talented persons than there are positions in the higher strata, all hierarchical systems are in a state of flux. Mobility rates for entire populations and for particular ethnic groups reflect the resiliancy of a hierarchical system. A frequent theme in movie "westerns" is that of established social strata—cattlemen, Spanish governors—who are unwilling to accept the new order—sheepmen, American farmers. And, of course, eventually the children of the old strata must learn to accept these new-comers; intermarriage between "old" and "new" is the usual solution. Studies of contemporary western coal towns suggest that the confrontation continues, with new actors; one wonders if "assimilation" will be signaled when the daughter of a leading stockman marries the son of an executive in Peabody coal company.

Census and other easily available public data permit the measurement of hierarchy. Income data can be grouped by proportions of a population sharing different levels. A graph constructed from that data will illustrate whether the income distribution is pyramidal (a few with large incomes and most with low incomes) or egalitarian (largest proportion of the population grouped in middle income ranges). The social benefits and costs of a policy or project can be identified by comparing the distribution of wealth before and after project implementation, by comparing communities directly affected by the project with those distant from its effects, or by comparing within populations, such as minority and white, employed men and employed women. If the incomes of employed women rose to near parity with employed males, for instance, a benefit of the project might be greater employment equality (Morrison 1977).

The same sort of questions can be asked about status (prestige) issues as about class (wealth) distributions. The most useful census data for indicating distribution and change in status is level of educational attainment; a higher percentage of white collar jobs also reflects higher status levels. A university town will have a high proportion of people with postgraduate degrees and white collar jobs, and will respond to proposed resource policies in predictably different ways from a blue-collar community where a high school diploma represents the highest level of educational attainment. The former community is likely to stress noncommodity and wilderness values in forested regions while the latter is likely to stress commodity and developed recreation values.

The structure of power and knowledge are not easily indicated.

The analyst can chart, through election statistics, the dominance of political affairs by particular persons, families, or groups. The relative overlap of interconnections that occur by virtue of persons sitting on boards of directors of various firms and organizations should suggest either clustering or diffusion of responsibilities within a community. For example, the same group of names tends to occur on various antihunting, gun-control, and nature-preservation committees. This pattern would reflect a clustering of power around particular issues and practices.

The distribution of access to knowledge can be inferred by considering both the *level* of educational attainment and the *kinds* of training—humanistic, scientific, technical, liberal arts, or vocational. In many cases "technological illiteracy" can make persons victims rather than managers of the technical world.

A key issue is the permeability (Svalastoga 1959) of different strata to entrance by persons from lower strata. Permeability is measured by rates of change in income distribution, in shifts from blue-collar to white-collar jobs, in the proportion of women or minorities holding positions of authority, and in their access to higher levels of education. These measures of permeability give clues to whether a community is open or closed, fluid or rigid, transitional or stable, and contribute to profiling the community, permit the monitoring of distributional effects of a given resource policy, and indicate the most effective social conduits for certain particular policies.

Territory

All social species have some variant of a "place for everything and everything in its place." There are home spaces for residing and these differ from places of courtship, waste disposal and so forth. These territorial patterns may not have the aggressive fierceness attributed to them by some popular writers. However, one need only attend a zoning hearing or a hearing on the establishment of a wilderness area to know that people are deeply concerned about the organization of their space (Klausner 1971).

Wilson (1975) suggests that a prime function of territorial boundaries is to minimize conflict. By knowing the "turf" the individual organism can reliably adjust its behavior. Humans have sacred groves, temple sites, automobile sales rows, red-light districts, nob hills, skid rows, and other known territories, which one seeks or avoids depending upon circumstances, knowledge, and choice.

A major way people define their territory is through the assignment to individuals or groups of certain property rights and obligations (Burch 1976). Property rights are mixed bundles of rights. For example, an individual may own timber rights but not water rights on a given piece of land; an Eskimo clan may own certain fishing rights but no land; a bureaucracy, like the U.S. Fish and Wildlife Service, may control certain fisheries, while on the high seas there is a world commons that belongs to all.

Ecosystem constraints such as floodplains, cliffs, and wetlands define territories by encouraging some uses and discouraging others. People may seek to overcome these constraints, but the very effort of living on floodplains, deserts, or drained wetlands shapes social activities (Burch and Cheek 1974). For example, if communities are to persist on floodplains they will require elaborate bureaucratic systems to maintain flood-control technologies (Wittfogel 1965).

Another factor affecting the meaning of territory is taste. In America, high-status home areas are located away from central cities, while in many Latin countries the central areas are high-status zones. Most American towns have a "nob hill," "the other side of the tracks," "a chinatown," "little Italy," and other ways of separating and concentrating social strata and ethnic groups (Wirth 1929).

There are also functional territories, such as industrial parks and garment districts. Functional territories as taste territories both exhibit regular patterns of succession, where new groups and/or uses "invade" and gradually change the meaning of the territory (Hollingshead 1940; Cressey 1938; Schmid 1950).

In short, although territorial patterns exhibit stability, there are evolutionary processes which alter them. Ecosystems are in constant adaptation to gradual and catastrophic changes—floods, volcanoes, pest infestations, landslides, fires. Population movements of ethnic groups lead to territorial expansion for one group and loss for others, as the Cree were displaced by Europeans in southern Canada. Land uses change, as well, when high-class boutiques convert skid rows into "quaint" areas and drive out barbers' colleges, cheap bars, cheap restaurants, and low-cost places to live.

These natural patterns of succession greatly alter the nature and types of property law, but of most interest is their tremendous influence on energy demand. Zoning laws may seek to protect a particular life-style by establishing three-acre zoning, for example, which effectively discourages the invasion of the territory by certain income classes. It also greatly increases the energy costs of services to households in such communities: the motor car becomes the only feasible mode of transport for *all* necessary functions, and electric and telephone lines, sewage disposal, and water supply require greater energy expenditure in construction and maintenance than is so for more concentrated housing. The delivery of police, fire, and other services also requires greater expenditures of energy. In short, the protection of territorial meaning has significant direct and indirect consequences for energy and other natural resource systems.

Spatial influences upon human behavior have been examined from a variety of perspectives and by a variety of methods. There are overlay techniques (McHarg 1969) that identify soil, slope, and other ecological constraints on development. There are a variety of studies by psychologists on spatial meaning (Proshansky et al. 1970). Some psychologists consider individuals' development of regular pathways and places for certain functions (Barker 1968), others examine how individuals define and respond to crowding (Altman 1975), or how perception shape responses to the physical environment (Craik 1968). There are also studies concerned with the influence of design upon behavior; some of them consider an individual's immediate space (Sommer 1969), rooms and buildings (Zeisel 1975), streets and public places (Pushkarev and Zupan 1975), or entire districts and regions (Lynch 1960). There are anthropological studies that consider spatial meanings in terms of survival functions and ways of regulating conflict (Acheson 1972; Vayda 1977; Durham 1979). Geographical studies of interest range from considerations of growth patterns in urban neighborhoods (Hoyt 1939) to the distribution of different types of recreationists in wilderness areas (Lucas 1964) and distribution of outdoor recreation activities in an entire nation (Patmore 1970). Sociological studies in the human-ecology tradition examine patterns of invasion and succession by various land uses (Park, Burgess and McKensie 1925; Hawley 1950), but some consider the influence of symbolic values on land uses as well (Gans 1967; Firey 1947). Recent studies have combined past approaches to consider systematically the spatial forces affecting life quality (Michelson 1970; Metzen et al. 1980).

A combination of these approaches will yield the best understanding of project effects, with each specific project or policy requiring a different combination. For example, assessing the impact of an interstate highway in an urban area is likely to have consequences for personal space, changes in the distribution of land uses and require attention to the design consequences of the roadway. Understanding the social impact of an interstate highway in a large, western Indian reservation, on the other hand, would involve identifying ecological constraints, survival functions, and symbolic values of the land.

Social Norms

Every natural resource system requires a particular kind of social organization for each of its several phases—extraction, production, processing, delivery, end use, and waste disposal. These organizational patterns involve different social roles, norms, and institutions. There is the need for *social roles*, such as nuclear engineer, meter reader, or coal broker, depending upon the energy system. Further, *social norms*, or rules, are required to determine how electricity rates and coal prices should be set. Finally, *social institutions* are necessary in order to routinize particular clusters of activities, roles, and norms. For example, electricity rates are usually set by state public utility commissions, which have fixed rules, hearing procedures, and so forth and involve people in social roles such as economist, corporate lawyer, consumer representative, technical witness, and others. The process by which utility rates are set, with its prescribed roles, rules, and timing is *institutionalized*, so that conflict proceeds in an orderly manner. Similarly, the price of coal is controlled by the social institutions of commodity markets, while the construction of nuclear power plants is controlled by the social institutions of a federal agency. The analysis of any particular energy or natural resource system must consider the range, types, and order of the roles, norms, and institutions which impose a high degree of predictability upon behavioral outcomes.

Norms and institutions are part of the social order that permits fairly precise predictions about outcomes in our daily human encounters. We have reasonable expectations that the other person will stop at the traffic sign, that the money we give to the bank teller will be properly credited to our account, and that the professor will behave in certain ways in the classroom. Of course there are deviations from our expectations; however, they are so rare that we have a series of ready explanations on hand: "What do you expect from a New York driver,"; "The bank's computer seems to be making more mistakes than usual"; "Oh, she always lectures that way."

It is this predictability in the normative structure that permits the forecasting of human responses to resource projects and policies. We know the size of the labor force, skill requirements, and equipment and material needs for each phase of a resource development project. On a logging operation we are reasonably certain that the fallers, choker setters, skidders, loaders, haulers, and the people in the many operational roles at the mill will behave in certain predictable ways. In short, the same normative process that orders our daily lives and regulates our access to community resources becomes the subject for systematic analysis and measurement to guide our social forecasts.

Norms manage different types of conformity. They vary in the severity of their sanctions against deviation and in the persons who are responsible for enforcing them. The norms with the most intense moral and emotional loading involve family or friendship-group attempts to sustain the conformity of its members. Secondly, there are significant transitions in an individual's life that are unique, but which social norms make routine, such as celebrations surrounding the transition from childhood to adulthood, from student to graduate, from single to married, from employed to retired. All of these transitions are made reasonably smooth by a system of norms that define the behavior for each of the changes from one role to another. Finally, there is a third class of norms which deal with transactions in the civil realm. Here there are precisely graded legal punishments for deviation from contracted behavior. For example, when a firm violates pollution regulations, an elaborate social mechanism of regulations, lawyers, courts, newspaper reporters, and other "rational" controllers seeks to stop, modify, or penalize the polluting behavior.

Of most importance to the impact analyst is the fact that: (1) the observance of some norms are considered more important than others; (2) conformity to some norms have a great emotional loading while others involve rational choices; and (3) sanctions for some norms are enforced by social intimates while others are enforced by strangers such as policemen or forest service officers. Consequently, for environmental policies to succeed they should be directed to the effective sources of social control. For example, corporations are more legalistically rational than households, so air quality standards are more likely to be observed at the corporate level than at the household level. Family and friends are likely to applaud the skill of the backyard mechanic whose removal of the family auto's air pollution control devices increases its fuel economy and performance. The corporation may not enjoy using air pollution control devices, but it rationally includes their costs as part of doing business and chooses to avoid both the cost of being in violation of certain regulations and of acquiring the image of a polluter, rather than that of a good citizen of the community.

The influence of social norms can clearly be seen in the use of citizens-band radios to circumvent the 55 mile per hour speed limit. The automobile driver is most responsive to the normative control of intimate associates and only marginally by fear of apprehension by the police. As is the case for most norms, there simply could never be enough police to control driving externally. Internal self-interest and the influence of people riding with the driver are more crucial control elements. Apparently the norms favor faster speeds than 55 mile per hour; indeed, a number of popular movies have exploited the interest in speeding and avoiding arrest. Altering these norms would require balancing the effectiveness of increased external controls, such as speed traps, with a campaign to convince passengers of their direct gains from maintaining a speed of 55 miles per hour. And, of course, there is always the likelihood that a 55 mile per hour speed limit is not the most effective normative means to ensure fuel economy in transportation. European countries have retained a 75 mile per hour (120 km) speed limit on expressways, yet high prices, a tradition of smaller and more efficient vehicles, the use of public transportation for commuting, and use of personal transport primarily for leisure (where, as in the U.S., there are usually two or more people traveling) combine to produce lower per capita gasoline consumption than in the United States.

There are at least four techniques for identifying the norms of a group or community: (1) interviews to determine group attitudes toward the behavior one must, should or may observe in certain circumstances; (2) systematic observation as to what is actually done, when sanctions are or are not imposed, and who imposes them; (3) analysis of recorded rules, regulations, and laws; and (4) indicator measures developed from census and other documentary sources. Chapter 10, on social surveys, suggests how a series of surveys can track changes over time in norms regarding responsibility for energy supplies or receptivity to nuclear power. Systematic observation of behavior has a long tradition in social anthropology and in time and motion studies; Goffman (1974) and Homans (1950) used observational findings to develop explanations of the origins, functions, and changes in normative practices. Analysis of legal and regulatory records may identify normative trends, such as a shift away from community regulation of sexual behavior by individuals toward social-contract concerns, such as zoning to keep certain land uses separated. Finally, census and other documentary sources permit the development of indicator measures of norms regarding such areas as: (1) domestic stability (divorce rates, marriage rates); (2) community stability (voter-participation rates, crime indexes, residential stability indexes); (3) business stability (job opportunity indexes, business failure rates); and (4) organizational stability (attendance rates for selected organizations, budgets of selected organizations). The most effective analysis of normative structure will require a combination of two or more of the four techniques.

Having considered three elements of the social order—hierarchy, territory, and norms—we now turn to the demand side of human resource systems, where we will explore the influence of four social cycles on resource patterns.

4

Social Cycles and Human Resource Systems

As with an individual, a society is never fixed; constant adjustment to internal and external change must occur. Externally there are cycles such as seasonal changes; internally there are the cycles of birth and death. Both types impose particular demands upon the social order and its resource flow. The consideration of such cycles is crucial, because (Sorokin 1928:398)

> only where a cyclical or rhythmical repetition of social phenomena exists, may we grasp its causal or functional interrelations and formulate "sociological laws." Without repetition there is no possibility of making any valid generalization . . . Studying more and more different repeated social phenomena, we approach more and more to a solution of the great sociological problem: what in the incessantly changing process of history is relatively permanent, and what is quite temporary; what is relatively universal, and what is purely local; what relations between two or more phenomena are incidental, and which are really causal.

Four cyclical patterns influence demands upon resources: work/nonwork, myth, life, and exchange. The work/nonwork cycles of production and consumption vary within an industrial economy according to whether one has a job and is paid wages (such as a machine operator), has a career and is paid a salary (as with a professor), or has a profession and is paid by fees (such as an independent lawyer). Myth cycles deal with fundamental life contradictions (life and death, male and female, earth and sky) and the symbols for linking them. Individual, family, and other life cycles of birth, growth, and demise compel necessary patterns of behavior for each stage. Finally, cycles of exchange involve business, trade, politics (election periods), and marriage and divorce; all of these exchange cycles relate to matters of gain and loss.

Basic Types of Human Social Order

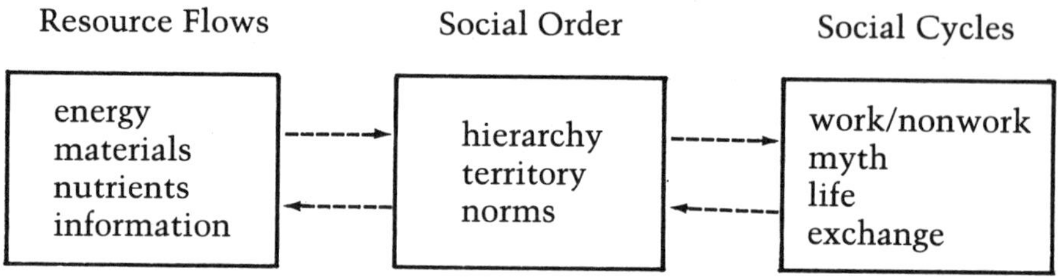

The ebb and flow in human social cycles affect the demands made upon the biophysical system. Changes in political cycles (for example, turnover from liberal to conservative party) or economic cycles (depression or expansion) have obvious influences upon natural resources. Yet increases or decreases in median age (life cycle), changes in the timing of work hours for different categories of worker (work/nonwork cycles), and changes in attitudes toward nature, such as the modern shift from religious awe to rational science (myth cycles), have equally great influences upon natural resources. We will briefly consider each of these cycles in turn.

Work/Nonwork Cycles

A hunter-gatherer or political economy has work/nonwork cycles attuned to the seasons and the migratory patterns of game. A feudal political economy has its work/nonwork cycles punctuated by significant religious holidays. An industrial society has highly metricized patterns of work and nonwork, which directly control the daily, weekly, monthly, and yearly ebb and flow in movement patterns (commuting, supplying, vacationing, etc.). Within an industrial political economy the work/nonwork cycles of doctors are quite different from those of professors or stockbrokers and all of these are markedly different from those of shoe clerks and factory hands. Communities dependent upon skiing, universities, baseball training, or circus training will in turn reflect the seasons of these various activities.

Industrial societies have work/nonwork cycles that compel high peaks and low troughs of use. Transportation systems must be designed for peak capacity use, even if this amounts to only two hours per day for five days a week. Although routes to urban work places are jammed at certain hours during the week, on weekends they tend to be relatively empty, while shopping centers and recreation areas are jammed. Vacation areas are crowded for a few weeks during the year and then relatively empty the remaining time. Universities and other seasonal institutions must have facilities for peak-time use; significant seasonal periods involve greatly lowered use. Some universities have sought to spread out the oscillations of use to gain greater efficiency in the use of facilities. Other universities have redesigned their schedules so that they can shut down during the coldest period, in order to reduce their heating needs. A woods-working community in northern Maine is likely to slow down work during the hunting season. A community with a large swingshift is likely to have many services operating on a twenty-four-hour basis. Certain occupations, such as police, fire fighting, and printing tend to have work/nonwork cycles that are out of phase with other work cycles, so that people in these occupations are likely to share much of their leisure time with fellow workers.

All of these examples illustrate that the timing of work/nonwork cycles can have a crucial influence on the efficiency of resource use, the demand for particular resources, and the means for altering patterns of resource consumption. This is even more important in light of the tendency to look at averages rather than the specific cycles which generate them. A dairy farmer and a wheat farmer, similarly capitalized, might have very similar average energy demands; however, the timing of greatest and least energy demand, and the flow of continuing demand, are likely to be quite different. A policy which, in the interests of equity, assigns energy only on the basis of average need is likely in fact to be the most unequal of policies.

There are a variety of indicator measures for work/nonwork cycles that can developed from the U.S. Bureau of Labor Statistics, industrial records, and other public data sources. For example, the U.S. Bureau of Labor Statistics has a variety of regular publications, such as the *Monthly Labor Review* and the *Handbook of Labor Statistics,* along with special studies and regional reviews, all of which provide data by industry, occupation, gender, etc., on average hours of work, expected years of working life, vacation and holiday times, etc. Daily, weekly and lifetime patterns of work for various occupations or a community's dominant industry can indicate timing of demands for electricity, water, highway space, retirement benefits, and recreation services.

An analyst can identify the characteristic work/nonwork cycles of a given household, community, state, or region to determine regular patterns of demand. Such an analysis may help to determine savings and increases in efficiency in energy consumption and outdoor recreation services that can result from changes in schedules based on tradition, rather than on any actual productive or biophysical need. Suggested in Chapter 5, on time budgets, are some ways to analyze work/nonwork cycles.

Myth Cycles

All human societies share a need to explain those events which at some level cannot be explained—how our people came to be; why death occurs; why some women or men are sexually available and others are not. Myths, such as the certainty that the earth is at the center of the universe, or that humans are a unique creation, persist for generations and then are replaced (Burch 1971b). Such challenges seem to follow a regular pattern, in which the empirical reality of changed conditions makes the old myths untenable; at the edge of this change the explorations of younger people, scientists, artists, and other "outsiders" tend to concentrate on a few key issues which are ritualized and then over time assume the status of new myths.

Myth cycles in large organizations are much shorter than those characteristic of whole societies. Current interpretations of myths regarding the founding of an organization, its necessary managerial style, its functions, and the reasons for its peculiar distribution of rewards and punishments all reflect certain regularities in the myth cycle.

Empirical research on mythical systems is limited. However, one of the pioneer workers in this field, Edmund Leach (1967:3–4), indicates the importance of such matters:

> Binary oppositions are intrinsic to the process of human thought. Any description of the world must discriminate categories in the form of 'p is what non-p is not,' An object is alive or not alive and one could not formulate the concept of 'alive' except as the converse of its partner 'dead'. So also human beings are male or not male, and persons of the opposite sex are either available as sexual partners or not available. Universally these are the most fundamentally important oppositions in all human experience.

Myths serve to stabilize social relations. For a long time the inferior social status of women was accounted for by their so-called natural tendency toward domesticity, highly refined emotional (rather than rational) responses to situations, and more limited mental capacity. These myths were, and in many cases continue to be, accepted by most women as well as most men, to rationalize relative positions in household and state decision-making. Each gender has been provided with a convenient explanation as to why things are as they are. However, a variety of structural changes in the 'postindustrial' era have exposed these myths as traditional explanations with little empirical support. The present period is one of transition as explanations adjust to new realities.

An important factor in the redefinition of male-female relations is the high-energy society. Regions and societies which have predominately agricultural and/or low-energy economies are likely to retain the "traditional" division of labor. In many rural areas children are still the only retirement program available. To permit women to control their own fertility is to call into question patterns of inheritance, paternity, and the actual production of future generations. These matters are of little survival value in a modern, high energy, urbanized economy, however, where children are more of a luxury and most jobs involve little or no real gender difference.

Even the least observant person can recognize that a Southern

Baptist forest community in Georgia differs from a Luthern forest community in Minnesota or a Mormon forest community in southern Idaho. And of course all of them would differ from Unitarian, Irish Catholic, or Orthodox Jewish communities. Each of these faiths embody different myths and values regarding resources, environmental planning, and government agents. And yet no faith or community remains static; some become more liberal and others become more fundamentalist. Some predominately Roman Catholic communities may become, through migration, predominately Mormon. Many a New England town has an old, trim, white Congregational or Episcopalian church on its town green which is relatively empty on a Sunday morning, while down the street the large, newer Roman Catholic church is packed with the children of Italian, Irish, or Polish immigrants.

The social analyst can profile existing myths and changing trends by using such likely indicator measures as: (1) proportion of the population in various religious denominations (including nonchurchgoers); (2) proportion of days assigned to festivals, feasts, and celebrations (sacred and secular); (3) frequency of certain themes in mass media, such as stereotyped gender myths emphasized in detergent and deodorant commercials; (4) per capita wealth by religious denominations; and (5) circulation figures for religious, occult, scientific, and political journals.

Life Cycle

Although biology may set an individual's invariant life patterns, the interpretation of these patterns rests with the social order. In some cultures an infant may not be accorded human status until it has reached a certain age, marked by a particular ritual. In some cultures the onset of puberty sets the stage for rituals that recognize adulthood, whereas in other cultures 'real' adulthood may come many years after puberty. While the meaning of life-cycle stages may vary over time and between cultures, each society has an ordered set of meanings for them.

Therefore, a relatively large cohort (such as the group of people born in the United States in the late 1940s) or a small cohort (such as that born in the 1930s) will have significant and predictable influences upon its society. A baby boom sets up a pattern of high demand upon various institutional structures as the cohort moves through its life cycle (Ryder 1960). First maternity wards become overloaded then kindergartens, grammar schools, colleges, unemployment lines, social security funds, and finally mortuary services. There are associated pressures upon energy systems, nutritional systems, and open spaces. The baby depression of the 1930s, and the emerging one of the 1970s and 1980s have different effects. People born in the 1930s will have a large number of productive workers to support them when they retire, while the cohorts of the 1970s will have only a small number of productive adults to support them.

The exit of large numbers of people through emigration, epidemics, natural disasters, and wars will have a significant impact upon hierarchical and resource structures. The emigration of Europeans from the 1600s to the 1900s dramatically altered the resource base from one of great scarcity to one of surplus. Massive losses of people in particular age categories through war, disease, or other calamities suddenly reduce the ratio of competitors for higher social positions and permits greater social mobility of remaining individuals and groups.

Similarly, a community or neighborhood with a high proportion of families in the early stages of child rearing will have a different response to resource perturbations than will a community with a large proportion of its households in the "empty nest", retired stage of the family life cycle. In the inner cores of many American cities are rows of large family homes built in the late 1940s and early 1950s, now occupied by elderly couples whose children have left home, while crowded in the innermost ring are black and Hispanic families in the early stages of child rearing. Predictable population changes will occur in these neighborhoods in a very short while. There is a wide range of public data from which to develop indicator measures of life-cycle variables. Census data permit the calculation of birth and death rates by various population categories. There are life-expectancy tables by occupation, region, and gender. Trends in median family size, dependency ratios, and fertility[1] can be calculated and used to project likely demands and responses for certain resource practices

[1]Dependency ratio is the number of persons under 18 years of age and/or persons over 64 years of age per 1,000 persons. Fertility rate is the number of births per 1,000 females in the age interval 15 to 44.

and policies. Chapter 6, on the life-cycle approach, details a variety of measures, uses, and limitations.

Exchange Cycles

An important set of cycles is grouped around the universal human tendency to exchange less desired items in return for more desired ones. In order to gain grandchildren one must arrange an exchange with another family group to acquire an 'in-law' and thereby lose direct control over your own child. Although modern electioneering treats political actors as part of a commodity market, at the point of action in town, county, state, and federal legislatures most of the participants represent several different constituencies. 'Deals,' or 'bargains,' must therefore be struck so that a temporary majority can be formed. Candidates represent a similar exchange. No candidate for mayor of New York City would miss a Columbus Day parade, an Israel Bond dinner, or a Martin Luther King celebration, because each politician must identify the correct balance of constituencies for continued survival.

While the exchange mechanisms that link families through marriage are similar to those that link political constituencies, the core of familial exchange is emotional, whereas the core of political exchange is power. Furthermore, the cycles are quite different. A large proportion of marriages occur at a particular season of the year and theoretically last for life. Elections have fixed time periods and party turnovers may occur only every decade or so; political alliances are matters of convenience, not bonds pledged for life.

There are four main types of exchange: interregional transfers (such as natural resources for capital); market transfers (such as corporate mergers); political transfers (such as party turnovers); and interpersonal transfer (such as household formation through marriage or other alliances). Each of these exchange types has special cycles associated with it that affect energy production and consumption. Regularities in business and trading cycles will affect capital for investment and demand for energy-using products. Election cycles may hamper planning which deals with natural resources that have production-consumption cycles that are much longer than two, four, or six years.

In the past, northern regions of the United States have sent tax monies, capital, and elderly people southward and have received food, energy, and younger people in exchange. Today the rise of the 'new South' and the 'sunbelt' promises a new cycle in interregional exchanges, with cities like Atlanta and Houston exporting their capital and the entire region importing young people so that the median age there is declining, while the median age in the Northeastern region is rising. The consequences for relative amounts and types of energy and resource demand are as simple as the trade of northern space heating for southern space cooling, and include the greater dependence upon the automobile as the prime means of transportation in the sunbelt.

There are available data sources for constructing indicator measures for each of the exchange cycles. Interregional cycles can be tracked by calculating immigration/emigration trends, export/import patterns of particular items, and trends in capital flow. A wide range of data sources is available on market cycles, general business cycles, merger cycles, land-transfer cycles and price cycles. There is an equally abundant data base for following trends in party dominance, proportion of eligible voters who vote, and campaign expenditures. Vital statistics can be consulted to compute interpersonal exchange cycles—rates of household formation and dissolution, marriage and divorce ratios, and membership trends in specific clubs and organizations. A common indicator of neighborhood, community, or county stability is the "normal" family-life index—percentage of children under 18 years of age living with both parents. Common indicators of "disorganization" are the proportion of all families with only one resident adult or the number of divorces filed per thousand inhabitants, per year.

This list of suggested measures is not exhaustive, but it does present a number of significant issues for the social analyst. Any social assessment or planned change which intersects at the "wrong" point in one or more of these cycles will result in a reading quite different from one which occurs at the "right" point. An outsider visiting the United states during an election period might think the country was about to split apart; this has been true only once in two hundred years. To avoid such error an analyst needs information with a time span long enough to track the full range of oscillations in a given cycle and which can be fitted to other, covarying cycles. Happily the data bases for these exchange cycles permit a reasonable time comparison.

Summary and Conclusion of Conceptual Framework

The preceeding chapters have outlined a conceptual approach for the social assessment of natural resources policies and actions. Our framework is far from the last word. It should be seen as a heuristic for suggesting investigative directions and ways of organizing and interpreting social research. Because the territory we have attempted to cover is rather large, a brief summary may be helpful.

We suggested that the impact analyst in describing a household, community, or region should consider the nature and types of resources, social order, and social cycles. Four resources were considered—energy, materials, nutrients, and information. The distribution of resources was seen as ordered by particular patterns of hierarchy, territorial configuration, and normative sanctions. Fluctuations in demand for resources were seen to be shaped by four social cycles—work/nonwork, life, myth and exchange.

As figure 3 suggests, the analyst might consider how a particular resource policy or action will perturb a social unit's existing resource flow or pattern of social order. Such changes are likely to encourage *succession.* For example, highly paid construction workers would enter a predominately agricultural community if a policy opened a nearby coal deposit for development. Gradually such outside occupations, industries, and persons would *displace* existing occupations, industries and persons. Further, the community would change from a face-to-face, locally organized system to one with great differentiation in social roles and with more and more formal controls. And these, in turn, would lead to changes in work from seasonal to shift cycles, changes in values from rural to urban and a greater dependency upon market actions in distant regions.

Another example would be the reintroduction of the horse to the Americas by the Spanish. Suddenly, the Plains Indians had an energy converter many times more effective than the dog. The tribes with the earliest access to the horse greatly expanded their range and ultimately displaced many of the more sedentary cultures (Wissler 1922; Roe 1955). The social cycles were markedly affected. The food surplus led to an increased population and a lowered median age. The patterns of work and nonwork were determined by the migratory patterns of the bison rather than the

Figure 3
A Conceptual Diagram of the Elements in a Human Resource System

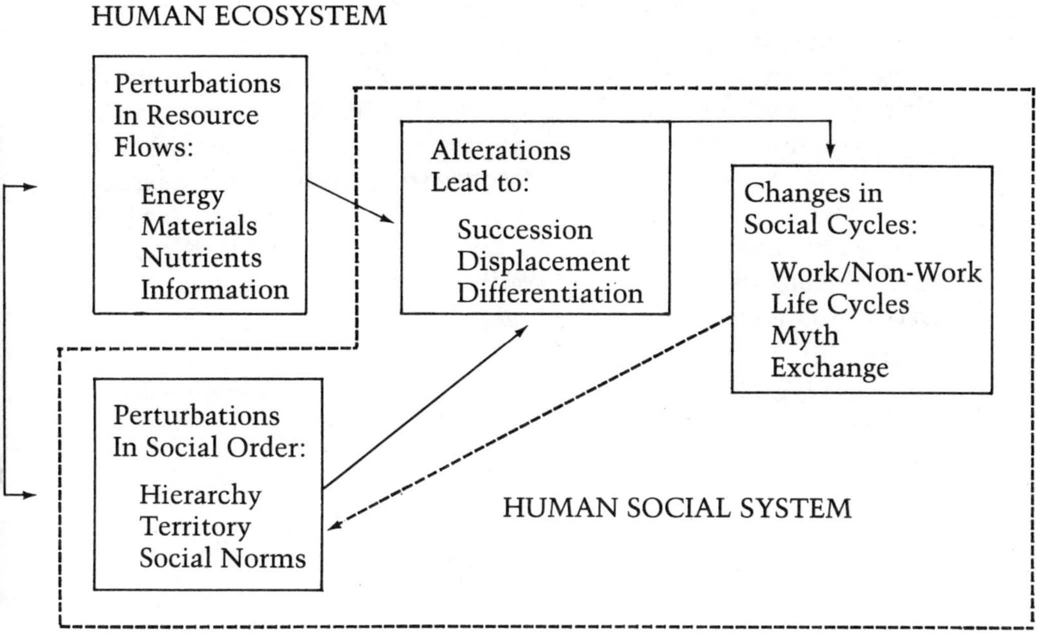

growing seasons of maize and tuber crops. There was greater attention to ornamentation, religious feasts and personal wealth. The commuting distances for work were greatly increased. The bison and horse began to take prominence in the myths rather than sun and rain. The exchange cycles expanded to wider distances with more "luxury" products and increasing dependence upon alien suppliers. These changes altered attitudes toward "appropriate" sized territory and appropriate behavior of the priest and warrior classes and shifted existing egalitarian patterns of authority to the more stratified patterns of large-scale warrior tribes.

There was cultural succession in that new patterns of land use succeeded older patterns. The wider mobility of the horse converted the plains to a vast open range and replaced the more limited hunting-gathering economy of the dog. There was social displacement as the nomadic, mounted warriors displaced the sedentary peoples near the buffalo range. There was increased occupational differentiation as various classes of warriors, chiefs, priests, captives, slaves, and so forth evolved in contrast to the former small bands that based their division of labor upon age and gender. The brief flowering and quick demise of the Plains Indian culture seems instructive for other cultures dependent upon an ever expanding, high rate of material growth.

The following chapters will elaborate on various elements in this conceptual scheme. The next two chapters consider the individual and household level of analysis. Chapter five examines the application of time-budget approaches to natural resource issues and impact analysis. Five types of time budget approaches are identified and examined for their social assessment utility. Chapter Six then considers how stage of life cycle influences household energy, financial and resource budgets.

Part II

Specific Analytical Approaches

5

Time-Budget Approach

We are all given a finite amount of time. Some people spend a large proportion of their day eating and visiting, others spend a similar amount on home maintenance and television viewing, and still others on hiking and nature study. These time-budget differences are a systematic measure of life-style differences. Indeed, life-style values can be measured using time budgets as surely as personal, household, and business money budgets measure the values favored by economists.

Time-budget studies permit one to compare contemporary societies and regions at different levels of technological development, societies of high and low per capita energy consumption, and different political economies such as hunting-gathering, agrarian and industrial for certain gross differences and similarities in time allocation. While one cannot make clear, causal connections between level of technological development or energy consumption and a people's life-styles as measured by how they allocate their time, there is an empirical base for estimating the potential influence of decreases or increases in levels of per capita natural resource consumption.

Time-budget studies have a certain behavioral reliability. As

Converse (1968:43) notes, it is an "immutable fact that no human being, however rich, poor, wise or foolish, can dispose of more time than any other within the same period." Given a fixed stock of time, the way in which we allocate it indicates a great deal about what we must do, what we choose to do, and what we avoid doing. "Like money, time is thought of as being spent, saved, invested or wasted" (Converse 1968:43). Such rhythms, patterns, and routines define a personal style and in the aggregate suggest collective life-styles. Robinson (1977) argues that there are four interdependent factors which directly affect the way people spend time: personal factors (for example, sex, age, education), role factors (for example, employment, marriage), resource factors (for example, income, appliances), and environmental factors (for example, day of the week, weather).

Compared to attitude surveys and other currently favored forms of social science research, few time-budget studies have been done; at present they represent a largely East European tradition. However, the richness of data from these studies suggests much potential for future use of the technique. Our examination of the literature suggests that there are five approaches to time-budget analysis: longitudinal, cross-cultural, cross-sectional, local, and evolutionary (see table 2).

There has been considerable speculation about the influence of available energy on the life-style of a society; time-budget studies permit such speculation to be more empirically based. One can use a quantitative indicator, such as changes in per capita or per household energy consumption, to see if these changes are associated with changes in time allocated to work, personal and family care, leisure and so forth.

Energy consumption cannot decrease or increase the amount of available time; it can only change separate elements of time use, while changing at the same time the social structure and values of a people. Lee (1967) illustrates this fact by listing several types of losses and gains associated with the time-budget of contemporary Americans as compared with the time-budget of Americans in the 1850s: (1) loss of traditional male and female roles; (2) more youth-oriented and experimental sex roles; (3) mechanized leisure facilities and activities instead of folk activities; (4) mechanical energy, services, and products instead of ser-

Table 2. Five Types of Time-Budget Studies

Type of Study	Usual Sampling Unit	Potential Analysis	Major Variable	Comparable Energy Measures
Logitudinal	A single nation-state at different points in time	Compare the emergence, growth, persistence, decrease, or disappearance of activities	Historical	National energy budget by function, per capita by source
Cross-Cultural	Two or more nation-states at specific points in time	Compare time allocation by societies with similar or different levels of economic development, political authoritarianism, etc.	Social Structure	Per capita energy consumption by source
Cross-Sectional	A sample population within a single nation-state at one point in time	Compare time allocation by populations sharing certain demographic characteristics	Demographic	Energy consumption by households and functions
Local	Geographical subdivisions or specific groups (e.g., homemakers) over time or in a single time period	Compare time allocation by regions or groups within a particular nation-state	Geographic	Regional, per capita supply production, consumption, and export of various types of energy
Evolutionary	Representative types of political economies developed by humans	Compare different types of political economy to identify biosocial and cultural consistencies and emergent activities as nature of economy varies	Biosocial	Per capita energy consumption

vants and personal services; (5) loss of security in a traditional way of life with a gain in freedom to experiment and grow.

Heirich (1964) notes that time can be thought of in at least four distinct ways: in its social meaning, as a causal link in the explanation of change, as a measure of quantitative relationships, and as a qualitative measure of change. These four aspects of time are central to assessing the social impact of some natural resource actions. As Heirich (1964:387) notes,

> whatever the relative value placed on time by a person or group, it will be allocated for a variety of purposes. Thus, relative time uses can be one indicator of the changing importance of various activities and an important indicator of the stability of a particular social system during a given interval in time.

Longitudinal Time-Budget Studies

Longitudinal studies focus on one society and repeat measurements of comparable time-budget data over relatively long periods of time (generally thirty to fifty years). Such studies reflect the trade-offs people make in response to broad changes in : (1) the structure of society (for example, the entrance of women into the labor force; movement of populations from farm to city); (2) major technological innovations, such as the widespread use of the automobile, running water, central heating, and television; (3) changes in taste (for example, from passive to active leisure) and values (for example, changes in time spent on religious activities). For example, Vanek (1974) compared time spent on household work from 1926 to 1968. She found that while urban and rural women without outside employment spent about the same amount of time on household work throughout the fifty year period, the nature of the work changed. Time spent in shopping, household management, travel, and family care increased, and less time is spent preparing food and cleaning up after meals (although together these activities continued to be the most time-consuming aspect of housework). One of her most interesting findings was that despite the widespread use of "labor-saving" devices such as automatic clothes washers and driers, time devoted to laundry has increased over the fifty years.

Application

In 1924, early time-budget data were produced and they later served as a basis for a historically retrospective comparative analysis of changes in living conditions of a population. This early time-budget study by S. G. Strumlin was concerned with the daily life of Moscow workers. These results were compared with those of a parallel study carried out in 1929 by G. A. Prudensky in the first use of time budgets for historical comparison. During the thirty-five year period Moscow workers decreased the time they spent on productive work, housework, eating, and sleeping, and increased their "lost time" (commuting, waiting in line, shopping) and leisure/cultural activity (Szalai 1966).

One of the few longitudinal comparisons of time budgets using American national samples was carried out by Robinson and Converse (1972:44). They used the major time-budget studies carried out in the United States since 1930, they found that "not even the automobile has had the major effect on time spent traveling that television has had on time spent with the mass media. It seems fair to conclude that, although the automobile has revolutionized American life spatially, television has revolutionized its temporal dimensions." They were equally impressed (Robinson and Converse: 1972:53–54) with the

> inelasticity in common time use in the face of major and continuing technological change. As increased productivity and other factors permit a shorter working week, many people use the time freed to engage in second jobs. As new inventions are diffused that make various facets of home management easier and more efficient, expectations about home care rise and other problems seem to intervene that minimize changes in time allocations. People capitalize on the private automobile to extend their ranges of geographic mobility and reshape the urban areas, but the amount of time spent traveling seems fixed within a remarkably narrow range.

Kathryn Walker (1969) examined changes in housework time budgets over a period of forty years as reflected in data from an Oregon homemaker study done in 1926–27, an Auburn, New York, study of 1952, and a Syracuse, New York, study done in 1967–68. She (1969:624) found that household work in the latter third of the twentieth century continues to be time demanding in families with children in spite of automatic washers and driers, running hot water, automatic furnaces, and convenience foods . . . the predicted short work day of the future may still be a distant dream for women.

These studies give only a glimpse of the qualitative differences in the homemaker's life that the introduction of machines has caused. And, yet it seems apparent that with increased energy inputs the homemaker's work has simply expanded to fill the available time; cleanliness and other work-quality standards have increased more rapidly than the time savings from "labor-saving" machines. Clothes are washed after only light use, sheets are cleaned two or three times a week rather than once a week, floors are cleaned every other day rather than once a week. This increase in expectations concerning quality standards and the attendant expectations of friends, family, and the ubiquitous mass media is likely to contribute to the homemaker's continuing sense of anxiety; the work can never be completed to the satisfaction of everyone's escalating standards. The "labor saving" device may compel unreal expectations by the homemaker and those persons of significance to her self-esteem; consequently, the only alternatives are to endure a vague sense of guilt or to increase the hours of work. Usually both alternatives are experienced at the same time.

Of course, the machine "frees" the modern homemaker to do a variety of activities at the same time. Theoretically the housewife can be washing a load of clothes, drying another load, listening to the radio, washing a load of dishes, smoking a cigarette, drinking a cup of coffee, vacuuming the floor, and shouting at the children all at the same time. This "efficient" use of time might gladden the heart of a time and motion engineer, but when experienced day after day it is not likely to be in the best interests of the homemaker's health.

To be sure, homemakers in a low-energy, nonmechanized house engage in a variety of activities at the same time. They can simultaneously rock the baby, tend to the cooking, sew a dress, studiously ignore a pretentious mother-in-law, and help a daughter with her spelling. Where machines replace people in homemaking tasks, however, there are significant qualitative changes.

Oakley's (1974) study of modern housework found that a highly significant proportion of her sample had a great deal of dissatisfaction with their work when they had fewer than twenty social contacts per week; shopping was a preferred task because it gave the housewife a chance for social contact. This lack of sociability is not a problem in extended households (which have other sorts of problems, such as limited privacy). Extended households have a much larger average size and contain a much more varied resident labor force (Greven 1972); older relatives, more distant relatives (aunts, cousins), surrogate kin, servants, and children, so that most work is a shared social experience.

An important reward for modern housewives who work in seemingly monotonous factory jobs is probably the opportunity for increased social interaction; the factory frees them from the isolation of the home. Oakley (1974) compared her sample of housewives with those of factory workers and assembly line workers reported in other studies, and found that the work frustration of monotony, fragmentation, and speed was greatest for housewives; assembly line workers followed, while general factory workers were a distant third. Frustration level seems to be directly affected by opportunities for wider social interaction; the higher the opportunities the lower the frustration.

High-energy technology seems to increase the amount of time required for housework and alters certain intrinsic rewards associated with it. Homemaking may well be an indicator of what happens when high-energy technology enters any occupation involving personal service, whether it be social work, preaching, corporate managing, barbering, university professing, or psychiatry. The natural resource analyst can consider such occupational styles as evidence that promised benefits of technological change have predictable constraints in being realized.

Limitations

All the studies used for longitudinal comparisons have data obtained from "yesterday" interviews[1] of two types: self-report (diary) or interviewer-report. Difficulties in measurement and comparability between studies arise due to: (1) different modes of data

[1]Interviews that ask the respondent to recall what they did yesterday.

collection; (2) inadequate sampling across seasons; (3) failure to stratify sampling across days of the week; (4) haphazard sampling and low response rate; and (5) categorization of activities. The first four methodological problems are technical in nature and can be overcome fairly easily. Sorting behaviors into meaningful categories, is a definitional question that is yet to be solved. On the one hand, behaviorally similar activities may have different subjective meanings; reading a magazine at work has a different meaning than reading it in one's spare time at home. On the other hand, activities that are easy to separate may at times serve the same function; watching an educational program on television may be equivalent to reading a textbook (Robinson and Converse 1972).

Cross-Cultural Time-Budget Studies

Cross-cultural studies compare the time allocations of representative samples from different countries at the same point in time, with data sorted by specific demographic characteristics.

Application

The time-budget method was first used for cross-national comparison in the Multinational Comparative Time-Budget Research Project (Szalai 1972). Data on various temporal, locational and social attributes of daily activities were collected from thirteen survey sites in twelve countries. The purpose (Szalai 1972:10) was to

> study and compare in different societies variations in the nature and temporal distribution of the daily activities of urban and suburban populations subjected in varying degrees to the influences and consequences of urbanization and industrialization.

Comparison of the time spent in thirty-seven primary, daily activities in the twelve countries indicated some similarities and considerable differences. For example, there were wide differences in total leisure time; Yugoslavia had more than twice as much as the U.S.S.R., which had the least, while that of the United States fell midway between these two extremes. Time spent on housework ranged from a low of 100 minutes per day, in Bulgaria, to a high of 206 minutes, in the German Democratic Republic.

Methodology and Potential Limitations

A great variety of time-budget data have been accumulated over the years by many researchers in different countries, but little effort has been made to develop generally applicable methodological standards for the comparative evaluation of such data. An exception is the work of the Multinational Project, which standardized its methodology across countries by site, demographic characteristics, sampling procedure, data collection, coding, and background characteristics. As a result, the study provides a rich source of data for the natural resource analyst. In spite of inevitable variations among researchers and their results, it offers a rare opportunity to measure cultural universals and differences in time-budget elements.

Cross-Sectional Time-Budget Studies

Cross-sectional studies are of representative national samples classified by strata (age, sex, eduction, occupation, etc.), studied at a single point in time. They are sociological snapshots which catch the distribution and differentiation of individual tastes, values, and life-styles at a given time for a single society. Comparisons can then be made between different ages, regions, or occupational groups, for similarities and differences in the way they spend their time. The few major studies of the timing of daily life in whole countries have been initiated by radio and television companies (BBC, in Great Britan; NBC, in the United States; NHK, in Japan). While these studies were made to determine the daily division of time among various strata and categories of national populations so that programmers could take into account the nature and size of audiences available at various times of the day, many of the results can be used for other purposes.

Application and Methodology

The following descriptions of some major studies should give an idea of their application and the methodology involved.

NHK (Japanese Radio and Television Culture Research Institute)
A set of social surveys carried out in 1963, 1966, 1971, and 1976 of all strata of the Japanese people, in all parts of the country, during all four seasons, on weekdays, Sundays, and special holidays. The time diaries of 170,000 individuals covered all daily activities from midnight to midnight. The data was used to determine how many hours the Japanese people spend in what kinds of activities each day, with emphasis on time devoted to television. The data has also been used in predicting the daily life of future generations.

Hungarian Central Statistical Office
A 1963 social survey of all strata of the population of Hungary (1500 households, 12,000 time diaries) using the time-budget process and other data-collection methods. The objective of the study was to determine how regular employment and agricultural or nonagricultural nature of a household might differentiate "ways and habits of spending the day." Also, an "analysis was drawn up of factors defining the scattering and composition of the essential activities, such as domestic work or entertainment or recreation (spare time)."

Opinion Research Corporation (U.S.A.)
A 1957 probability sample of 5,021 people over 15 years of age was given a checklist of twenty activities and asked which of these they had engaged in on the day prior to the interview. The data was used to determine the proportion of the population engaging in various leisure activities by personal characteristics—sex, age, employment status, rural-urban, region, educational attainment, and annual income. There was special interest in time spent on various leisure activities by industrial workers.

Productive Americans (Morgan et al. 1966)
The time-budget method was used to analyze the productive use of time based on a representative national sample of American families (2,214 adults) interviewed in 1965. The study focused on hours worked for money by heads of families, hours worked for money by wives, the journey to work, and unpaid productive activities. The second section of the book examines indexes of related behaviors and attitudes which help explain the productive use of time, such as reacting to change, ambition and aspiration levels, and social participation.

Though empirical studies have lagged behind theoretical advances in relating time to social change (Moore 1963; Heirich 1964), time-use data has been employed in some U.S. national social indicator reports (see tables 3 and 4). As these data show, in the United States there are systematic variations in time use based upon gender and type of employment. White-collar work-

Table 3. Daily Use of Time, 1966 By Sex and Occupation

(Hours per day)

Sex and occupation	Total	Leisure	Personal and family care	Work for pay	Sleep
All persons	24.0	5.1	6.4	4.7	7.6
Male	24.0	5.1	4.1	7.2	7.6
Female	24.0	5.1	8.4	2.6	7.7
EMPLOYED MALES					
Executive, professional	24.0	4.7	4.1	7.6	7.7
Other white collar	24.0	4.7	3.8	7.9	7.6
Labor	24.0	5.0	4.1	7.4	7.5
EMPLOYED FEMALES					
White collar	24.0	4.2	6.1	6.0	7.6
Labor	24.0	4.3	7.1	4.9	7.6
HOUSEWIVES					
Total	24.0	5.9	10.2	.1	7.7

Note: Distribution of hours may not add to total because of rounding.

Source: John P. Robinson and Philip E. Converse, "66 Basic Tables of Time-Budget Data for the United States," Survey Research Center, Institute for Social Research, University of Michigan, Ann Arbor, Mich., June 1966.

Table 4. Daily Use of Leisure Time, 1966 By Sex and Occupation

(Hours per day)

Sex and occupation	All leisure	Television	Visiting[1]	Reading	Sports	Other leisure[2]
All persons	5.1	1.5	1.3	0.6	0.1	1.4
Male	5.1	1.7	1.2	.7	.2	1.3
Female	5.1	1.4	1.7	.5	.1	1.4
EMPLOYED MALES						
Executive, professional	4.7	1.3	1.2	.8	.2	1.2
Other white collar	4.7	1.3	1.3	.6	.2	1.3
Labor	5.0	2.0	1.3	.6	.2	.9
EMPLOYED FEMALES						
White collar	4.2	.9	1.3	.5	.1	1.4
Labor	4.3	1.4	1.8	.3	.1	.9
HOUSEWIVES						
Total	5.9	1.6	2.0	.6	.1	1.6

[1]Includes "social life" and "conversation" from source.

[2]Includes gardening, pet care, education, organizations, radio, spectacles, and miscellaneous leisure activities.

Source: John P. Robinson and Philip E. Converse, "66 Basic Tables of Time-Budget Data for the United States," Survey Research Center, Institute for Social Research, University of Michigan, Ann Arbor, Mich., June 1966.

ers have less leisure time than blue-collar workers, and spend less of it on television viewing. While males and females have the same hours of leisure, they have systematic differences in time spent on family care and work for pay.

Local Time-Budget Studies

The social assessment of natural resource actions seldom requires nationwide sampling; most studies concern a single region, a town and its surroundings, or a small settlement. These local time-budget studies can be useful in measuring the impact on individual tastes, values, and life styles of the establishment of a national park or a water impoundment, a change in forestry practice, or energy development.

Application

Local time-budget studies have a central position in the empirical social research of the socialist countries, where it is used for large-scale social planning. In West Germany the time-budget approach is used as a means of behavior study. French time-budget research has been used to analyze certain population strata in connection with their employment and their adaptation to urbanization and industrialization. Research of this kind has also been carried out by sociologists in Scandinavia, the Netherlands, Belgium, Italy, Austria, and other Western European countries. The Soviet Union has developed a standardized time-budget method (with no fewer than ninety-nine categories of activities) to investigate in particular the specialized learning and educational activity of workers on and off the job. Detailed investigations of leisure-time activities and time budgets of working women have been carried out in Poland. In Bulgaria local time budgets are used for systematic reports on living conditions of the working class. In Czechoslovakia and East Germany time budgets are used as a tool for planning a variety of communal services, traffic patterns, shift schedules, and so forth. In Hungary extensive and varied time-budget studies are used in studying the home living conditions of employed women and men. All of these investigations are useful guides for application of the time-budget approach to specific social assessment needs connected with natural resource planning.

Methodology and Potential Limitations

Local time-budget studies usually have time scales of twenty-four hours or less, with heavy emphasis on the major activity to be studied. For example, Lundberg and his associates (1934) based much of their examination of suburban life in Westchester County on nearly five thousand time diaries collected from about twenty-five hundred respondents. This study covers all twenty-four hours of the day; many other studies cover only time spent at the workplace or in housework, for example. This incomplete time coverage means that many local time-budget studies do not record all activities engaged in during a twenty-four-hour period, and therefore cannot produce realistic composite pictures of individuals. Other types of time-budget studies share this methodological problem.

Evolutionary Approach to Time-Budget Studies

Evolutionary approaches use particular societies as representatives of a given level of technological complexity and examine time budgets for continuity and variations in life-style as technological complexity varies. Since to our knowledge this is the first presentation of the potential of such an approach, we will go into more detail than in the previous sections.

Application and Methodology

We examined fifty nonindustrial societies represented by ethnographic data in the Human Relations Area Files (HRAF).[1] In addition we used data from Szalai (1972) and Nakanishi (1968). HRAF is a collection of primary source materials (mainly books and articles, but including some unpublished manuscripts) on se-

[1]A guide to the use of the HRAF Files and information on access to the Files can be obtained from: HRAF, Inc., 755 Prospect St. (2054 Yale Station, New Haven, CT 06520).

lected (294) cultures or societies representing all major areas of the world. The fifty societies chosen represent all world areas and are the ones for which the most comprehensive information on daily routines is to be found in the HRAF Files.

Of the 710 HRAF subject categories, the key category we used was "Living Standards and Routines" (51), along with the subcategories "Standard of Living" (511), "Daily Routine" (512), "Sleeping" (513), and "Leisure Time Activities" (517). Each file from Asia to South America was examined for sufficient comparative data; we included only those societies for which the data was directly collected by a professional scientist or knowledgeable government official.

The data were grouped into broad categories, determined by the "least common" category of existing studies for comparability (see table 5). That is, more complex and detailed time-budget studies were collapsed into the broad categories used by the more general, ethnographic studies from HRAF. One independent variable (energy level) and ten dependent variables were examined. These variables included the following, separately determined for males and females: percent non domestic work, percent domestic work, percent eating time, percent leisure/personal needs time, and percent sleep/rest time.

Findings

Suggested in table 5 are a number of interesting conclusions. There is considerable continuity in basic time allocations regardless of dramatic differences in per capita energy consumption. There are significant differences between hunter-gatherer and other political economies in overall leisure time. The most significant difference is the greater amount of leisure time women have in high-energy societies, in comparison to those in other political economies. With technological development, women appear to gain and men to lose leisure time. These gender variations suggest that significant time-budget variations occur within a given political economy and reflect differences in the ability of some occupations to benefit from technological innovation.

Our findings of continuity in basic time budgets among all political economies, with the exception of hunter-gatherers, is not too surprising. The function of brushing teeth, for instance, re-

Table 5
Average Percentage of Time Spent on Daily Activities
By Male and Female, by Energy Consumption Level
(From Burch and Burch-Minakan 1979)

Male

Energy Consumption Level	Work[a]	Eating	Leisure[b]	Sleep	Total %
High	*45.5*	5.6	18.0	31.3	100.4
Moderate	44.6	5.5	18.4	32.0	100.5
Low					
Peasants	36.8	*8.3*	14.8	40.0	99.9
Agriculturalists	36.5	8.1	17.7	37.6	99.9
Pastoralists	37.8	7.4	13.7	*41.0*	99.9
Hunter-Gatherers	27.9	7.3	*25.2*	39.6	100.0

Female

Energy Consumption Level	Work	Eating	Leisure	Sleep	Total %
High	40.0	5.8	*21.0*	33.9	100.7
Moderate	40.3	6.4	19.6	34.6	100.9
Low					
Peasants	42.5	*8.0*	10.9	38.2	99.6
Agriculturalists	41.7	*8.0*	14.4	36.9	100.0
Pastoralists	*47.3*	7.4	8.3	36.9	99.9
Hunter-Gatherers	32.0	7.3	19.8	*40.4*	99.5

[a] includes domestic and nondomestic work
[b] includes personal needs and chores
Note: average percentage obtained by converting minutes to percentages for each activity category then adding the percentages in each activity category and dividing by the number of societies or nations in each energy level category.

mains the same; with or without an electric toothbrush it takes about the same amount of time. Therefore, high-energy technology has less impact on certain life-style patterns. However, the difference between hunter-gatherers and the political economies that significantly alter their ecosystems suggests that other values and needs also shape the way people budget their time.

Ethnographic studies of contemporary hunter-gatherer peoples consistently find that only small amounts of labor (an average of two to three hours per day) are required to sustain these populations. Indeed, Sahlins (1974:183) argues that

> *the amount of work (per capita) increases with the evolution of culture, and the amount of leisure decreases.* Hunters' subsistence are characteristically intermitant a day on and a day off and modern hunters, at least, tend to employ their time off in such activities as daytime sleep. In the tropical habitata occupied by many of these hunters, plant collecting is more reliable than hunting. Therefore, the women who do the collecting work rather more regularly than the men, and provide the greater part of the food supply

The social impact analyst can employ the evolutionary approach in several ways. Some of its most effective uses are in developing a means to identify those dimensions of social life *not* likely to change, in measuring the differential distribution of certain impacts among gender and age groupings, and in considering the rate at which material progress may consume free time.

The evolutionary approach shares all of the methodological and interpretive problems inherent in the studies it uses. Furthermore, to achieve comparability, the fine-grained data of some studies must be collapsed to fit the coarser grain of others. Thirdly, representative societies permit analogical reasoning, rather than tracking a true evolutionary trend.

Summary

All time-budget data reflect personal adjustments and norms. Indeed, it would seem that certain biosocial pressures leave unchanged the time allocated to many activities, regardless of the nature and amount of available energy. Consequently, an accurate forecast of significant *changes* at the societal level may miss equally significant *continuities* at the personal level. Consideration of time-budget studies should minimize that error. The next chapter continues our focus on the individual and household levels of analysis, examining household demand for energy in relation to the family life cycle.

6

Life Cycle Approach

The family life cycle begins when adults marry and continues as the married couple bears and rears children, who at a later stage leave home to begin their own cycle. The marital dyad embarks on new stages as the nest empties and retirement approaches, and eventually the cycle ends with the deaths of the original pair. Throughout the life cycle of the family, its changing biosocial characteristics place new demands on the quantity and quality of resources the family must obtain from its environment.

Our model of social ecology is composed of three conceptual components: resource elements, social order, and demand elements. As a major social cycle, the family life cycle influences the nature of demands placed on the habitat by human society. The flow of energy, as one of the resource elements, is thus in part a response to the demands imposed by the family life cycle. At the same time, energy demands are further regulated by the social order. For example life patterns are greatly influenced by the household's position in the hierarchy of wealth.

The Family Life Cycle

Use of the Concept

The family life cycle has proved to be a useful concept for sociologists, demographers, economists, and more recently historians. Economists have typically used it as an independent variable affecting expenditure patterns, indebtedness, and saving behavior (Lansing and Morgan 1955; Lansing and Kish 1957; David 1962; Hendricks and Youmans 1973). For example, Lansing and Morgan (1955) charted patterns of expenditures on cars and household durables through seven life-cycle stages. As is shown in graph 1, life-cycle stage influences expenditures on durables and cars independent of the effect of income. Similarities in profiles of expenditure patterns by stage in the life cycle for all income classes clearly demonstrates its power over consumer behavior. Stage in the family life cycle is a popular variable in marketing research for this reason (cf. W. D. Wells and Gubar 1966; Stanton 1978; Arndt 1979).

Demographers have linked the marriage and fertility histories of age cohorts to the life-cycle concept (Glick and Parke 1965; R. V. Wells 1971; Norton 1974; Glick 1977). Graph 2 illustrates their approach to life-cycle analysis. Using U.S. Census data, Glick (1977) demonstrates that the median ages of females at stages in the family life cycle have not remained constant over the past century. In addition to medical and technological developments which have affected birth rates, changes in norms relating to number of children and timing of births have altered the age at which women tend to experience certain life-cycle events. These findings imply that the duration of some life-cycle stages has changed dramatically in this century, so much so that the typical married couple can expect to spend a third of the average forty-four years of marriage as a two-person family (Glick and Norton 1977).

Sociologists using the life-cycle approach have focused on changes in interpersonal relationships which occur throughout the life span of the family (Hill 1963; Duvall 1967; Rodgers 1962). In a review of the developmental approach to family research Hill and Rodgers (1964) map major changes in interpersonal relationships and family tasks through nine stages of family development. Throughout the life cycle of the family, changes both in the in-

Graph 1. Average Annual Expenditures on Cars and Large Household Items by Income and Stage in Life Cycle, 1947–50
(From Lansing and Morgan 1955:45; reprinted by permission)

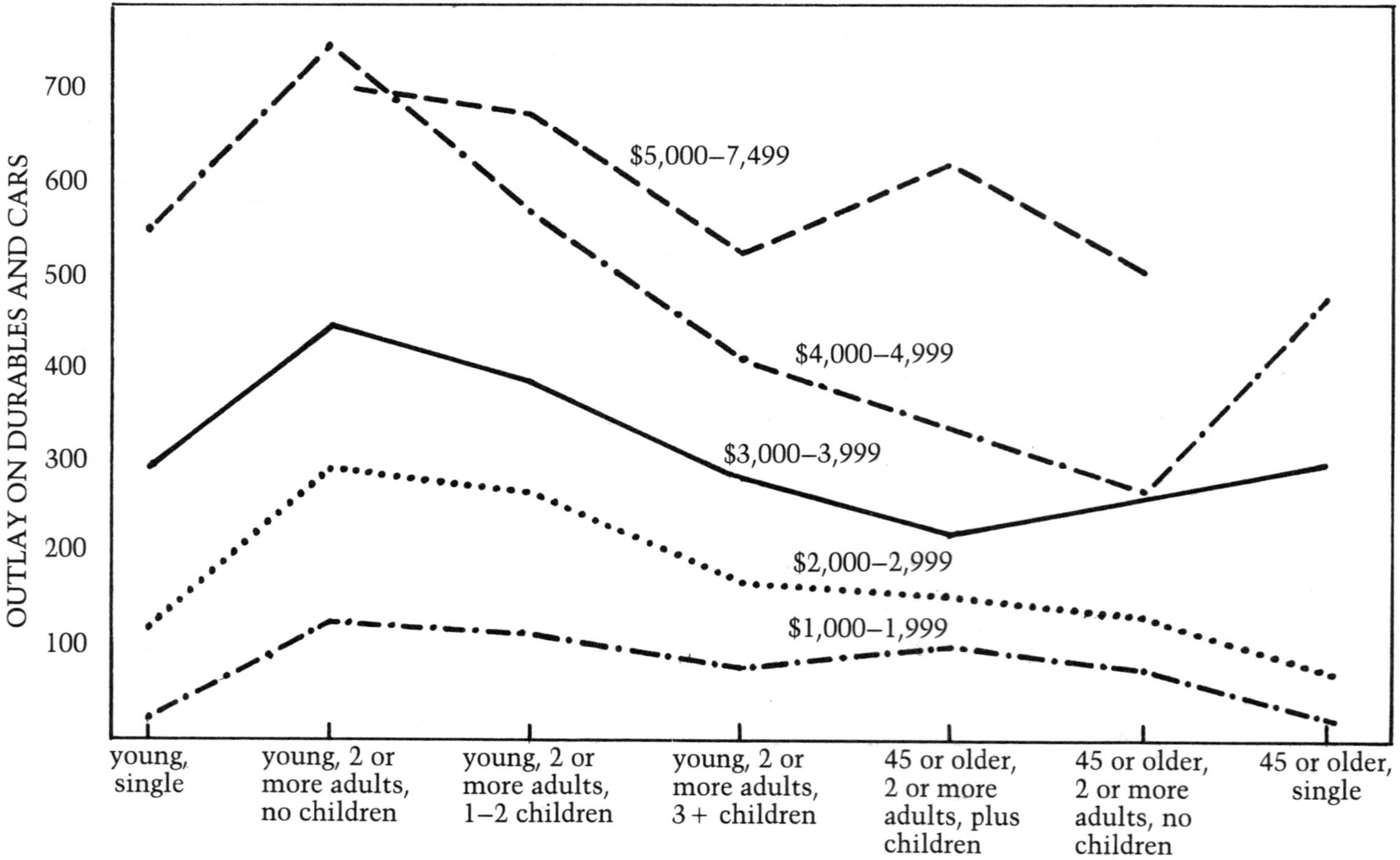

Graph 2
Median Age of Mothers at the Beginning of Selected Stages in the Family Life Cycle
(From Glick 1977:7; reprinted by permission)

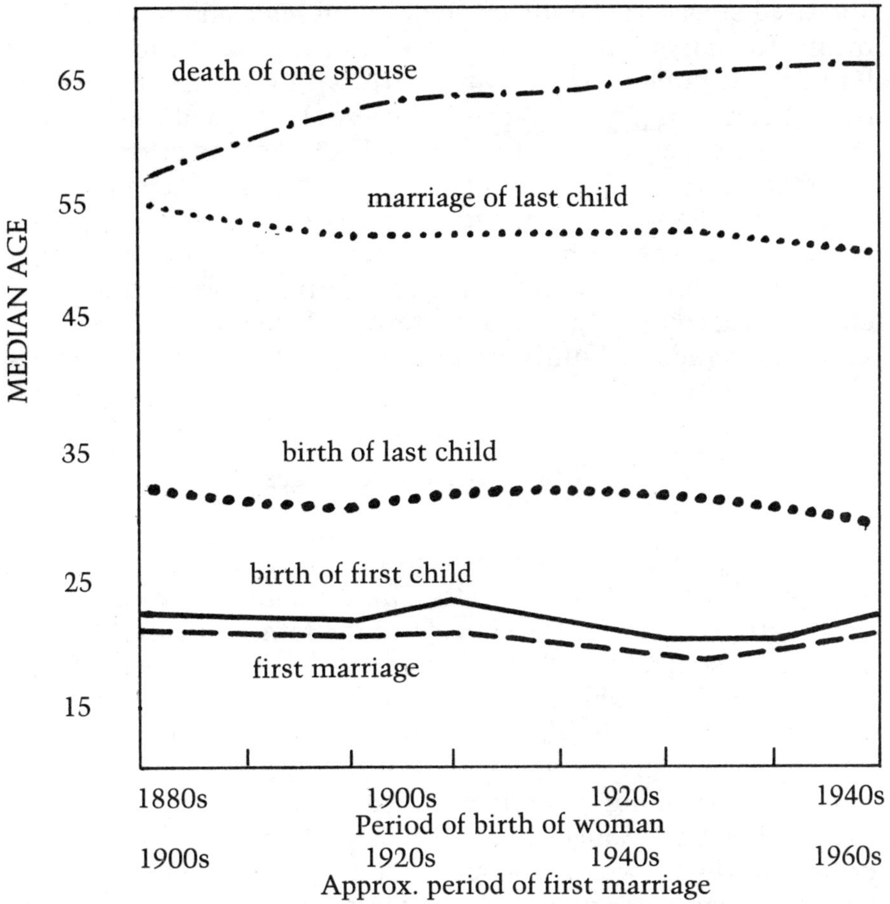

terests of individual members as they mature and in the demands placed on them by others affect interpersonal relationships within the family and between the family and the rest of society. For example, marital satisfaction tends to decline over the family life cycle through the "child-launching" stages (Rollins and Cannon 1974). Other studies have shown that adult participation in voluntary associations declines in the child-bearing and elderly stages

(Knoke and Thomson 1977) and that patterns of leisure activities are affected by life cycle constraints (Burch 1966; Rapoport and Rapoport 1975).

Social historians have also made significant contributions to the life-cycle literature within the last decade. They have generally used stages in the life cycle of individuals and families as a means to analyze the impact of social change at the level of the family and household. Using a variety of documents, Laslett (1972), Hareven (1977), Katz and Davey (1978), and others have attempted to reconstruct the life cycle of families of the past to elucidate the relation of family life cycle to larger societal conditions, including industrialization, the rise of formal education, and changing sex norms. The common thread running through all these life cycle studies is the recognition that marriage and childraising compel particular patterns of behavior to fill the biosocial demands of family members—and that these demands change over time.

Defining Life Cycle Stages

A major problem encountered in life cycle research is that of defining stages in the life cycle. The difficulty arises from the multivariate nature of the concept of the family life cycle; it incorporates several variables relevant at different stages. Taken alone, a single variable only partially describes the relative position of a family in its life cycle. For example, on reaching a particular age, an individual may come under social norms that influence him or her to marry or to retire from employment; such events signal new stages in the life path of an individual and his or her family. However, the fact that not all people marry or retire at the same age makes chronological age insufficient for locating a family in time (cf. Lansing and Morgan 1955).

Models of the family life cycle have ranged from a two-stage scheme of expanding and contracting families based on family size (Duvall 1967) to a system of twenty-four categories advocated by Rodgers (1962) in which role complexes form the basis for classification. More commonly, the number of stages varies between five (Glick 1977) and eight (Duvall 1967); underlying events which differentiate the stages are often dissimilar.

Problems of Interpretation

Problems of interpretation arise in life-cycle research when the effects of a particular stage must be separated from other factors affecting family behavior, such as cohort and period effects (Nelson and Starr 1972). For example, the size of the postwar baby boom (cohort effect) or the economic conditions of the Great Depression (period effect) can be expected to modify family behavior in addition to the influence of life-cycle stage. While various research designs have been proposed for separating these effects, none is entirely satisfactory (Hill 1977). Nevertheless, with proper caution in interpretation, the life cycle remains a valuable analytic tool in social research.

Variety of Family Types

A final point to be raised is that the concept is based on the notion of a "typical" nuclear family, composed of two parents and their children. While many American families fit this description, there are many other families which cannot be put neatly into any one category; indeed, it may be that variety rather than typicality is the norm when speaking of families. Families with a divorced or widowed head and those with other relatives or nonrelatives in the household, for example, are not uncommon. Thus, while the analysis of energy demand in the subsequent sections will make use of stages in the life cycle of a "typical" family, in reality the life cycle of any specific family may take a variety of alternate forms.

Family Life Cycle and Energy Demand

Although families consume energy indirectly through the use of goods and services which incorporate energy, we will focus here on their direct use of energy—the consumption of fuels in heating and cooling the living space and in operating equipment used by the household. Our model of social ecology suggests that the changes experienced by families as they move from one stage to another will result in changes in demands placed on supply elements in the ecosystem, including energy.

Uses of Energy at the Household Level

To examine these hypothesized changes in the demand for energy through the life cycle it is useful to separate energy consumption by major categories of end use. Three general end-use categories and their correlates within our framework can be identified. (See table 6.)

Method of Analysis

The analysis of energy demand by stage in the family life cycle focuses on the general description of broad aggregates of the population, and employs the following method: (1) graphic presentation of data by stage in the family life cycle for three categories of energy end use; (2) interpretation of life-cycle patterns in energy use within the social-ecology model; (3) evaluation of relative levels of energy demand for stages in the family life cycle.

Data Used in the Analysis

To demonstrate changes in the three end uses of energy associated with the life cycle, the analysis will rely on secondary data, either published or readily available unpublished information from

Table 6
Energy End Use and Its Correlates

Energy End Use	Correlates in Social Ecology Model
1. space conditioning	flow of energy to maintain social space
2. transportation	a. space maintenance function between other households and nonhousehold users of space
	b. facilitator of material and information flow to the household
3. equipment operation (excluding transportation)	a. energy flow to facilitate processing of materials and information within the household
	b. expression of hierarchy in achievement of "standard package"

the federal government. As our primary purpose is to provide a general framework for understanding energy and resource consumption in relation to family life-cycle changes, all statistics will depict a national cross section of households. Subcultural variations, such as regional, ethnic, or class differences will be ignored for the purposes of this analysis.

Analysis of the Data

Space Conditioning

The amount of fuel required to maintain comfortable temperatures inside a home is dependent upon many factors. Physical characteristics of the structure, temperature preferences of the occupants, and general climatic conditions will affect the consumption of energy for heating and cooling. While all these factors must be considered for a precise estimate of energy demand, a major factor more readily observed is simply the size of the space to be heated or cooled.

Dwelling Size

The size of the dwelling tends to vary according to life-cycle stage. Graph 3 presents data from the 1970 U.S. Census of Housing. Unmarried individuals (differentiated by age) are shown at both ends of the life cycle. Dwelling size indicated by number of rooms, peaks when a male head is in his thirties and forties. As this is the period in which family size tends to be at its maximum and incomes at a high level, families in this stage both need and can afford a large living space. This suggests that energy consumption as a function of housing size would also be at a peak during this period.

Air Conditioning

While the availability of space-heating equipment is unlikely to vary significantly by stage in the family life cycle, the availability of air conditioning does exhibit a life-cycle pattern. The percentage of households using various forms of air conditioning

Graph 3
Average Number of Rooms per Household by Stage in Family Life Cycle
(From U.S. Bureau of the Census 1973:45)

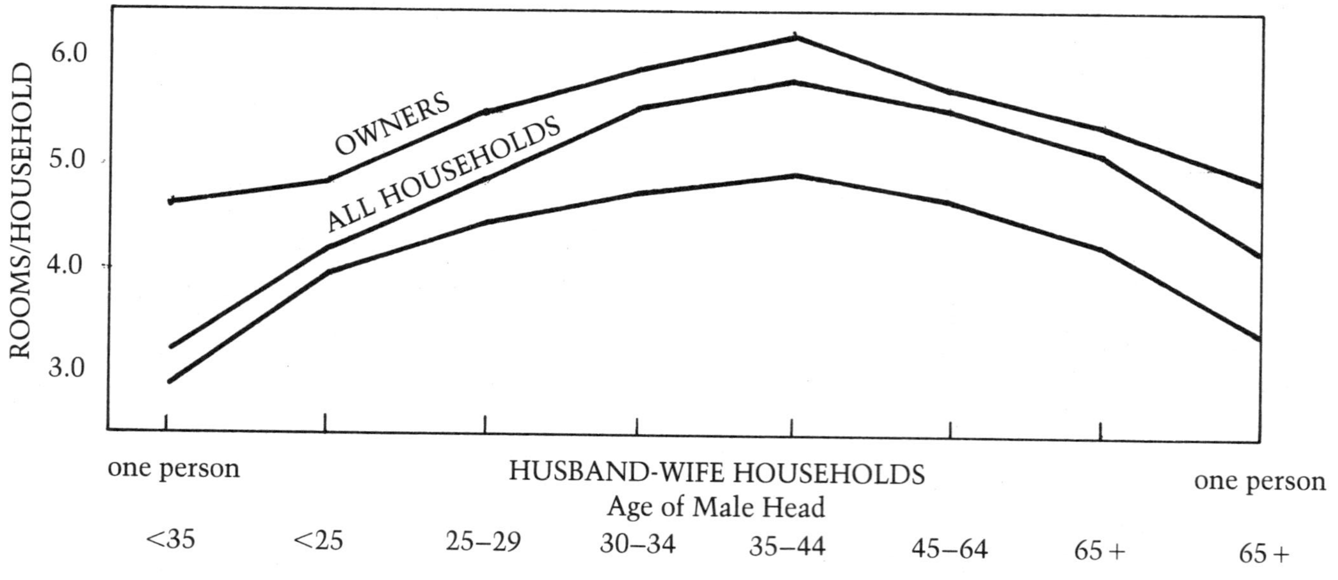

is presented by stages of the life cycle in graph 4 and by age of family head in graph 5.

These data suggest that households with very young and very old heads, as well as those with small children, are less likely to use large amounts of energy for air conditioning than families at other stages of the life cycle. Considering the competing demands on the limited budgets of older and younger households, families at these stages are probably the least able to afford air conditioning.

Energy consumption for air conditioning of the family dwelling appears to be influenced more by economic status than by biosocial needs at any particular stage. Within the normal climatic conditions of the United States, protection from low winter temperatures requires some heat source for human survival; air conditioning, on the other hand, is more a matter of comfort than biological necessity, and in this sense it may be considered a luxury. Obtaining this luxury may be more important to families in the financially better off middle stages of the life cycle.

Transportation

More than a third of all fuel directly consumed by households in the United States is for the purpose of transportation (Stanford Research Institute 1972; Newman and Day 1975). Fuel demand for personal transportation is quite high; over 80 percent of American households own one or more cars (U.S. Bureau of the Census 1974).

Although every family requires some mobility to carry out its activities, the question is to what extent this demand for mobility, and hence for energy, reflects life-cycle concerns. Just as the consumption of fuels for space conditioning depends upon structural features of the dwelling, energy consumed in motorized transportation depends upon the type of vehicle used and its fuel efficiency. While family life-cycle stage undoubtedly influences a family's selection of vehicles, the nation's mix of vehicle types and their level of fuel efficiency can change fairly rapidly with a few years (see Shonka 1979). For this reason the energy devoted to transportation will be examined on the basis of information about the potential or actual amount of travel undertaken by households according to family life-cycle stage.

Using number of vehicles as an indicator of the potential for

Graph 4
Air Conditioning by Stage in Family Life Cycle
(From U.S. Bureau of the Census 1974)

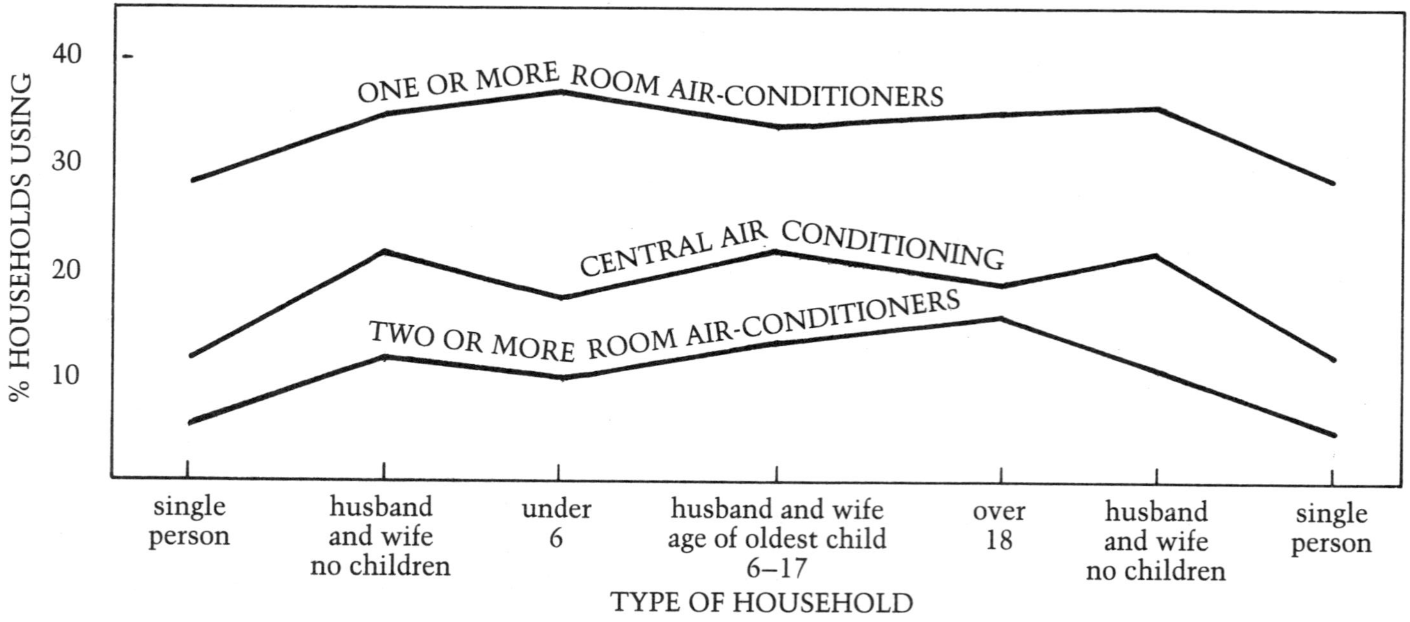

Graph 5
Air Conditioning by Age of Family Head
(From U.S. Bureau of the Census 1974)

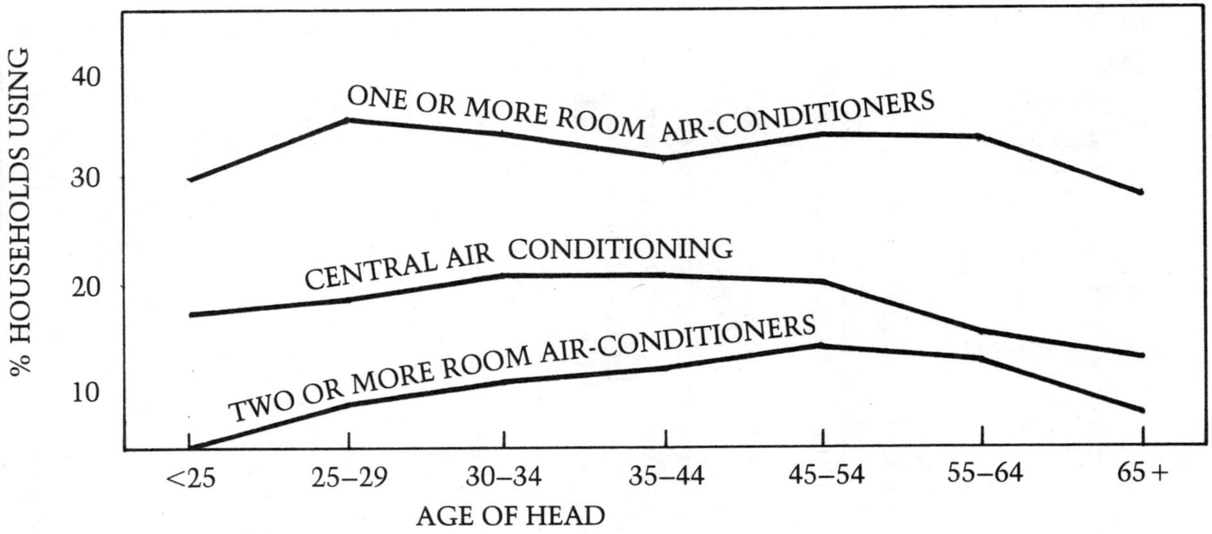

mobility and using expenditures on gasoline and miles of travel as measures of relative vehicle use by households, variation across the life cycle suggests that mobility, and therefore energy consumption, are indeed influenced by the life cycle.

Number of Vehicles

Vehicle ownership represents the potential for mobility. The more automobiles a household owns the more miles it is likely to travel in a year (U.S. Department of Transportation 1972). The average number of vehicles per household (see graph 6) varies sharply according to life-cycle stage. Marital status (single vs. husband-wife households) is associated with different levels of ownership, but more so for elderly than young household heads. The highest levels of vehicle ownership are achieved by households with older children present (oldest child age 16 or over); individuals of high school age or older who still live at home may desire greater mobility for employment, education, and outside socializing than do young children. The addition of more vehicles to the household is a likely solution to these expanded transportation needs.

Presented in graph 7 are data on the percentage of families with light trucks, vans, and recreational vehicles by life-cycle stages. Although the same general life-cycle profile is evident once again, the ownership pattern for vehicles shown in graph 7 differs from that of graph 6 in certain ways. First, it lacks the dramatic peak in families with teenagers or young adults; rather, ownership remains relatively constant once the oldest child reaches age 11. Second, there is only a moderate decline in ownership between the child-launching stage (oldest child age 19–22) and the empty-nest stage (head age 50–59).

The truck, van, and recreational-pattern of vehicle ownership shown by graph 7 suggests that such vehicles may be an important part of the life-styles of families in particular stages. Although these vehicles need not be used exclusively for recreational purposes, they do tend to be associated with particular outdoor activities, such as camping. Inasmuch as family life-cycle stage affects the ownership of such vehicles, these patterns are correlated with life-cycle influence on recreation behavior noted elsewhere (Cheek and Burch 1976; Shonka 1979:7–79). Thus, life-cycle

Graph 6
Number of Vehicles by Stages in Family Life Cycle
(Derived from U.S. Department of Transportation 1979)

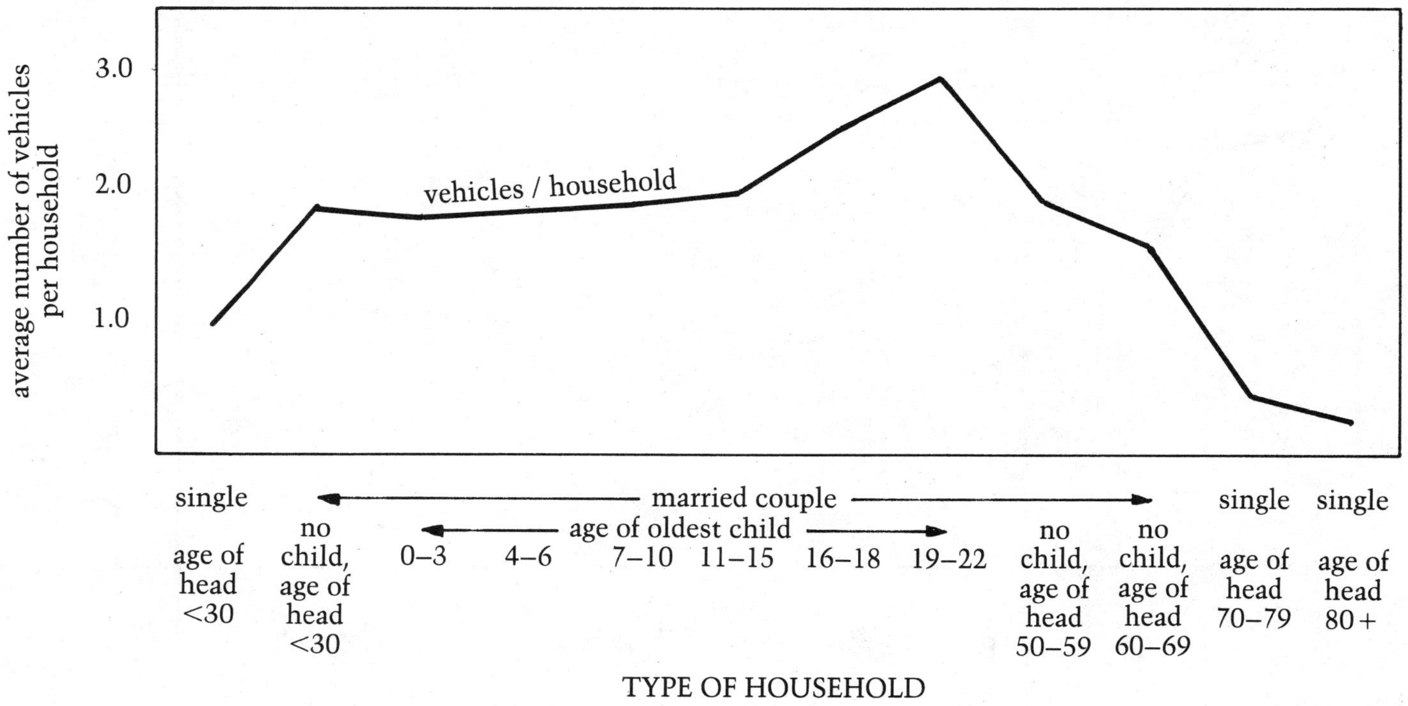

Graph 7

Pickups, Vans, and Recreational Vehicles by Stage in Family Life Cycle

(Derived from U.S. Department of Transportation 1979)

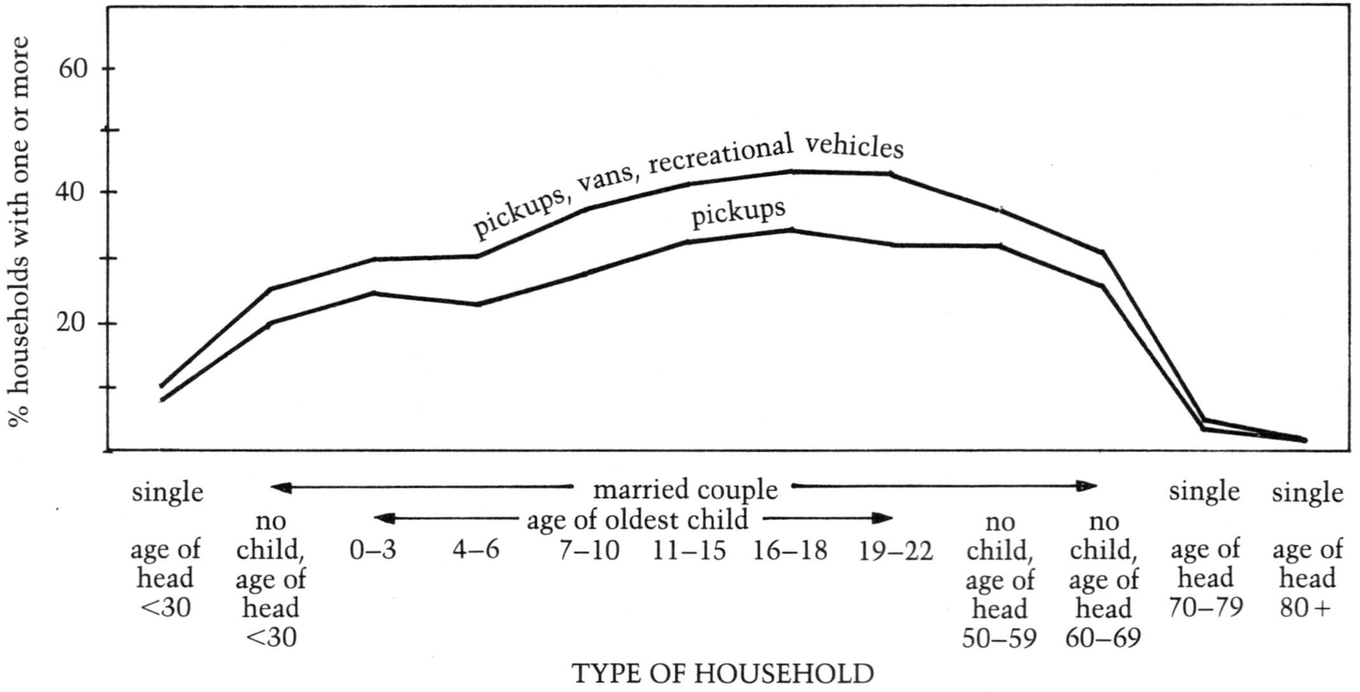

stage influences the kind of recreation a family enjoys, which in turn may depend on the availability of particular vehicle types.

Use of Vehicles

While vehicle ownership represents the structural potential for mobility, and, therefore, energy consumption, it is the rate at which vehicles are used that determines actual energy demand. Two types of rate-of-use data are presented here: miles of travel by own vehicle and expenditures on gasoline per household.

Shown in graph 8 is the average number of miles driven in household vehicles by family life-cycle stage. The level of mobility in households with children does not reach that experienced by young couples without children until the oldest child is over ten years of age. Older married couples without children at home use their vehicles less than young childless couples. Least traveled of all are the elderly living alone at the end of the life cycle. On a per capita basis the picture is quite different. Families with children fall considerably below the per capita miles of travel of the childless stages immediately preceding and following theirs.

Assuming a constant energy-to-mileage ratio, the patterns depicted in graph 8 imply that the demand for energy to provide mobility becomes increasingly acute through the child-rearing stages of the family life cycle. However, the demand for energy per individual is clearly greatest during the young, childless stages and the middle-age, empty-nest stages, after which total and per capita demands for energy decline rapidly.

In comparison to fuel consumption for travel as a whole, gasoline expenditures for vacations and pleasure trips (graph 9) exhibit a markedly different pattern by life-cycle stage. These data, collected in 1972 and 1973, were not compiled by the life-cycle categories shown in previous graphs; for the sake of illustration the same data for single-person households and married couples without children are used at both ends of the graph. Despite this limitation, two points are noteworthy. First, there is a sharp difference in expenditures by married couples with no children compared to those of single persons. This difference may be attributed to the nature of the social arena of married couples; for example, the availability of a travel companion and the need to maintain bonds between the couple through nonwork situations, the dual

Graph 8
Annual Household Travel by Stage in Family Life Cycle
(Derived from U.S. Department of Transportation 1979)

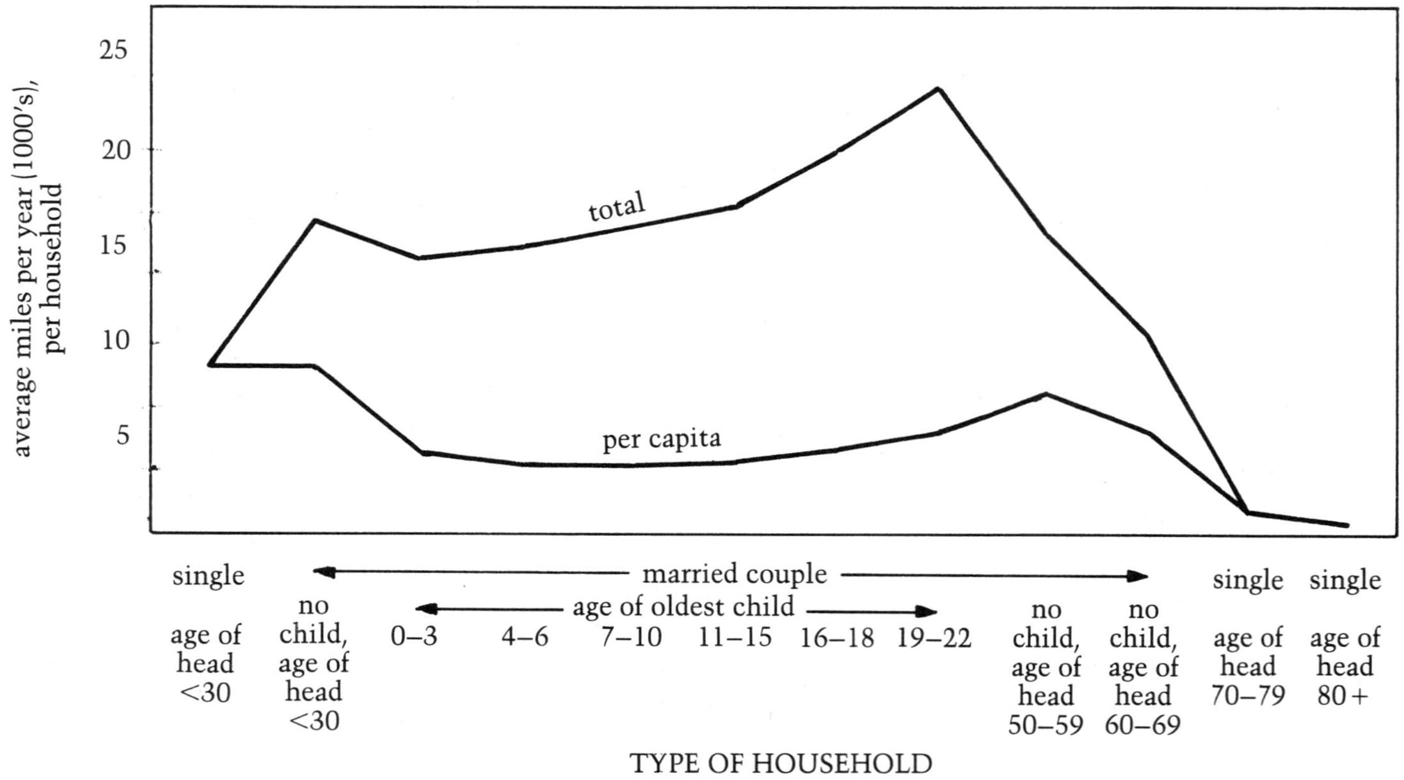

Graph 9

Gasoline Expenditure for Vacations and Pleasure Trips by Stages in the Family Life Cycle

(From U.S. Bureau of Labor Statistics 1978:   )

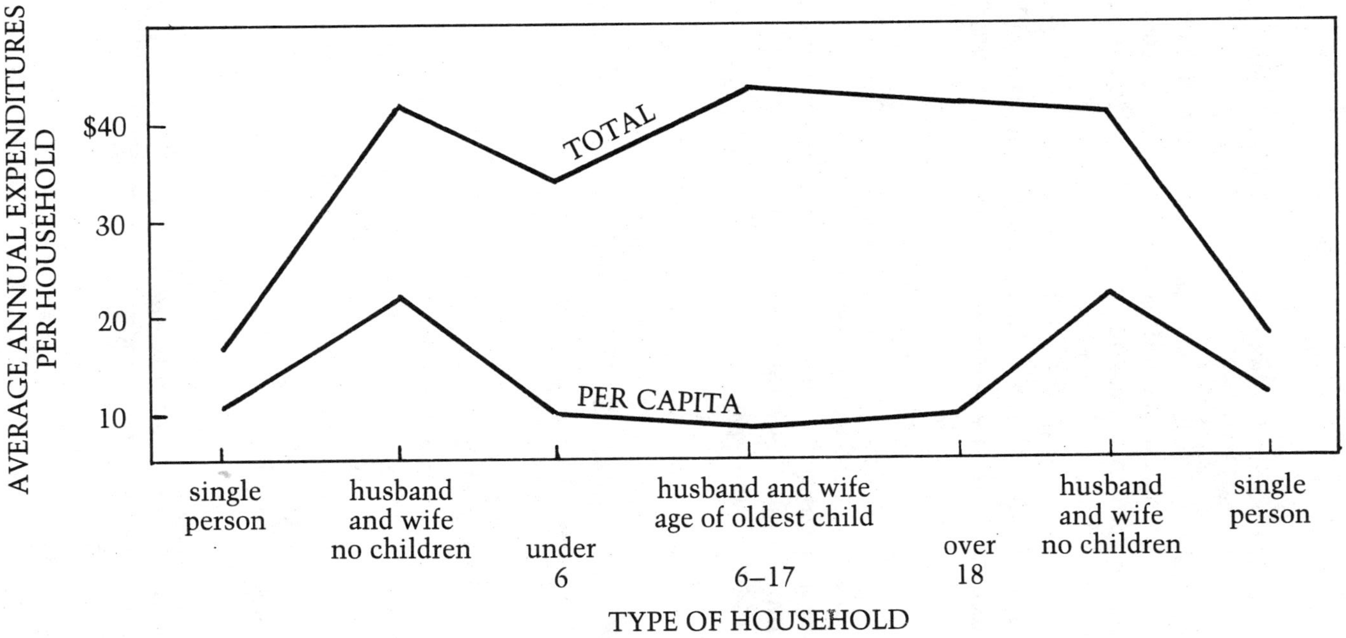

sets of friends and relatives with whom social bonds must be maintained, and the potentially greater income of the married couple are all factors which would contribute to high fuel expenditures for travel. Second, in contrast to married couples without children, the presence of small children in the household appears to discourage expenditures on vacation and pleasure trips, but travel expenditures tend to increase as the children mature. Both the financial constraints of young households and the difficulties of traveling with young children may account for this pattern.

A final observation on energy consumption and travel behavior comes from an unpublished tabulation of the Nationwide Personal Transportation Study (NPTS) of 1969–70 compiled by the Federal Highway Administration (U.S. Department of Transportation, 1978); it lists number of person-trips and person-miles of travel by age of child. Although it is generally assumed that older children are more mobile, according to the NPTS data the number of person-trips and person-miles are relatively constant across eight age categories. However, when cross-tabulated by number of vehicle occupants, a different pattern emerges. The majority of trips made by a school-age child up to age 14 is in the company of at least three others; for miles of travel the majority of trips made by a child in vehicles with four or more occupants extends through age 15. In contrast, during the late teens vehicle occupancy drops to three or fewer persons for most trips and miles of travel, a pattern that holds for the rest of the adult population on the average. What this suggests is that higher fuel consumption for families with late-adolescent children may be due as much to lower vehicle occupancy per trip and per miles of travel as to an increase in number of trips or miles traveled per person.

Energy Demand and Family Life Cycle: Summary of Findings

Our analysis suggests that at the upper extreme of energy demand are households of middle-aged couples with one or more older children, who actually or potentially could use the greatest amount of energy. Families in this category tend to be at their maximum in persons per household, income, amount of dwelling space, amount of travel, number of vehicles, and amount of energy-consuming equipment.

At the other extreme are single-person households, whose characteristics are the exact opposite of those just described. Consequently, single-person households, especially those with elderly household heads, actually or potentially could use the least amount of total energy.

While energy demand in general appears to rise and fall between these two points in the life cycle of the family, a particular energy use may follow its own, slightly different path. For example, expenditures on gasoline for vacations and pleasure trips (Graph 9) rise sharply between single and husband-and-wife households, then drop dramatically in households with small children. It would appear that biosocial demands associated with each life-cycle stage determine how the total energy pool is allocated among alternative uses.

Per capita use of energy in transportation presents a dramatically different view of energy demand, since households that consume relatively large total amounts of gasoline (that is, families with older children) may use less per person than those in other life cycle stages. The pattern of per capita usage is influenced, of course, by family size and ignores differences in the need for mobility between adults and children (eg., in travel to work). Nevertheless, it does suggest that measures of energy demand in terms of efficiency should recognize the biosocial basis of demand levels, such as stage in the life cycle.

Sociological Forecasting of Natural Resource Systems Using the Family Life-Cycle Concept

These life-cycle patterns of energy use may serve as bases for forecasting energy demand within a population. In the following pages we suggest uses of life-cycle indicators for energy-related forecasting and impact assessment and for other natural resource systems.

Demand for Energy within a Particular Geographic Area

The number of households that fall into each stage of the life cycle in a given city, state, or other areal unit may be used to forecast changes in energy demand by end use. Furthermore, areas experiencing rapid rates of population growth in a particular life-cycle stage, such as elderly households in a retirement community, may calibrate energy demand projections to patterns of energy consumption within that stage. Such a forecast may proceed as follows:

Step 1. Estimate the number of households in each life-cycle stage at some point in the future, based on projected rates of growth using local, state, or federal government data sources.

Step 2. Compute the average consumption of energy in the three end-use categories for households in each family life-cycle stage. For example,

Space Heating:
$(\text{rooms/household})_{FLCS_i} \times (\text{annual BTU's/room}) = (\text{BTU's/household})_{FLCS_i}$

Transportation:
$(\text{miles driven/household})_{FLCS_i} \times (\text{gallons gasoline/mile of travel}) = (\text{gallons gasoline/household})_{FLCS_i}$

Appliances:
$(\text{freezers/household})_{FLCS_i} \times (\text{kwh/freezer}) = (\text{kwh/household})_{FLCS_i}$

Where $FLCS_i$ = family life-cycle stage ($i = 1$ to n).

These estimates may be further refined with more detailed data. For example, differences in energy consumption for heating apartments as opposed to single-family structures may be introduced by computing the proportion of households who occupy such structures at each stage. Similar refinements using national or local data may be made for other energy uses. For example,

Step 3. Summing over all end uses of energy for each life-cycle stage, an estimate of total consumption for each stage may be obtained:

$FLCS_1$: $use_1 + use_2 + \ldots =$ total energy consumption for $FLCS_1$

through

$FLCS_n$: $use_1 + use_2 + \ldots =$ total energy consumption for $FLCS_n$

Step 4. Multiplying total consumption by the number of households in each stage (from step 1), a forecast of total energy demand for households in each stage and, by summing, for the whole population of the area may be obtained.

Step 5. An alternative forecast may focus on a particular end use, such as transportation. In this case, the task would be to sum over all life-cycle stages for gasoline consumption only:
(no. of household$_{FLCS_1}$) x (use 1_{FLCS_1}) + . . .
+ (no. of households$_{FLCS_n}$) x (use 1_{FLCS_n}) =
total energy consumption for use 1

National Forecasts of Energy Demand Based on Changing Demographic Structure

Increases in single-person households and in numbers of married couples without children may affect national energy demand. Forecasts of energy demand may be made by linking demographic changes to life-cycle patterns of energy consumption:

Step 1. Compute energy demand by end use for each life cycle stage. (See step 2 in the preceding section).
Step 2. Using forecasts of national changes in demographic structure, such as those published by the U.S. Census Bureau, determine the expected number of households in each stage of the family life cycle.
Step 3. Multiply the number of households in each stage by energy consumption for the stage.
Step 4. Forecasts of energy demand for all end uses or for a particular end use may be obtained as in steps 4 and 5 of the preceding section.

Social Impact Assessment of Changes in Policies Related to Energy Demand

Analysis of the social impact of changes in energy-related taxes, prices, rationing, and other measures affecting energy demand may be based on a knowledge of life-cycle patterns. An analysis of the federal government's Standby Gasoline Rationing Plan (U.S. Department of Energy 1980) provides a good example.

During a severe gasoline shortage, the plan would allot ration coupons to households by the number of registered vehicles in each household. Households would be free to purchase gasoline with their coupons or to sell them to other households. An assumption made by the designers of the plan was that poorer households, to increase their incomes, would sell some of their coupons to wealthier households, who would be willing and able to pay for greater mobility.

When the plan was examined in a life-cycle framework, Zimmerman (1981) concluded that it is unlikely that the trade-offs between mobility and income would occur as neatly as hoped. The life-cycle pattern of vehicle ownership and miles of travel indicated that the elderly would be the major beneficiaries of the plan, receiving more coupons than they would use and selling them to other households. However, early–life-cycle but lower-income households would be unlikely to make further reductions in travel by selling their coupons to wealthier, mid–life-cycle households. These aspects of the plan were not apparent in an analysis based on household income characteristics alone.

Use of the Family Life Cycle Approach in Other Resource Systems

While the concept of the family life cycle appears to be a useful tool in the analysis of interactions between individuals, families, or households and a given natural resource, its use has been extremely limited in this area. The only significant exception has been the identification of life-cycle patterns of leisure activities based on natural resources.

The general pattern of change in leisure behavior over the family life cycle has been explored by Rapoport and Rapoport (1975). Although they do not focus on any particular resource relationship, they present a life-cycle perspective for the providers of leisure facilities and services, including park planners and managers. In the specific context of forest recreational areas, Burch (1966) found significant differences in choice of camping site, equipment, and activities among families in different life-cycle stages. Landon and Locander (1978) reported major variations in frequency and type of recreation behavior. The most frequent users of public parks were bachelors and families with children between the ages of 6 and 14 (Landon and Locander 1978:135).

These studies of the family life cycle in leisure behavior have direct bearing on the planning and management of leisure locales based on natural resources in both the public and private sectors; they are useful primarily in gauging the nature and size of the demand for certain kinds of resources. As Rapoport and Rapoport (1975) suggest, this research may serve a therapeutic purpose as well, for it identifies individuals in stages of the life cycle which may be poorly served by existing facilities and who could benefit from the development of resources to fit their needs and interests. The growing population of elderly people in the United States is one example.

Other natural resource issues may also profit from a family life-cycle perspective. Like energy consumption, the demand for domestic water may be geared to changes in family size, composition, and behavior patterns over its life cycle. Similarly, choice of housing is strongly influenced by life-cycle stage (Speare 1970; Doling 1976). The forecasting and planning of residential land use should take into account the housing needs of families in different stages and the likely consequences of demographic changes on the number of families in each stage.

Leisure facilities, water supply, housing demands, and land use all depend on natural resources, either directly or indirectly. And, like the household demand for energy, resources may be affected by the behavior of families at different life-cycle stages.

The life cycle of a family is an important regulator of the energy flow within the human ecosystem. As a basic unit of social organization, the family is responsible in many ways for the biological and social well-being of its members. Creating and sustaining its functional attributes require energy inputs which vary in quantity and quality as family members change in number and age.

The next chapter presents a slightly different approach to the study of how individuals and households alter their energy and natural resource consumption patterns. It considers the structure and process involved in adopting or rejecting given objects, techniques, tastes, and values, and examines a larger unit of analysis—the firm.

7

Adoption Approach

The previous two chapters have illustrated some predictable regularities in how individuals allocate their time and how households deal with life-cycle changes. Here we will consider how patterns of social exchange affect the adoption or rejection of new ideas and practices.

Anthropologists were the first to explore these issues in their studies of tribal peoples with low-energy technologies in contact with the high-energy technology of western peoples. Rural sociologists were close behind as part of the land-grant college mission to increase agricultural productivity, which meant getting farmers to move from low-energy agriculture to high-energy agribusiness. Economists, political scientists, and others soon followed, especially in the decades after the Second World War, when the West believed that its mission was the conversion of nonindustrial (less developed) societies to industrialized (developed), democratic, free-market societies.

Consequently, the social impact analyst can draw on a substantial body of empirical findings that suggest what factors affect the adoption or rejection of energy or natural resource practices. We will group these studies by the kinds of social exchanges they treat—technology, rules, taste, or values—and examine what is known about the elements of the adoption process and their effects.

The Nature of the Adoption Process

Resource management policies and practices often require that some segment of the population adopt an innovation. We wish to suppress fires in some forests and to encourage the acceptance of wild fires or prescribed burning, in other forest situations. We want households to adopt energy conservation practices which may alter their usual life-styles. We may propose rest-rotation grazing systems, encourage the hunting of does after years of bucks-only seasons, or start clear-cutting in forest areas where in the past such silvicultural practices have not been followed.

These may be "old" ideas to resource managers; however, to the client population they are often perceived as very "new." All innovations reflect new ideas, new ways to consider the world, and new ways to operate upon it. And some innovations are more likely than others to be adopted successfully Harris (1971:52) notes:

> The most successful innovations are those that tend to increase population size, population density, and per capita energy production. The reason for this is that, in the long run larger and more powerful sociocultural systems tend to replace or absorb smaller and less powerful sociocultural systems.

According to Rogers and Shoemaker (1971) there are three stages in the adoption process: (1) invention, the process by which new ideas are created or developed; (2) diffusion, the process by which these new ideas are communicated to the members of a given social system; and (3) consequences, the changes that occur within the social system as a result of the adoption or rejection.

Illustrated in graph 10 is the pattern of successful adoption. A few adopters at the outset are followed by a rapid increase in numbers, and finally by a tapering off after nearly the total population has adopted the innovation.

The S shape in the curve of the cumulative number of adopters can vary greatly. There may be only a few adopters for a very

Graph 10
The Bell-Shaped Frequency Curve and the S-Shaped Cumulative Curve for An Adopter Distribution
(Adapted from Rogers and Shoemaker 1971:177)

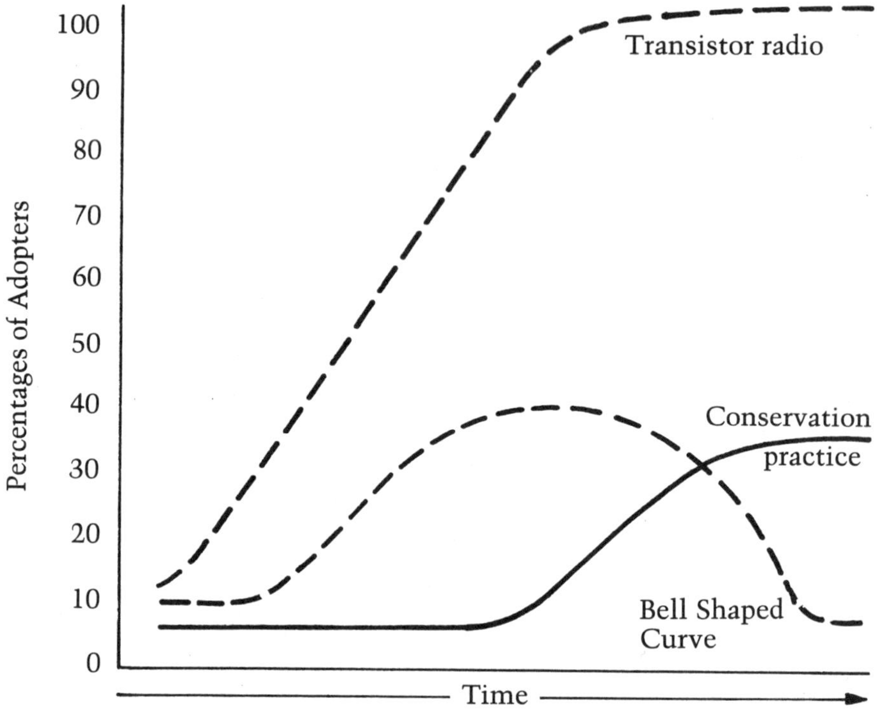

long period, then a rapid increase and an equally early trailing off, with only a 50 or 60 percent penetration of the population of potential adopters. Graph 10 suggests that some items, like transistor radios, may saturate a potential market of adopters more rapidly than a conservation measure, like home insulation. The following discussion will suggest some reasons for this variation.

Exchange and Innovation in the Adoption Process

The adoption literature suggests that innovations in technology, taste, rules, and values are the four main types, involving four kinds of exchanges—between different societies (cross-cultural), between different social strata, between different organizations, and between individuals. While these may not exhaust the range of innovation types, they are the most relevant for energy and other resource matters.

Differences between the four kinds of innovation are crucial. A smaller automobile (technology) is easier to adjust to than the fashion changes (taste) required for a winter home temperature of 55 degrees, and both are easier to accept than tight controls on the uses of private land (rules), while a policy to ensure lower resource demand by compelling smaller family size (values) is not likely to succeed at all.

Technology Exchanges

The development of modern, quantitative social science has been driven by a compelling interest in the social causes and consequences of modernization—the transformation of a society primarily dependent on human and animal energy to one dependent on mechanical and fossil energy. The literature on modernization provides the resource analyst with empirical clues about the social impact, causes, and consequences of future changes in a society's resource base.

Anthropology has given most attention to the adaptation of "primitive" peoples to the impact of western technology. Early studies have concentrated upon the losses and outright destruction of traditional societies. Sociologists and economists have been concerned mostly with discovering the social mechanisms which could trigger economic "take-off" for the new nations that emerged following the Second World War. Economists have sought some way of establishing the norms of the market society in nonmarket societies, while sociologists have looked at value changes as the means for establishing democratic institutions in predominately authoritarian societies. In the middle 1960s their studies concentrated on the failures of such attempts at induced change.

Studies of technological change usually concentrate on transfers between groups with widely contrasting cultures. Christian missionaries bringing steel axes and sanitation practices and an A.I.D. "missionary" bringing factories and birth-control devices are not unlike urbanized, university-trained extension agents seeking the adoption of bulk milk systems by upstate Wisconsin farmers. One metropolitan, or "developed" group is encouraging a hinterland, or "less developed" group to adopt urban practices.

However, such conversions are seldom one way. For example, the Eskimo culture and the culture of Canadian fur traders, "were radically different in content, scale and organization. Yet this did not prevent the Eskimo from adopting Christianity, canned food and rifles, nor did it prevent the Canadians from adopting the dog sled, the fur parka, and snowshoes" (Harris 1971:153). Still, the technologically dominant culture retains control. The adoption of rifles and snowmobiles by an Eskimo group, for example, makes them dependent upon the supplier for parts, ammunition, and new firearms. Consequently material exchanges involve the participants in ever wider networks of interdependence. "Native" peoples become involved in world power conflicts, form cartels of primary producers to improve prices, are able to make emerging nation claims and seek "foreign aid" or file legal suits for past injustices done to ancestors by the innovating culture.

In short, material exchanges occur because each party finds that it can carry out its traditional practices more efficiently. In the early stages there is little noticeable change in the social order—meanings of territory remain stable, social norms remain as they were, and the pattern of hierarchy remains intact. Yet the increased productivity provided by the new technology and the dependence upon the new exchange relation soon compel significant changes in the social order. The most dramatic technological exchanges, of course, have involved the move from low-energy situations to higher-energy situations—the control of fire, the development of agriculture, the invention of the steam engine and the internal combustion engine; while the development of nuclear and solar energy systems are likely to be equally great social "mutations" as Ralph Linton (1959) calls them.

Studies of modernization and cross-cultural exchanges suggest certain regular sequences of change from low-energy to high-energy situations. Technological exchanges cause a significant, unanticipated transformation of a society's structure. This major consequence is not likely to result from the more numerous taste exchanges, discussed next. However, taste exchanges seem to incur the most media attention and the most strident rhetoric.

Taste Exchanges

Technologies, for the most part, are used to accomplish certain daily tasks, and therefore require a minimum of emotional commitment. Matters of taste involve deep emotional currents, however, as witness concern in the 1960s over the length of men's hair. Taste exchanges mark significant patterns of a life-style, whereas technology is merely the vehicle for accomplishing that life-style. Technological exchanges occur between different cultures and may cause fundamental structural changes; taste exchanges occur between social strata and leave the basic social structure unchanged.

The diffusion of nuclear technology through the world will cause fundamental changes in the adopting cultures, particularly as many will move from a wood or dung fuel system to the more complex nuclear system, with its attendant technician strata. The diffusion of consumption behavior from upper strata to lower strata, however, does not create new strata or greater equity in social life. The S curve for the adoption of color televisions, birth-control devices, bathing practices, and hair styles, though important to the individuals involved, are still only variations on old themes. All human societies have had some form of storytelling, regulation of fertility, standards of cleanliness and hair style.

Taste in personal adornment and design is seldom directly based upon functional advantage; therefore the choice is particularly laden with emotion. One must believe in the practice, since there is no way to demonstrate empirically whether it is better or worse. Furthermore, such "choices" reflect and announce one's membership in particular national, ethnic, and occupational groups; social strata, clubs and age classes. A particular type of costume, hair style, reading material, automobile, residence, or music announces that you are part of one group and not part of another.

Russell Lynes (1949) argues that there are minorities of "tastemakers" who create innovations in taste. Granovetter (1973), Kadushin (1956, 1968), and others suggest that these tastemakers are part of loosely bound but extensive circles of communication, which diffuse the innovation. Since the mass media thrive on sustaining regular changes in consumption, they will publicize the innovation to a larger audience. Often they will confer an element of legitimation to it, particularly if younger members of elite groups adopt the style. The mass media can then further expand the visibility of the practice so that it reaches all levels of the population. The "natural history" of fads, examined by Meyersohn and Katz (1958), is a useful model for the diffusion of most innovations in taste.

Lynd (1929), as others, have noted that consumer goods and life-styles of the upper social strata regularly trickle down to the lower levels. Indeed, Fallers (1966) argues that the trickle down of goods and services gives the illusion of social mobility but with little significant change in the distribution of wealth and power.

There is little evidence that values and ideals move between social strata, however. Studies consistently report that upper strata are more tolerant of racial, religious, and ethnic minorities, as well as of certain deviant behavior, while lower strata tend to be more repressive. And as our chapter on the social survey approach reports, the upper social strata tend to accept the reality of an energy shortage and adopt conservation attitudes and practices much more frequently than do the lower strata.

The natural resource analyst can use studies of the diffusion of taste between strata to identify the mechanisms by which people adopt or fail to adopt particular life-styles. Especially relevant are such recent taste patterns as the shifts in the 1960s from outdoor recreation to environmental movements (Faich and Gale 1971). A current example is the development of natural foods and organic gardening practices from the passion of a small number of mild cranks to become a major national industry. Another example is the rapid expansion of models, types, and use of woodburning stoves (Hewett 1981). The early adopters of these taste styles appear to have been younger people with middle-class, suburban backgrounds, with high levels of educational attainment and positions in the learned professions.

In summary, taste exchanges occur between strata and involve emotionally loaded beliefs about a particular practice. The direction of flow is generally from upper to lower strata, even if the practice was originally a necessity of survival among people in the lower levels. Wood fires, candlelight, and denim workclothes are not far from the recent memory of the rural lower strata, yet when transformed by urbane, upper strata, the objects attain new esoteria of detail, an aura of elegance, and much higher prices before they diffuse to the lower strata. Such exchanges differ greatly from the "utility" of technological exchanges considered earlier and the rule exchanges to be considered next.

Rule Exchanges

Organizational ingenuity has been an essential, if not the most essential element in the adaptability and strength of the American system. There have been fifty independent state social experiments, hundreds of county experiments, and thousands of municipal experiments which have been available for adoption by the others. The Green River Ordinance concerning traveling salesmen originated in a small town in Wyoming and was adopted throughout the country. Land-use zoning began in New York City, but was soon being adopted in small communities for quite different purposes. Oregon, a state with a small population, has passed referendum and recall bills, a returnable bottle bill, a bicycle bill, and has socialized its coastal beaches; many of these actions have been adopted by other, more populous states. City managers, direct primaries, and forests preserved "forever wild" are other local experiments that were later adopted by other cities and states.

David Riesman (1958) argues that the strength of American higher education lies in its great diversity—religious colleges, coed colleges, single-gender colleges, large research universities, and small experimental schools like Williams and Antioch. Within this diversity many common problems are addressed, using different organizational solutions, some of which may later be adopted by all schools. Business organizations have been even more opportunistic in adopting innovative organizational solutions, whether they pertain to the assembly line or to program budgeting.

It is important to recognize that these inter-organizational exchanges relate to the adoption of rules, which are a form of social technology. Consequently as is true of material technology, only those rules which permit the more efficient continuation of routine practices are likely to be adopted. The "war on poverty" was not blessed with success except those practices that fit existing municipal needs, such as day-care centers (Donovan 1967; Moynihan 1970). An ordinance that fits marihuana use in Ann Arbor,

Michigan, is not likely to be adopted in an Amish community of Pennsylvania.

There is a pattern and process to innovative communities, just as there is with individuals. Katz (1968:183) notes that "communities in which interpersonal and mass media networks are more closely integrated are characterized by a more rapid rate of diffusion." The larger cities tend to be the original centers of innovation where "an unusual amount of technological elements or 'building blocks'—for the time and area—are available, as well as a felt need for new combinations" (Katz 1968:175).

McVoy (1940) found that the adoption of material and nonmaterial social inventions in the United States arise in certain centers within a culture area and spread by degrees to the periphery of that area in a "concentric-circle" pattern of diffusion. This concentric spread is influenced by urbanization, transportation and communication facilities, education, wealth, and "cultural" level. And the diffusion takes place in a cyclical pattern: slow growth and resistance to innovation, rapid growth and experimentation, and finally diminished growth, consolidation and simplification of structure.

Aiken and Alford (1970) suggest that in order to understand the adoption of a specific innovation one should focus on the subsystem of a community in which the "central actor" is the community decision-making organization. They also hypothesize (Aiken and Alford 1970:663) that "the greater the number of centers of power in a community and the more pervasive and encompassing the interfaces (interorganizational networks) the higher the probability of innovation in a given issue arena."

In studying the diffusion of innovations among the American states Walker (1969:898) concluded that

> the states are grouped into regions based on both geographical contiguity and their place in the specialized set of communication channels through which flow new ideas, information and policy cues. Through this nationwide system of communications a set of norms or national standards for proper administration are established. This system links together the centers of research and generation of new ideas, national associations of professional administrators, interest groups, and voluntary associations of all kinds into an increasingly complex network which connects the pioneering states with the more parochial ones.

Energy conservation will be dependent upon local land-use planning rules. These rules will need to encourage some kind of clustered development that makes public transport economically feasible, and building codes will need to be established to permit solar systems certain aesthetic variances and to protect owners of such systems from the shadow effects of future buildings. However, rather than establishing a universal, national code for all contingencies, it is likely that local initiatives and trials will better permit the necessary experimentation and adaptation to local need. If such experimentation proves effective, the adoption process is likely to follow natural patterns of selection and modification. Although rule exchanges seem complex and take a great deal of time before adoption, they are infinitely simpler and speedier than value exchanges.

Value Exchange

Technology and taste are easier to change than values. The virtue of a steel ax over a stone ax involves little immediate social or personal upset, and the substitution of one elaborate handshake for another is simply a matter of relearning the signal. But to deny the validity of the spirits of the forest or the dignity of one's ethnic heritage is to challenge deeper levels of morality. We have certain basic standards regarding our family, friends, gods, and country—these are the basic codes by which we guide our lives. When matters seem to threaten these standards we will struggle to preserve them, even to the point of giving our lives.

For example, in the press of an obvious energy crisis, Congress established daylight saving time on a national, yearound basis. It was soon compelled to revise these plans, however, when parents complained about their children going to school in the dark. Regardless of whether the parents were justified in their complaints, the action was seen as a threat to basic values concerning the welfare of one's children. Land-use bills to encourage energy conservation are likely to have an equally difficult time as they challenge basic values concerning private property rights.

The lesson is simple: the change agent must not directly confront established value systems. Spicer (1952) provides a variety of case studies where change agents challenged a value system and failed, as well as other cases where change agents examined prevailing values and used them as leverage for gaining the adoption of a new practice. Chance (1960:1041) found that one of the major reasons for the successful adjustment by the Kaktovik Eskimos to modernization was their inclination toward change; in the value they placed on self-reliance, adaptability, and personal initiative, "the people had a predisposition to change already built into their socio-cultural system in that a greater value was placed on adaptability than on conformity."

Values are supported or changed through interpersonal exchange—those intimate, interpersonal relations among friends, family, work associates, and so on in which the communication of information, influence, and innovation are carried out.

> The exchange of information between individuals is a never-ending process; it is perhaps the most important ingredient in moulding a society (or one might even say the whole human race) into one system of connected links. Everyone functions in that system as a sender, a receiver, and an amplifier (Hagerstrand 1968:176).

In interpersonal exchange, according to Rogers and Beal (1965: 329), the "people who interact have similar values, a common level of discourse and are important referents to each other. Not only is information communicated but the degree and intensity of feeling or conviction is also communicated." There is a constant "innovational flow" in interpersonal exchanges in which the values of a people play a major role in the adoption or rejection of a given innovation. Rogers and Shoemaker (1971:11) believe that all analyses of social change should focus upon this communication process: "all explanations of human behavior directly stem from an examination of how individuals acquire and modify ideas through communication with others."

When empirical research on the effects of radio began, in the 1930s, it was believed that the mass media would exert a powerful, direct influence on American ideas and practices. Katz (1968:179) points out, however, that "the mass media are far less potent than had been thought and, in themselves, are quite unable to effect radical changes of opinions, attitudes, and actions on subjects that matter." In fact, a major discovery was the powerful, enduring influence of interpersonal exchange in "mass society." This does not mean that the primary function of interpersonal influence is to foster social change, but rather that it probably reduces the rate of change.

But values do change. People convert from one religion to another, defect from one country to another, and learn to accept basic rights for all members of society. Scientists learned to accept Darwin's theory of evolution and the fact that continents move and they will learn to accept the "catastrophist" revision of Darwin, as well as whatever revisions are made of continental drift theory. That is, whenever empirical reality so out-runs the basis upon which one's values stand, then some grudging realignment must be made. Yet, the revision like the original inculcation will occur at the interpersonal level.

In sum, there are four major types of innovation which vary in their ease of acceptance and their short and long-term consequences. There are exchanges of technology such as occur between urban and rural or "developed" and "developing" cultures. The consequence of technology exchanges are often unexpected and far reaching. There are exchanges of taste, such as hair style, clothing style or manner of space heating, that occur between social strata. The consequence of taste exchanges are usually much noted and highly superficial. There are rule exchanges such as accounting systems, zoning rules, bottle bills and so forth, that occur between organized entities such as corporations, municipalities and universities. Finally there are value exchanges that concern the most sacred beliefs about life, its origins and its meaning. Such exchanges occur and are sustained by intimates of kin or friendship circles. Value conversions are of great consequence to the individual and are an infrequent social event. The energy or natural resource analyst will need to identify the nature of the innovation being disseminated and adapt to the constraints of its particular exchange; table 7 summarizes our discussion of the adoption process.

Elements in the Adoption Process

Innovation research has identified five elements in the adoption process: change agent, innovation, information media, opinion leaders, and potential adopters. We will outline those attributes of each element that are associated with successful adoption. The

Table 7
Kinds of Innovation, Associated Exchange Patterns, and Social Functions

Innovation	Exchange	Function	Examples
Technology	between societies	efficiency of action	firearms, transistor radio, snowmobile, chainsaw
Taste	between social strata	conformity	"pop" music, "westerns," jeans, picnics
Rules	between social organizations	order relations	zoning, timber management plan
Values	between individuals	stabilization of basic relations	birth control, authority, gender relations

work of Rao (1971) will serve as the base for reporting on what is known about the attributes of the five elements.

Change Agent

Resource professionals seeking to implement new policies are agents of change; as such they need to consider how their attributes might affect the outcome. Most research suggests that success is positively related to the extent to which the target population is included in the innovation decision. Other factors to consider are compatibility of the change with client needs, amount of social participation of client group, and the extent of the change agent's effort.

Innovation

Not all innovations are perceived in the same way; individual attributes are important. A wood-burning stove can be seen as a familiar solution because it links the fireplace and other open fires with the familiar furnace; heating systems using sawdust and coal are also familiar to many living persons. However, a solar collector system has no familiar conceptual context.

Innovations that permit a trial run appear to be adopted more often. The perceived advantage and compatibility of the innovation are of reasonably strong importance, while the complexity of the innovation does not seem to be a great consideration. Consequently, the soundest strategy for encouraging an energy or natural resource innovation would be one that permits a trial run so that if the action is not satisfactory to the client it can be eliminated without great cost. Highly visible demonstration projects and small items such as solar-cell radios or solar hot water panels should facilitate the acceptance of an innovation.

Information Sources

A resource agency may succeed in encouraging public participation and in selecting an innovation appropriate for the target population; the next step is to identify the most appropriate information source. General information, such as that concerning a conservation program, might remain at the mass media level, which information regarding specific practices, such as how to stop forest fire setting, would need to tap interpersonal sources of information. National surveys following the 1973 oil embargo found that television was the most believed of the mass media. The same surveys found that information from friends and kin was the most influential.

Research on innovation-adoption suggests a complementarity between the two sources of information. Mass media make the innovation known, but interpersonal sources make it respectable. Early adopters appear to have greater exposure both to mass media and to interpersonal sources of information.

Opinion Leader

Opinion leaders are a crucial link in the adoption process. These are people whose judgment is trusted and whose opinions are often sought. The opinion leader may be a person in the "invisible college" of scientists who knows the quality of research in various labs, it may be a local farmer who has consistently good crops, or it may be an editor of a trade journal.

Opinion leaders tend to be well informed through the press and electronic media. They are likely to be more urbane and have higher social status. Their strongest attribute, however, is their innovativeness; they appear to be willing to try new solutions, which reinforces their power as opinion leaders (Roa 1971).

Adopter Characteristics

The largest body of innovation research concentrates on the characteristics of potential adoptees. Given the nature of research funding this is not a surprising concentration; the history of the industrial order has been filled with the selling of goods and ideas. We want "natives," farmers, urban blacks, or medical practitioners to adopt a practice that we have determined will be good for them. We seldom question our own motives, the side effects of our innovation, or the structure of the information system.

Adoption of the innovation must be seen as the culmination of our intentions. Certainly anyone who intends to be persuasive must know as much as possible about the intended audience. Ideally, information about potential adopters would be used to modify the nature of the change agent, the innovation, and the presentation of the innovation, rather than to manipulate or remold the adoptee.

The data suggest that early adopters have higher social status than later and nonadopters; age seems to have little influence upon adoption processes. Adopters have "progressive" attitudes toward science, change, and risk taking, and their life styles are progressive in that they are more cosmopolitan, less dogmatic and fatalistic, and have higher rates of social participation than nonadopters. Social context seems less important that the personal characteristics of the potential adopter.

Application

Illustrated in figure 4 are how some of the findings on adoption processes can be used in a particular energy action, here encouraging manufacturers of small machine parts to adopt solar heating systems. The diagram should function as a checklist of factors to consider when introducing any resource innovation. The change agent must consider its own nature, the nature of the innovation, the best sources for disseminating information,

Figure 4
Diffusion of Energy Innovation

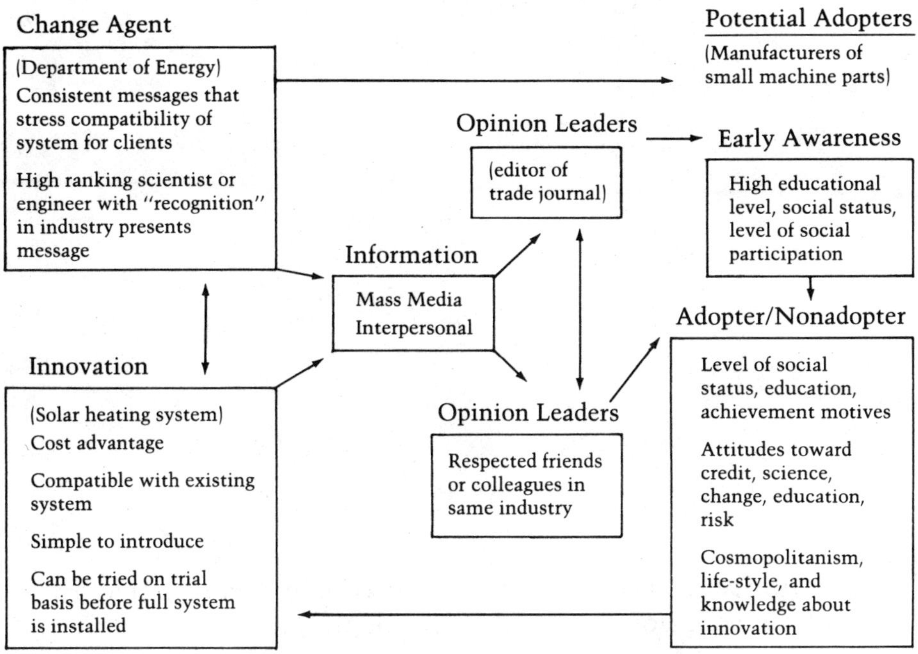

and how these connect with crucial opinion leaders. From the very outset the change agent must consider the personal attributes of likely early adopters, because it is the early adopters who are essential for establishing the shape of the S curve of adoption. An honest appraisal of all these elements should help to plan how an agency might successfully introduce a resource innovation to a given target population, as well as to suggest which innovations might simply fail to be adopted.

8

Community Approach

Community studies are more numerous and cover a longer time span than adoption studies do. This depth provides the resource analyst with a solid, empirical base for understanding how high-energy transportation—railroad, motorboats, automobiles—communication—telephone, radio, television—factory production, and other changes affect particular community types and elements of community order.

For example, Zimmerman (1970:14) suggests that the S curve of community change is not continuous, but moves rapidly to new levels when "situations are ripe," then stabilizes for a "considerable period until the basis situation changes again." His study of the prairie community system in Canada suggests:

> The automobile was a basic situational change similar to the earlier railroad development. As of now, it seems to have peaked out or to have exerted most of its influences. The stage of diminishing returns for distances which the prairie people will travel for weekly shopping and many associated services seems to have set in.

Zimmerman (1970) is an excellent example of the inherent predictive capability of the better community studies.

While we will not attempt to summarize the large community-study literature, we will examine those findings which are of interest to energy and other natural resource policy makers. We will concentrate upon the three basic elements of social order discussed in our conceptual framework: territory, hierarchy, and social norms. We will then look at studies dealing with four types of communities: planned communities, rapid-growth communities (boom towns), stable communities, and declining communities.

The Definition of Community

We all know what a community is. The planner knows it is the street layout, buildings, and sewer, water, electricity, and telephone lines. The developer knows it is an essential term to use in selling development. Social reformers use it to refer to groups and organizations they are trying to "save." People know that the environment they call community is more than buildings and streets; it is memories and neighbors and a certain feeling that makes it special.

Human communities, like plant, insect and animal communities, must adapt to the conditions imposed by their environment. Unlike their plant and animal counterparts, the adaptation and survival of human communities, however, is more often dependent upon a symbolic rather than a genetic change. As Louis Wirth (1933/1964:768) suggests:

> In the human community, however, we have never fully exhausted our powers of analysis until we have also understood the participation of the individuals in common enterprises, the sharing of common hopes and ideals, and the mechanisms of communication and social interaction which are not built into the organisms but which exist in language, collective symbols, laws and customs, in short a social heritage.

E. C. Lindeman (1934) attempted to distinguish between explicit elements, which are tied to a specific spatial locality, and implicit, symbolic elements, which "omit all consideration of locality."

Martindale (1960:105) suggests that "communities are total ways of life, complexes of behavior composed of all the institutions necessary to carry on a complete life, formed into a working whole." On the basis of this definition he identified six types of communities: regional, rural, urban, ethnic, status, and national. Furthermore, Martindale (1960:106) argues,

> The fundamental principles of community formation are the same for the most primitive tribe as for the most advanced mass society. While varying without end in detail, the numbers of human communities that have been formed are relatively few in basic type.

These different definitions of community, are reflected in Hillery's (1955) review of ninety-four definitions. Hillery (1955:91) concludes that "beyond the concept that people are involved in community there is no complete agreement as to the nature of community." Yet what may appear as complete chaos and needless terminological dispute becomes clearer when one examines the purpose of the various investigators. Each has tended to concentrate on a particular aspect of community life, and has developed a definition according to the nature of the particular problem. Thus, in spite of such variety there seems general agreement that a community has at least four elements: (1) a distinctive space or territory; (2) a specialized authority system, which extends to the limit of the community; (3) patterns of social interaction and consistent norms for them; (4) commonly held symbols and feelings that bind members to the community (Burch 1971). For the purpose of impact analysis it is crucial to specify the elements of community we are using in forecasting responses to natural resource actions. For example, the establishment of a park or wilderness area may seem to involve only a spatial factor, with little impact upon nearby communities. However, the required management rules may conflict with the symbolic meanings of personal freedom, exploration, and excitement that hunters and snowmobile users expect from a "wilderness."

Studies on Elements of Community Order

Territory

Communities have spatial boundaries defined by occupancy; those persons within the boundary are members, those outside are not. In nonhuman social species, territoriality functions to manage conflict and to minimize intraspecies aggression. Property laws, zoning laws, building codes, and property tax laws are mechanisms by which humans manage intracommunal conflict and define the distinctions between one community and another.

Territorial patterns may reflect permeability levels of human groups. Wilson (1975) suggests that there is a range of permeability— from closed to highly open—among nonhuman social species. He argues convincingly that the level of permeability has consequences for the gene flow through populations, and for ultimate evolutionary patterns. He further notes (1975:17) that "increased permeability is also associated with a reduction in the stability of such interpersonal relationships within the society as dominance hierarchies, coalitions and kin groups."

It seems likely that territory has similar functions in human communities, although the actual processes may be manifested in symbolic expression. Social scientists working within the human ecology tradition give most attention to spatial aspects of community; they examine the spatial distribution of land uses, ethnic groups, and community structures, or they consider the change processes of invasion, succession, and displacement of one community by another. Hunter (1974) attempted to combine these two aspects by looking at stages of community change *and* the spatial distribution of these changes. He found regular patterns of change in the family and economic status of seventy-five communities from 1930 through the 1960s, together with a regular, cocentric pattern of distribution for these stages. Hunter's approach permits the natural resource analyst to assess social changes in both a time and a space series. The consequences of a resource innovation, for example, can be tracked as it moves through any particular community and as it moves outward in space. In this way "waves" of change can be anticipated and planned for.

The territorial dimension in community studies has other aspects of interest to the resource analyst. There are studies which consider the relation between population density and community stability, on the one hand, and the role of territory, on the other, in sustaining community identity. A large number of community studies consider the influence of changed modes of transportation upon the community. Cottrell (1951) found that Caliente, a small railroad center that had provided services for steam engines, was dying as diesel fuels meant the town was no longer needed. On the other hand, Garrison (1953), Chittick (1955), and Moline (1971) report on different communities whose location permitted them to adjust to changes in transportation. Indeed, the new mobility permitted by the automobile became a factor in the stability of these communities.

A variety of other studies also consider the influence of mobility upon community stability, but they consider factors other than changes in transportation. For example, there are studies of forced migration due to the construction of dams (for example, Burdge and Johnson 1974) or voluntary migration due to the pull of urban centers (for example, Spoehr 1960). Studies of forced migration concentrate on the "anomie," or demoralization, of the displaced persons, particularly the elderly and poor. Studies of voluntary migration concentrate upon the increased dependency of hinterland communities (Kaups and Mather 1968; Orellana 1973) and the migrant's loss of place. Both types of studies suggest that planning prior to the induced change and regular consultation with the affected population may permit the establishment of similar social institutions in the new locale and a smoother transition to the new setting.

The population density of a community is another spatial element frequently considered. A large number of social-psychological studies have suggested that very dense communities exhibit a large number of pathologies. On the other hand, studies by Booth and his associates (Johnson and Booth 1975; Booth, Welch, and Johnson 1976; Welch and Booth 1976) suggest that high density has no association with increased rates of social pathology. It does appear very likely that appropriately designed housing, full employment, a sense of command over the future, neighbors who are part of one's social community, and other positive factors could permit much higher densities than are presently experienced in the United States. Holland and Japan, for instance, have much higher densities and yet manage a high degree of social tranquility. The issue is important to natural resource analysts, because two important means of conserving resources are to limit the distance over which people, goods, and services need to be transported and to encourage compactness of living arrangements for more efficient space heating, economical public transportation, and less destruction of forest, pasture, and agricultural lands.

Another important concern of community studies is the interaction between social values and spatial elements. One very interesting study (Vogt and O'Dea 1953) compares a Mormon town and a Texas town with many similarities and only forty miles apart. The communal values of the Mormon community, combined with the opportunity for irrigation farming, contrasted strongly with the individualistic values of the Texas community with its isolated homesteads and dryland farming. A variety of community survival issues were met and solved in the Mormon community, while similar problems in the Texas community tended to go unresolved. The social impact analyst would need to consider two quite different strategies for these seemingly similar towns. In the communally oriented town an appeal to community loyalty could be successful, while in the individualistic town an approach stressing personal gain might better address the impact issues.

Other studies of this type consider the interplay between identity with the community and length of residence, social class, and historical patterns (Smith 1943; Young and Larson 1970; Graber 1974). In general the spatial dimension assumes importance only when specific groups assign particular social meanings to it. Such is the case when, for example, youthful, upper-class newcomers move into a rural village and begin to proclaim heritage zones and list buildings for historical preservation, while longtime, elderly, working-class residents want more "modern" development and higher returns on their property.

Hierarchy

Enduring communities have some system of authority that ensures behavior deemed essential to community survival is carried out. Most such systems of authority are hierarchical, in that persons in different ranks have differential access to the various community resources.

Research on the structure and function of community hierarchy probably commands the most attention in community research; a variety of studies examine the role of hierarchy in community adaption to change. The social impact analyst will find three main community types identified by these studies to be of interest; (1) communities whose hierarchies must be altered in order to adapt to the change; (2) communities whose hierarchies are fragmented and therefore unable to adapt to a particular change; (3) communities with flexible hierarchical structures which are able to resist or adapt to new conditions.

Most theories of social change use some variation of Pareto's (1966) notion of the alternation between lions and foxes (the regal and powerful displaced by the cunning and clever): changed conditions require a different system of authority, and while the rhetoric will vary, appropriate leadership emerges triumphant and proceeds to ignore the ideals it had espoused, as it seeks to consolidate its power. Empirical research on communities is not nearly so dramatic, however. Vidich and Bensman (1960) found that rationally oriented farmers displace small-town entrepreneurs as the influences of mass society permeate small-town society. Dobyns et al. (1967) found that both the local Communist party and estate owners were resistant to the egalitarian social structure developing in Vicos, Peru, while the most socially mobile population—peasants and mestizos—were favorable to the new order.

Energy-dependent changes show a similar pattern. Pelto (1973) studies the impact of the "snowmobile revolution" on Lapps in northeastern Finland; the shift was from the use of local, autonomous energy sources to a dependence on outside sources. This "delocalization" of energy resources brought about a growing stratification of material wealth and economic resources within the community. Those who could afford the initial purchase of snowmobiles increased their herds through mechanization and by taking over the herds of those unable to purchase them.

Greenwood (1972) found that tourism increased the standard of living among Spanish Basques, but there was a turnover in the stratification system so that outsiders assumed increasing dominance in the locality. Smith, Hogg, and Reagan (1971) found a similar pattern in a small Oregon town close to a multi-purpose water development, as did Biswas and Duries (1971) as a result of the development of the Bennett dam in Canada.

These studies suggest that small communities which become dependent on a high-energy society will lose certain traditional, local controls. Only those groups most attuned to the changed opportunities afforded by high-energy converters such as snowmobiles, hydroelectric technology, or the transporting and housing of mass tourism will survive and prosper. These are groups usually with the least stake in preserving the traditional order. Although many of the studies show a certain nostalgic concern about the changed patterns they observe, they do provide substantial case studies of processes not unlike those involved in the transition from horse buggies to automobiles; they may also suggest the changes needed when the internal combustion engine is displaced by a solar-cell operated "personal transporter."

Studies of changing community hierarchies illustrate the decline of one stratum and the emergence of another in the face of changed conditions. Other studies consider situations where the hierarchical structure is so fragmented as to be almost nonexistent. Under these conditions community life seldom stabilizes, but resembles a nineteenth-century Alaskan gold-mining camp, where every individual acts as the sole moral center. Studies of boom towns—hydroelectric (Campbell 1957), oil (Chambers 1933), and coal (Walker 1945)—are characteristic communities without clear authority systems. And the series of studies by Breese et al. (1965) of communities experiencing instant industrialization suggest a similar pattern of strife and conflict, labor unrest and ethnic tension. One must assume that eventually these communities evolve a form of authority. However, in the future there may be an unwillingness to sustain such high social costs. This is particularly true of the communities with greater population density and social interdependence facing boomtown development through Atlantic off-shore drilling, large-scale organic energy production in the Northeast, or nuclear energy generation in the Midwest.

There are many studies on how community hierarchies must change or how some strata fail to adapt to the new conditions. Still there are several studies which report on communities that retain stable hierarchies under changed conditions. For example, Cone (1973) restudied a newly industrializing region in Mexico and found little change in job preferences or status rankings, though there were changed aspirations for one's children. The gradual transition to the new order seems an important condition for stability in change. The Lynd's (1937) restudy of Muncie, Indiana, found a similar adjustment among the strata, with some social mobility, but a considerable retention of vested property interests.

Bertrand and Osborne (1959) found that the impact of industrialization on a rural community was not severe because the industry was matched to the area's demographic and cultural characteristics. In short, the traditional hierarchy was able to absorb new members who emerged from the changed conditions.

Social Norms

Any enduring human community has some means of making routine the daily round of social interaction. So far we have considered territorial and hierarchical regularities. Certainly, compared to social norms, the territorial and hierarchical means of ordering community life seem more visible as they deal with tangible things like space and wealth.

The "invisibility" of social norms is partly because they are most often measured in terms of verbal response—what informants say in interviews, questionnaires, and attitude surveys; or the examination of laws, regulations, and other documents. Verbal responses represent shared expectations rather than actual behavior, which is usually investigated by social psychologists in laboratory situations. Some pioneering field studies have been done, for example, on pedestrian behavior (Pushkarev and Zupan 1975), park behavior (Lee 1973), littering (Heberlein 1971), and behavior in small towns (Barker and Barker 1963).

A community's people exhibit regularities in normative attributes and behavior that permit it to be as clearly set apart from other groups as do patterns of territory and hierarchy. These regularities vary in their flexibility. Traditional costume may give way to western fashion in daily life, even though one changes to traditional costume when at home. The persons who have mastered the norms of dogsled driving easily adopt to the norms of snowmobile driving as they shift to high-energy means of increasing reindeer production. Yet these same persons may maintain rituals to appease the ghosts of ancestors and insist upon strict conformance to traditional institutions of marriage and religion.

There are five main patterns of normative adaptation to change described in the literature: (1) in some communities a continuity in basic norms permits a smooth transition to changed conditions; (2) some communities have normative systems "primed" to take the induced change; (3) changes in the material structure of some communities leads to different social norms; (4) more successful adaptations have changes in social norms preceeded by material changes; and finally (5) in some communities rapid change, whether material or normative, improvement or decline, produces social fragmentation.

A variety of community studies demonstrate the importance of retaining basic norms for a smooth transition to new conditions. For example, some of the Toba Batak of Sumatra moved from a small, mountain village to a westernized, urban setting with a minimum of personal and social upset; Bruner (1961) reports that they retained kinship as the major nexus of interpersonal relationships, along with patrilineal descent and traditional life-crisis ceremonies.

The resource analyst will find a number of such studies that deal with successful adaptation to changed energy conditions by communities of various types; in each case stability in basic norms has permited a smooth transition. Stoffle (1975) found that Zuni and Navajo workers were able to make certain technical and social adjustments to the factory system, but there was no indication these new traits carried over into the worker's homes. Napier (1972) found that people forced to relocate because of a Virginia water development did not suffer alienation, since group membership and norms were able to persist. Honigman's (1954) study of a development scheme that relocated a Pakistan community found a similar ease in adjustment because the group strongly retained religious and social norms.

Smooth adjustment to change is also facilitated in communities with a normative system similar to that required by the changed condition. Chance (1956) studied an Eskimo group shifting to high-energy technology and found that their norms of self-reliance, adaptability, and personal initiative fit the new order. Norbeck (1961) found a similar pattern in five small, rural Japanese communities undergoing post-war change; the transition was not socially disrupting because it represented a shift of emphasis rather than "outright innovation."

A third pattern involves changes in material structure—new crops, metal instead of wooden plows, the use of bicycles instead of walking, kerosene lamps instead of open fires—followed by changes in social norms. Opler and Singh (1952) found dramatic material changes in an Indian village over a period of fifty years, but the most extensive and pervasive changes occurred in outlook and social relations: coeducation, education of untouchables, widow remarriage, among others.

Sometimes people attempt to change material conditions in the hopes that social norms will change as well. Sasaki (1956) describes an attempt to introduce modern farming practices to Navajo Indians in anticipation of the Navajo Dam completion; the project failed because prevailing norms supported smaller farms on a different level of productivity and technology. Alexander (1975) documents a similar failure to Sri Lanka fishing communities to realize the benefits promised by mechanization; local norms regarding credit and division of the catch were incompatible with the innovations.

A number of foreign development projects financed by the United States in the mid-1950's sought to aid poor communities by changing certain basic values. The Cornell Peru Project embodied such intentions, as well as an ambitious research effort; its members sought to change attitudinal norms first, hoping that the social structure would be changed in return. Over a period of ten years they did actually find several examples of attitudinal changes followed by alteration in the social structure (see for example Holmberg and Dobyns 1962). There is a fairly extensive literature on the use of information campaigns to change basic norms and to open the community for certain material changes. The resource analyst may find that changing attitudinal norms is less costly than introducing new technology in the hopes that social norms will change in the desired direction.

Perhaps the largest number of studies describe situations where material and normative conditions have changed so rapidly that the community has become socially fragmented. Most often these are rapid growth communities—energy boomtowns (Gold 1974), industrializing villages (Carr and Stermer 1952)—or rapidly declining communities—towns with a changed industrial base (Gibson 1944) or agricultural villages overwhelmed by mass society (West 1945).

We have suggested how the elements of community order—territory, hierarchy, and social norms—affect adaptation to changed conditions. The next section provides an overview of studies investigating the characteristics of four basic community types.

Four Community Types

Planned Communities (New Towns)

Planned communities are those with predetermined physical and social structures. New towns are not a recent phenomenon—they have occurred throughout human history, as civilizations have expanded and relocated. Nevertheless, they have recently received a great deal of interest in this country, because they are seen as a means for providing a better physical and social environment than is available to many urban dwellers in an industrialized society. While many types of development (residential, industrial, and so forth) are totally planned, they are not necessarily new towns; the term usually carries with it a sense of community totality, self-sufficiency, and independence, often consciously promoted. A new town should be able to provide all the day-to-day requirements of living, although few such communities live up to this ideal.

New town planning seeks to create elements of small town community life. Yet, the social engineering must rely upon physical means—the arrangement of housing, shops, schools and parks. It is somewhat like trying to create Shakespeare's *Richard the Third* without considering the script or actions but using only artfully designated stage settings. Because the social mix-roles, rules and relationships are usually left out of most new town plans, they remain useful experiments of physical design's influence upon social life rather than examples of community formation.

Montgomery and Abma (1959) studied families living in a planned village in a newly established polder in the Netherlands. In interviews with housewives, they attempted to measure degree of satisfaction with the physical aspects of the village (generally high) and to assess the level of development of a "social community" in terms of community identification, participation in voluntary organizations, and other measures (generally low).

Kelly's (1975) analysis of the social system of one of America's best known new towns, Reston, Virginia, identified both its planned and unplanned impacts. In the social institutions of the community, including its government, educational system, and economy, he found mainly the traditional behavior patterns of most middle-class, commuter "bedroom" communities.

In a review of new towns and studies of them, Knittel (1973:40) notes that "in the United States new towns are not built primarily to solve social class problems, but rather to create sociophysical settings for pleasant living and for private profit." Under these circumstances, a strong commitment to the ideal of social mixing per se is a prerequisite for a new town to attract and keep the full range of social classes.

Studies of new towns demonstrate how elements of the social system respond differently to environmental changes. In the case of the older villages, not only was the physical setting totally prearranged, but the social structure was consciously manipulated to provide a certain mixture of occupations, religions, age groups, and family types. In contrast, residents of Reston were largely self-selected on the basis of ability to pay, although housing subsidies permitted some lower income families to move to the community. The social system of a planned community depends on the goals of the planners and the degree to which they intervene in social processes to achieve those goals.

The examples above also demonstrate that new towns are not always successful in providing the ideal social environment for which they are designed; they exist necessarily within the institutional framework provided by the larger society. Governments may actively nurture or hamper the development of new towns, just as the external economy affects their ability to function as communities in the fullest sense.

Community studies have demonstrated that expected changes in behavior do not necessarily occur in planned communities. Despite their general satisfaction with life in the older village, for instance, relatively few members of the community participated in the numerous local organizations. Similarly, it was found that the planned leisure locales of Reston were not heavily utilized; in fact, residents continued to travel outside the community for many recreational activities. Such studies provide the social impact analyst with experimental data as to which behavioral patterns do and which do not remain stable in the face of significant environmental change. In particular, they offer opportunities to experiment with the physical and social components of human existence which affect natural resource demand. For example, with complete physical planning, the energy infra-structure may be designed to utilize new energy technologies or alternative sources of power. Depending on the energy goals of the new town, it may be designed to maximize energy efficiency or to seek energy independence.

New towns may utilize energy-efficient equipment; however, their very newness implies that they will be constructed to reflect the generally higher standard of living and changing social norms that have led to increases in energy demand. Thus, physical features such as spaciousness, air conditioning, and labor-replacing equipment, typical of new construction, may place greater demands on energy supplies than would older construction characteristics.

The behavior of people within the town may likewise reflect energy goals. Laws or other formal controls, such as standards of energy efficiency in building codes, may force compliance with these goals. Informal means of control, such as customary hours of activity scheduled to conserve energy, may be instituted by members of the community as the new town develops socially. Of course, similar changes can affect the use of water, materials and open space resources.

New towns offer unique opportunities to control resource-related behavior. However, if the sanctions are not great enough or if the substitutions are inadequate, the desired form of behavior may not be achieved. In the case of Reston, weekend travel for pleasure outside the town by residents was unaffected by the leisure opportunities provided within Reston. These settings were apparently inadequate substitutions for certain prior recreational patterns of the residents.

Again, natural resource issues in new towns are not strictly internal. Planned communities exist within a larger society whose goals and behavior influence the potential of any individual community. The relationship between the town and outside forces may be positive, negative, or neutral, depending upon the issue. Just as new towns in the United States have not achieved their social goals because the values of households and businesses in the larger society have not supported them, implementation of conservation policies, for example, may likewise be thwarted.

Stable Communities

Some communities seem to change little over the years. The population may increase, the economic base may shift, but the major social institutions remain unchanged. Stability is the hallmark of these communities. The crucial "causes" of this stability can be discerned from community studies.

Scott and Lynton (1952:15) identified four important characteristics of established communities:

> First, all aspects of life are closely integrated—work, for instance, is not something separate and distinct. Second, social "belonging" is automatic. Third, change is slow, and continuity is sustained by attitudes, customs and institutions. And lastly, the important social groupings are small.

Stable communities do not specialize in any single aspect of living—they are not primarily bedroom communities, industrial suburbs, or other special-function towns. Diversity of function seems to encourage stability.

The idea of social "belonging" has important implications for the individual in a community. In contrast to the social isolation often experienced by newcomers in boomtowns or suburbs, the stable community offers each individual a place where one's role is well defined. The depersonalized, bureaucratized relationships which characterize large, complex communities are less likely to occur where the important social groupings are small and individuals are known to each other in the many social roles they play.

In a society marked by rapid change, the third characteristic of established communities is especially significant: change is slow enough for the established attitudes, customs, and institutions to adapt to new circumstances. An expanding school population, for example, is accommodated within the existing educational system. New businesses do not "steal" employees from other firms in town; rather, they find different means to satisfy their labor requirements. Social disruption is avoided by the accommodation of gradual changes within the existing social order.

Occasionally rapid changes occur, necessitating other responses to maintain community stability. Burns (1978:176) considers the concept of cargo cult to be as applicable to modern industrial societies as to the New Guinea tribal societies for which it was first ascribed: "cargo cults grow out of the world view and experiences that community members have in adapting to changing social and environmental conditions." Thus, communities may maintain stability under conditions of rapid change if there exists some mechanism for integrating the new conditions into the social order. In the case of Willcox, Arizona (Burns 1978), the myth of community betterment, an annual community festival, and Chamber of Commerce activities are elements of a "cargo cult" process that has been able to translate all major economic changes into symbols of community success.

Studies of stable communities also indicate that past changes have been successfully integrated into the community with only minor social disruptions. White Bluff, Tennessee (Smith 1943), has adjusted to regional economic changes over the course of its history and, as a result, has remained stable. A similar adaptation to economic forces is seen in Pocatello, Idaho (Wrigley 1943), where community stability increased as a result of diversification in town businesses.

The principal lesson to be learned from these studies is that stability in the midst of change is possible, so long as certain conditions are met. If changes in the social and physical environments are gradual, communities can adapt existing institutions and beliefs to them; however, rapid, episodic change can be dealt with as well. In such cases there must be myths like those of the cargo cult to serve as mechanisms for integrating rapid change into the larger social fabric.

Thus, changes in a resource system need not create instability at the community level. On the other hand, changes must be slow enough to allow existing institutions to adapt; rapid change may be integrated into the social system mechanisms which avoid disruption in community life. For example, the creation of a conservation ethic accompanied by appropriate festivals, emblems of membership, and other means for focusing attention on the goal of conservation may help reduce consumption in a community without directly challenging its values regarding an ever increasing growth in material goods. Many of the conservation policies of the Carter administration seemed to require great sacrifice in traditional values, so that the Reaganites were able to operate as if conservation were un-American. A better model for conservation is the school forests of the 1930s that combined pride, patriotism and the promise of future gain.

The sudden exploitation of natural resources that often creates boomtown conditions may be managed to achieve less disruption. Dispersing the impact of personnel imported to an area by housing them in several areas rather than in a single place may permit community facilities to absorb increased demands in an orderly fashion. Requiring firms to employ (or not employ) community residents, where possible, may help achieve local employment goals. In these ways, community stability may be maintained through evolutionary change, rather than destroyed through a dramatic boom and bust cycle of human relations.

Rapid Growth Communities

Rapid community growth can take two forms. It may occur in areas adjacent to established communities, such as the suburbs which surround every American city. Rapid growth may also be experienced by towns far removed from any large settlements; stimulated by a new economic base, a small, stable community may be transformed overnight into a boomtown. Both the suburb and the boomtown have encouraged much social research. Our interest in such studies is that the populace of these communities and their social institutions must adapt to severe environmental change. Observed regularities in strategies of adaptation or consistent failures in adapting to change provide clues to a likely chain of events that may occur as the result of other perturbations in a community's environment.

During this century, metropolitan growth has been a major force in the United States and other industrialized countries. As cities expanded, population and urban development began to spill over into adjacent suburban areas. More recently, many cities have not only grown at a much slower rate than suburbs, but have actually declined in population, while suburbs continue to expand.

A persistent misconception about suburbs is that they are exclusively middle-class enclaves, indistinguishable from one another in most respects. As Berger (1960) points out, this myth of suburbia has evolved from studies of middle-class suburbs, whose results have been generalized to other forms of suburban development.

In fact, there are indeed different types of suburbs, identifiable by the socioeconomic characteristics of their residents, the nature of their commercial and industrial base, and the features of their physical locale. Even those communities which superficially appear identical may differ significantly. Donaldson (1969) adeptly distinguishes the traits of two middle-class suburbs, Crestwood Heights and Park Forest, whose resident's attitudes, values, and behavior are markedly different. Other students of suburbia have sought commonalities by which to characterize suburbanization in general. Studying change in seventy-five community areas of Chicago over a thirty-year period (1930–60), Hunter (1974) identified four stages of community change based upon the interaction between economic and family status. While these are empirically derived patterns of development for a single metropolitan area, Hunter suggests that there may be a "typical" sequence of change that communities experience through time; suburbs, and particular types of suburbs, may represent stages in community evolution.

As suburbs develop, individuals within the community are presented with new conditions to which they must adapt. Numerous community studies have attempted to measure the impact of changes on community life brought about by suburbanization. Quite often suburbs have become battlefields between the newcomers and the old-timers, whose institutions and physical habitat may be radically transformed. Several studies have focused on this psychological component of suburban growth. A study of perceptions of suburban growth by leaders of a rural village in Georgia (Payne 1963) indicates that they expected to maintain influence over the suburbanization process despite their apprehensions about the outcomes. The newcomer, too, has expectations about life in the suburb; utopian visions of melding a sense of community with personal freedom (Donaldson 1969), or more modest expectations of cleanliness and spaciousness, may be the main attraction to suburban living. Continued suburban growth, however, makes these ideals harder for the individual suburbanite to realize.

Boomtowns are extreme examples of growth, usually brought about by a sudden change in the economic base of a community—a strike in gold or oil, large-scale construction projects, or the opening of a gambling or tourist resort. In contrast to suburbs, boomtowns are usually physically isolated from large urban areas. Such isolation in the sudden influx of large numbers of people who not only come to work in the town but who must also live there. Consequently, boomtown communities are deeply affected in a number of ways.

Community studies reveal a typical cycle of change through which these communities pass. Robinson (1962) found several stages of development common to four northern Canadian boomtowns; their demographic structure underwent a series of changes as the communities adapted to their new economic conditions. Chambers (1933) noted a similar pattern of change in an East Texas oil town, where, in addition to the demographic changes, the physical structure and social organization of the town were transformed.

The rapid and dramatic changes in physical and social structure of a boomtown create both costs and benefits for members of the community. Higher levels of prosperity cannot be translated immediately into higher standards of living, so that demands on community resources far outstrip their supply. Overcrowding, poor sanitation, increases in arrests, higher rates of mental illness, and other maladjustments have been noted (Chambers 1933; Gold 1974).

Indeed, as Gilmore (1976) has pointed out, the economic benefits themselves may remain elusive, for cost overruns and declining productivity occur in the demoralized atmosphere of many boomtown communities.

Studies of rapidly growing communities—boomtowns and suburbs, in particular—have demonstrated several aspects of growth and its effects on members of the community. First of all, growth appears to have an important time dimension. Certain types of people come into the expanding community at different times; in boomtowns the first immigrants are typically young single men, while in new suburbs families with young children tend to appear first. As time goes by, the community may change as other types of people appear on the scene. Other aspects of the community also evolve with time. The infrastructure—roads, houses, business—changes in character and density. Old social orders give way to new. Shifts in political power, social norms, and other components of human behavior occur as the community expands and newcomers and old-timers vie for community resources.

Secondly, the demographic, physical, and social changes associated with rapidly growing communities comprise a number of different stages of growth.

In addition to describing the general pattern of changes in rapidly growing communities, studies have also drawn attention to the effects of rapid growth on the lives of their residents. Conflicts in attitudes and values between newcomers and long-time residents may occur. The general depersonalization, specialization, and bureaucratization which often accompany rapid change destroy old modes of interpersonal behavior and make new ones difficult to establish. Indicators of lack of community well-being, such as rates of mental illness and crime, suggest the difficulty of adapting to rapidly changing conditions.

Studies concerned with the quality of life in boomtowns and suburbs reveal the interrelatedness of different components of a community. Benefits are accompanied by costs, and both costs and benefits may be equally distributed. Community studies serve to identify basic patterns and casual pathways in social systems undergoing rapid change, thereby providing a basis for rational planning.

Energy system changes may retard or increase the growth rate of communities. Exploitation of new energy resources, such as Alaskan oil or western coal, can create boomtown situations. Community studies suggest that certain boomtown conditions (for example, demographic structure) will change if the boom lasts for a long enough time; other side effects, such as conflicts between immigrants and old-timers, may persist even longer. Analysis of the experience of other towns can indicate to the resource analyst what aspects of the growth of a given community may be sensitive to control by various means, so that conflicts and other side effects of growth may be ameliorated (cf. Gilmore 1976).

Suburban growth will also be affected by changes in the resource system. Since most suburban development has been based on extensive use of land and the automobile, a form of transportation which permits extreme decentralization, growth will be altered if environmental policies place limitations on the acquisition of land or travel by automobile. Growth may be reduced in all suburbs or channeled into those which provide alternative, more efficient means of transport. Suburbs encouraging energy-conserving forms of construction (for example, tax breaks for solar energy or insulation) will have a relatively greater potential for expansion than those lacking institutional support for such construction.

Declining Communities

The declining rural town is a stereotypical image of the "backwater" regions of the United States, but the sleepy town living in the shadow of its former glory is equally descriptive of New England mill towns and western mining communities. Although the specific cause of decline varies from place to place, it generally is linked to a change in the economic base of the community.

Agricultural practices at one time required rural centers to service the needs of the farm populations. As farming practices changed, reductions in farm labor and increases in farm size altered the reciprocal relationship between farm and town, and small towns began to lose people to larger, urban areas. Anderson (1964) notes that simultaneously with the decline in small, rural towns in Nebraska from 1930–50, larger farm cities were growing.

During a period of population decline, towns shed functions that can no longer be adequately supported by those who remain. This loss of business and services tends to occur in a series of steps (Wilkinson 1974), as the minimum population base needed to maintain a given type of business is eroded. Among the first to leave are the specialized, professional services and merchants of large consumer durables, followed by less-specialized stores and services.

The economic losses associated with changes in a community's economic base are the most noticeable and easiest to document. But the definition of a community goes beyond economic functions; it also includes the system of interpersonal relationships which sustain community life. In this sense a community can disintegrate not only by the loss of jobs and income, but also by changes in the social order. Warner's Yankee City study (Warner and Low 1946) provides such an example. Ownership of the city's major employer, a shoe manufacturer, was transferred to outsiders; in the restructuring of labor operations for mass production imposed by the new owners, the long-established hierarchy of skill levels was destroyed, along with its associated system of rewards.

Outside the manufacturing plant, the relationship between the industry and the rest of the community deteriorated as well, because the owners were no longer community leaders.

The behavioral consequences of community decline have also been the subject of study. In the case of Caliente, Arizona (Cottrell 1951), which was no longer needed as a railroad service stop, the attitudes of residents were transformed. Esteem for the railroad plummeted, and the notion of government assistance was more favorably viewed than before. Wilkinson (1974) considers such social and psychological adjustments to be major social costs that may outweigh any benefits of community transition.

Finally, Beale (1974) examined the distribution of the effects of community decline within the population. Declining communities typically lose young adults at a high rate. In addition, the changing demographic structure not only robs the town of its vitality, but places a greater burden on those who remain, since the very old and very young must continue to rely upon the now-shrinking ranks of the productive age groups.

Although community decline may result from the exhaustion of local natural resources, most declining towns are affected by larger social, economic, and technological trends outside their control. Increasing specialization, differentiation, and economies of scale permeate American society and shake the foundations of communities adapted to former circumstances. Community studies provide evidence of the nature and magnitude of the effects of extracommunity forces on local areas.

Studies of communities in decline indicate that attitudinal shifts, elimination of uneconomic activities, and selective emigration are means by which people attempt adjustment to community disintegration. Whether such adaptations can halt or reverse the process of decline appears to be a function both of the cause of decline and of the efforts made by the community (Wilkinson 1974).

The loss of community functions to larger centers causes a redistribution of natural resources. Centralization of functions into fewer centers means that any particular consuming unit (whether individual, household, or firm) must restructure its resource expenditures to conform to the spatial and temporal changes that centralization entails. Resource exchanges between centers will also be affected, as transfers involving energy expenditures are less dispersed. This process of concentration of community functions into higher-order centers, coupled with the dispersion of the consuming units, reshapes the resource system supporting it. From this perspective, it can be seen that community decline will affect levels of resource demand, efficiency of consumption, and structures of resource distribution.

The impetus to community decline may be due to changes in the resource system imposed upon the community from outside. For example, attempts to improve energy efficiency may result in some communities being phased out or priced out of an energy network. Thus, underutilization of transport capacity may eliminate a community from an airline or railroad network. Similarly, the exhaustion of a fuel resource, such as a coal mine or oil field, may leave a town without an economic base. Communities in these situations are doomed if no other basis for existence can be found; Cottrell's (1951) study paints a somber picture of people in such a community.

An earlier part of this chapter suggested there are conditions where the hierarchical structure must be altered if the community is to adapt to induced change. Communities with fragmented authority structures are less able to adapt to change, whereas those with flexible hierarchies are more able to adapt to or resist changes. Finally, we noted that stability in basic, intimate norms permits adjustment to change. When the existing normative system is similar to that required for the change, the transition is smooth. Some conditions permit material structure to change social norms, but most often changed norms are required to gain the material change. Rapid change in both material structure and norms tends to disintegrate the social life of a community.

We also sketched some trends in studies on four community types—planned, stable, rapidly changing and declining. New towns seem to offer unique opportunities to control natural resource related behavior; however there are many unanticipated changes in behavior and many of the planned behavioral changes do not occur. Stable communities can remain stable if the changes are gradual. Studies of rapid growth communities suggest a regular cycle of events with predictable demographic, social and spatial results. Declining communities suggest likely patterns of response for communities suddenly confronted with a drastic loss of their resource base.

While the resource analyst will not find the community study literature neatly sorted into the patterns suggested in this chapter, there is a large base of sound, empirical work that covers large time periods which can be used to identify the social consequences of certain planning actions. Much of the community literature, either directly or indirectly, deals with a change in amount or type of resources. Moreover, although attention to action on the federal or state levels may suit the needs of some resource policies, for most of us the community is the largest social entity which has any reality in our daily life.

9

Regional Approach

In the early months of 1977, severe weather gripped the eastern part of the United States. Straining low stockpiles of natural gas, the subzero temperatures helped precipitate a "crisis"; by 4 February 1977, 1.2 million workers were idled because of natural gas curtailments (Denenberg and Herron 1977).

The impact was most severe in the area served by the Columbia Gas System (Ohio, much of West Virginia, and Pennsylvania). More than half a million workers were furloughed in Ohio alone. Outside Columbia's service area the shutoffs, shutdowns, and shortages were substantially less, and some parts of the country were unaffected.

This short-term incident illustrates a long-term pattern: a crucial interface between energy and society is the regional energy system. In 1977 the combination of climate, economics, and politics resulted in a localized change in energy flow—and the laid-off workers of Ohio evidenced the social impact. This chapter describes a regional approach to assessing such energy-society relations.

Regions and Regionalism: A Brief Literature Review

The concept of regionalism has been so widely interpreted and used for so many different purposes that a question exists as to its real meaning (Gastil 1975; Perloff and Wingo 1961). Generally *region* refers to a spatial distribution of phenomena as determined by any specified criteria; hence, we may construct administrative regions defined by law, climatic regions defined by rainfall, and so forth. A broad definition appropriate to social ecology is provided by Bennett (1976:309):

> It is a geographical area in which a significant man-Nature interactive system is to be found. The criteria for defining this system include technology, level of wants and their satisfaction (economics), and the state of balance or imbalance of all these over a period of time.

Fascination with regional variation has a long tradition in the social sciences. In the fifteenth century Ibn Khaldun (1950) noticed differences between peoples of various regions and attempted to correlate such differences with environmental conditions. German geographers such as Friedrich Ratzel (1882) saw the regional environment as deterministic; the French scholars Febvre (1925) and Vidal (1926) focused upon regional culture. The English conducted regional studies that linked physical geography and economic life (H. Odum 1936).

The major effort in understanding American regionalism has been the work of Howard W. Odum, who attempted to combine a wide range of material into a case for regionalism as a solution to the inequities of wealth, resources, and culture that America had developed since the Civil War. In the process of writing *Southern Regions of the United States* (1936) and *American Regionalism* (H. Odum and Moore 1938), he both described the regions of America and presented methods for studying them. Especially important was his attempt to delineate a general typology of regions (H. Odum and Moore 1938:14).

> These five types of regions are: *first,* the natural region, such as mountain range, river valley, great plains; *second,* the metropolitan region, where the city is the center and focus of the radiating territory adjacent; *third,* a general, loosely tied designation which implies the section or

provincial locality from which loyalties, patriotism, folkways radiate; *fourth,* the region for convenience, such as administrative divisions of government; and *fifth,* the group-of-states region, which if state lines be primarily the arbitrary margins of measurement, may comprehend in varying degrees most of the other types.

The social scientist was to choose that type of region most useful for the problem at hand.

Varying disciplines have used Odum's approach. Historians have seen regionalism as important in historical development (Brown 1948) and the national character (Boorstin 1973). Cultural geographers have used the concept of region to study "culture areas" and inventory the cultural variation of American populations—from Amerindians (Wissler 1924) to settlement groups (Sauer 1965) to contemporary cultures (Zelinsky 1973; Gastil 1975). Economists, especially, have used limited criteria to define regions for study, and have focused on locational analysis (Isard 1975) and gravity-model studies (Schwind 1971).

The methodological problems of regional analysis have been treated extensively; such problems arise in the classification of regions (Gutenberg 1977; Berry 1967; Russett 1966), the selection of scale (Edwards and Coltrane 1972), and the use of statistical techniques (Schulze 1977).

Regional Variation in the Social System

There are conflicting findings concerning the effects of regionalism on American life. An analysis of twenty-five sociological studies (Machlis 1979) suggests that behavioral and organizational differences do exist between regional populations, but the causes of such differences are not always identified in these studies.

Space

The distribution of population varies greatly throughout the United States and has an important relationship to the social order. Urban and rural uses of energy are markedly different (Hirst and Moyers 1973), and the distance between metropolitan centers is important to the flow of energy (Hawley 1950). Urban centers are consolidated in the Northeast and Southwest; the urban centers of the South are dispersed; sections of the Great Plains and the West lack major cities.

Energy can be spent reducing distance, often with major social impacts. Hawaii's integration into the nation as a tourist region (accomplished by jet aircraft) has altered environmental quality and the island's ownership patterns (Schwind 1971). High-speed automobiles and the interstate highway system have combined in reducing travel time for millions of Americans, altering patterns of recreation and business activities, affecting towns along its routes, and linking the regions of the country *(New York Times* 1976).

Norms

Primarily as a result of urbanization and increased mobility, it has often been suggested that the United States is developing a common, uniform normative system (Gastil 1975). Not only does this go against intuitive folk wisdom, but a variety of social indicators dealing with norms show substantial variance between regions. Some of these normative differences (such as consumer preferences) have direct implications for energy consumption. Others, such as language patterns or crime rates, reflect more complex variation within the social order.

Religious attitudes concerning energy consumption and resource development may emerge from a distinctive cultural history as well as theology; Mormon exuberance for the development of resources is a good example. Studies by Elazer (1972), Zelinski (1961), and Malstrom et al. (1963) show some congruence between dialect, dominant political culture, and religion—especially in New England and the Midland region, which stretches from New Jersey to Wyoming. Indicated in Map 1 are the cultural regions of the United States, as derived by Gastil (1975). For some behaviors, such as manners or collective loyalties (whether to sport teams or politicians), these regions may represent distinct normative systems.

There are also significant differences between regional consumer preferences; rice substitutes for pasta in the West, as cornmeal does in the South. Even McDonald's fast-food chain varies a standard menu to accommodate regional tastes.

Map 1. U.S. Cultural Regions (From Gastil 1975)

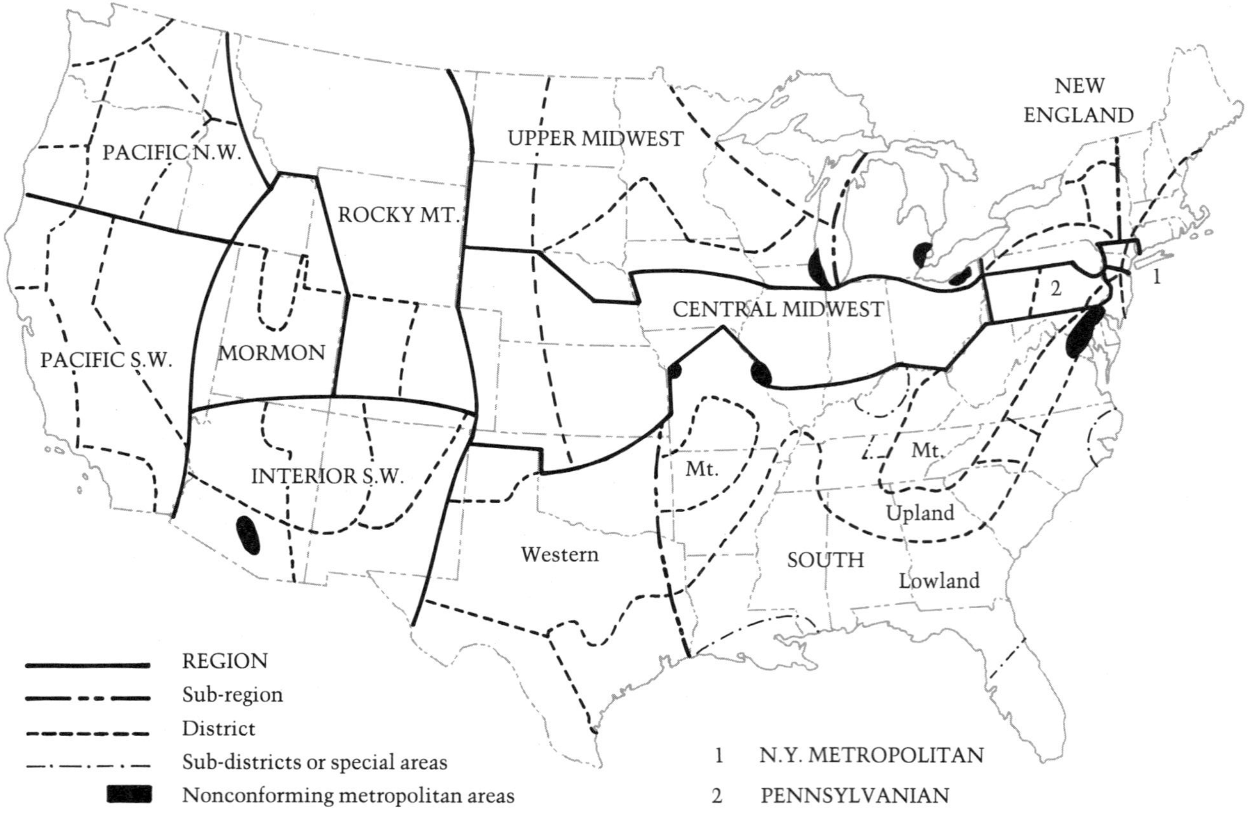

Finally, the strength of collective norms can be measured by the amount of deviance they engender. The 1977 murder and non-negligent manslaughter rates by U. S. census region show sharp variations; the rate for the Northeast is the lowest, at 3.3, while that of the West South Central (Arkansas, Louisiana, Oklahoma, and Texas) is the highest, at 12.6, and the Midwest and West are in between.

Hierarchy

Hierarchy implies inequalities within a social system, including regions of national-state. Access to wealth, prestige, power, and knowledge are not distributed uniformly throughout the country, and regional alliances often reflect such stratification. The distribution of energy can further such inequalities by helping to maintain the status quo, or it can provide for social change.

Energy technologies may directly alter inequalities. The coal-mining system of Appalachia has tended to restrict the accumulation of local wealth (Caudill 1972); the Tennessee Valley Authority provided cheap power to attract industry (Hodge 1968). Krebs (1975) suggests that underground mining reinforces community solidarity, while surface mining is disruptive of social relations.

There are a number of indicators that measure selected regional inequalities. The social impact of a regional energy system (for example, extensive use of hydroelectric, geothermal, or solar energy) can be assessed in part by examining changes in these indicators over time.

Social well-being, as measured by D. Smith (1973), is described in Map 2. Smith used a composite index involving economic, environmental, and cultural factors, and included perceptions of well-being. The highest scores were given to states with excellent social well-being; in 1970 these states were mostly in New England, the Old Northwest (Minnesota, Iowa, and Wisconsin), and the Pacific Northwest.

Individual equality was measured by the Midwest Research Institute (Liu 1974); the MRI measure does not include perceived factors. The Northwest and Minnesota had high 1970 ratings; so did Oklahoma, Pennsylvania, and Hawaii. With the exception of Hawaii, these states have large resource bases—and many are energy producers.

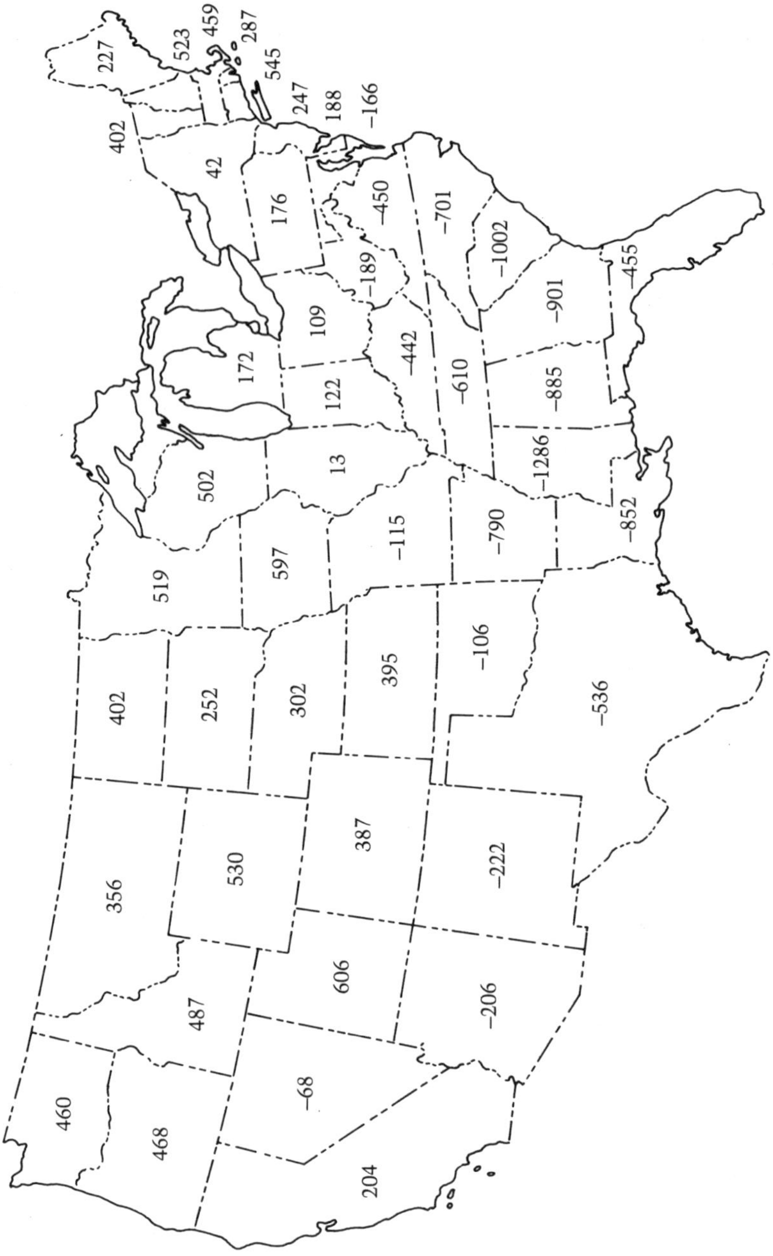

Map 2. U.S. Social Well-being Scores (From D. Smith 1973)

There are also regional differences in education levels. Several indicators are available, such as the percentage of draftees failing the armed forces entrance exams. In 1972, high rates of failure were common to the South, varying from a high of 25.5 percent for South Carolina to a low of 1.1 percent for Minnesota.

The relative ranking of the states according to social well-being, individual equality, and education reveals a general hierarchy: the South rates lower than average, while the North Central and Pacific Northwest regions rate higher. Energy is one factor influencing these social conditions; as the national pattern of energy distribution changes, such rankings may also change.

Social Cycles

Work/Nonwork Cycles

Patterns of work and leisure reflect both the organizational requirements of an industrial society and relative access to places of labor and recreation. Where energy can be delivered uniformly and dependably, work is likewise ordered; time devoted to work in the United States is relatively uniform—Michigan was high, 43.0 hours per week, while Hawaii was low, 38.6 hours per week.

Nonwork cycles are likewise predictable. Generally, high levels of human activity coincide with peak load demands for energy (Cook 1976), such as the rise in energy consumption during commuting hours. Collective activities like holidays, parades, and festivals may also influence cycles of energy demand. Although the total amount of leisure time may remain constant nationally, there is considerable regional variation in the use of these hours. Westerners engage in backpacking more often than the rest of the country (11 percent of the population as compared to 5 percent in the South; Bureau of Outdoor Recreation 1974).

Energy systems may also affect leisure activities such as tourism. Converse (1980) suggests that regional differences in methods of power generation can affect the types of leisure activities individuals pursue. Hydroelectric dams create water-based recreational opportunities in the Northwest; coal-fired plants in the Southwest diminish air quality associated with many recreational activities. In addition, some generating facilities are themselves tourist attractions (e.g., Grand Coulee Dam).

Life Cycles

One way to treat the life cycle as a regional variable is to examine demographic characteristics of regional populations, since the structure of a population may influence its pattern of energy use. For example, the natural increase (birth rate minus death rate) in regional population shows a general trend toward decreasing variation, although in 1960-70 there was still a range from 9.7 percent in New England to 16.4 percent in the Mountain region (Westoff and Parke 1972); the dependency ratio (proportion of youth and elderly per one thousand adults) shows a similar trend toward reduced variation. Percentage change in the regional population of children between the ages of birth and 4 again shows reduced variation, but in 1960–70 there was a range from a 7.2 percent *decrease* for the Pacific region to a 23.9 percent decrease for the West North Central region, in comparison to the preceding decade (Westoff and Parke 1972).

These variations may result in "pulses" of energy consumption, as each cohort (all persons born a particular year) passes through different stages in the life cycle; the timing of these altered energy demands will vary from region to region. Subregions that attract special populations, such as tourist areas in Pennsylvania or retirement areas in the Southwest and Florida, may have predictable consumption patterns. Furthermore, the impact of new technologies or policies may be exaggerated for these subregions because of their homogeniety.

Myth Cycles

National attitudes toward regionalism are an example of how mythic explanations cycle through society. Northern economic dominance since the Civil War has been replaced by a new Southern confidence (Gastil 1975); the development of energy resources in the Southeast and the flow of capital to energy service centers such as Houston are significant factors (Norvick 1976) in this change. Regional independence as a goal of social policy was popular in the Civil War period and the late 1940s; today it is again on the rise (Gastil 1975).

These myth cycles may have direct effects upon energy policy. Jusenius and Ledebar (1976) suggest that the Southern economic challenge and Northern economic decline reported in the general media are "at best tenuous, at worst, severe distortions of reality." Nevertheless, members of Congress from the northern industrial states have formed a coalition to reverse the flow of capital to the South; energy policy (especially the regulation of natural gas prices) is one proposed method (Stobaugh and Yergin 1979).

Exchange Cycles

The unequal distribution of resources within the United States has historically been the basis of interregional exchanges; self-sufficiency, even for the largest regions, is often difficult to attain in a high-energy society (Cottrell 1955). The central regions of the United States, in particular, are large-scale exporters—the West North Central of foodstuffs, the West South Central of petroleum.

Energy exchange is often cyclical, and such cycles have social impacts. Stockpiling fuel for winter heating is usually a corporate decision, and failure to anticipate trends can lead to curtailments, industry shutdowns, and unemployment (one example is the natural gas storage that introduced this chapter). Delivery may be continuous (via pipelines, electrical wires, rivers) or by batch transport (transfer ships or tanker trucks). Batch deliveries require obvious timing of work/nonwork behaviors and consumption patterns (Spoehr 1960); Pratt (1974) found that residents of a Maine island reduced consumption when deliveries of fuel were delayed by weather. Isolated regions, with small storage capacities and served by batch deliveries, are most vulnerable to disruptions of exchange cycles.

Regional Variation in Energy Flow

Locale

The geography of energy resources can guide social forecasting. In high-energy societies the distribution of energy resources and the materials required for the construction of high-energy converters result in regional imbalances in energy costs. Technological requirements and the economics of energy transfer combine to form a basis for regional specialization (Manners 1964; Garvey 1972). For example, the availability of coking coal has traditionally led to regional concentration of the steel industry (Brown 1948; Petulla 1977). Hence, the distribution of energy resources is a crude indicator of regional specialization.

The deposits of coal, oil, natural gas, and uranium are not equally distributed within the United States. The central regions have abundant resources; the eastern seaboard (especially New England) and the Pacific region have smaller, more dispersed supplies. Hydroelectric power as a present and future source of energy also varies from region to region; it is primarily concentrated in the Pacific states. Opportunities for alternative power sources (solar, geothermal, wind, tide) are widely scattered (Cook 1976).

Industrial power sources are transported within well-defined and narrow fields, or spheres, of operation. Electricity, coal, natural gas, and petroleum travel along electrical lines, railways, pipelines, and rivers, focusing potential impacts along specific routes and within general ranges. The average length of movement for petroleum products in 1973 was 340 miles (USDI 1976) which might serve to indicate rough limits to industrial expansion.

After the conversion of energy to useful work, such energy fields become more diffuse and difficult to identify: goods and services travel over an intricate highway system; waste heat and pollutants are absorbed into major airstreams (Garvey 1972). This suggests that the regional impact assessment of energy production technologies may have more defined geographic boundaries than the assessment of energy conversion technologies.

Consumption

Energy is consumed in the production of goods, services, and useful work, and is therefore an indicator of human patterns of needs and wants. Energy consumption has been widely used as a social indicator of cultural development (White 1949), economic growth (Cook 1976), and technological efficiency (Labovitz and Gibbs 1964).

The flow of energy through the United States is hard to estimate; waste heat is a significant factor, but it is very difficult to measure.

There are, however, such standardized measures as "end-use consumption," involving directly consumed fuels and distributed electricity, measured for three sectors—household and commercial, transportation, and industrial (U.S. Department of the Interior 1976). Typical estimates use anthracite, bituminous, and lignite coal, petroleum products, natural gas, hydroelectric power, and nuclear power; alternative energy sources (sun, wind, wood) are not often included.

Presented in table 8 is the total energy consumption per capita for the nine census divisions in 1974; it is highest in the West South Central region (which produces oil and natural gas), and lowest in the New England region. This may be due in part to the energy requirements of oil production itself—petroleum refining has been calculated to require 375 kilowatt-hours of electricity to produce one 1963 dollar's worth of product (Wright 1974). In contrast, iron and steel forging required only 21 kwh/1963$; shipbuilding takes 15.5 kwh/1963$. Gross consumption figures may therefore mislead attempts to link consumption patterns and social behavior.

When fuel sectors are looked at separately a different picture emerges. Per capita household and commercial use of energy is highest in Alaska, Wyoming, Colorado, and Massachusetts; it is lowest in Florida and Hawaii (U.S. Department of the Interior 1976). There is a general trend toward higher household consump-

Table 8
Regional Per Capita Energy Consumption, 1974
(From U.S. Bureau of Mines documents)

Region	Total Consumption (in billions of BTU)
New England	193
Middle Atlantic	214
East North Central	279
West North Central	264
South Atlantic	204
East South Central	265
West South Central	494
Mountain	293
Pacific	214

tion in the Northern states, with lower consumption in the Southern and Western regions. Cook (1976) suggests that population density and mode of travel affect per capita energy consumption for transportation; rural states and those served by air travel consume the most energy.

Fuel Type

The impact of a vulnerable fuel mix (dependency on a narrow range of fuels) may be felt throughout the social order. Vulnerable regions must develop contingency plans, alternative sources of supply, and political alliances to protect their interests. Disruption of a single fuel supply may alter the timing of social cycles, transfer social control from one institution (commerce) to another (government), and change the values which rationalize community life-styles. When the Japanese faced post-World War II shortages of wood for heating, they changed their attitudes toward forests as the home of spirits and aesthetic values (Bennett 1963).

Distribution

Energy represents one of many resources to be distributed throughout the social order in a flow involving a measure of predictability. We know, for example, that the industrialized societies, the upper classes, and working adults use more energy than nonindustrialized nations, the poor, or the very young and old (Cook 1976). The process of distribution requires humans to create patterns of social organization which regulate these exchanges and in turn influence the structure of their society.

In general, the West South Central and East South Central regions are large exporters of energy; the East North Central region is the heaviest importer. Such a transfer of energy from region to region has major sociological impacts: (1) It requires the establishment and maintenance of complex social and physical arrangements, including transport systems (Manners 1964), economic exchanges (Luten 1971), and the development of common values necessary for trade (Cottrell 1955). (2) The technology required for the production and transfer of huge energy surpluses historically leads to new occupations and new codes of conduct, whether the technology be the railroad (Cottrell 1951), rural electrification (Boorstin 1973), or nuclear power (Wilcox 1975). (3) Energy transfer can provide surpluses not available from local ecosystems, freeing the population from the limitations of local supply; such "release" may reduce local control over needs and wants (Bennett 1976).

Application of the Regional Approach to Energy Management

Clearly, regional variation in social order and energy flow should be considered in the development of state, regional, and national energy management. But what kind of regional analysis is appropriate? Planning at the state level would have done little to avert the natural gas crisis of 1977, since the affected area was defined by interstate, climatic, and economic boundaries. The unit of analysis must reflect the specific energy issue to be addressed; we suggest six types of regions, each useful for particular kinds of social energy and natural resource planning.

Natural Regions

Natural regions are based upon environmental factors such as soil type, climate, vegetation, and available resources. Ferguson (1969) utilized this type of region in examining the relationship between geology and politics in Texas; Franklin's (1977) analysis of the Man and the Biosphere Natural Reserves Program suggests that natural regions could serve as effective environmental management areas. Hodge (1968) used the Tennessee Valley as his central focus for studying the social impacts of the TVA. Energy-related uses of this approach could include:

1. Examining the relationship between environmental conditions and energy consumption. For example, the diffusion of air conditioning into the Northeast and Southwest is a significant adaptation to local ecosystems; social and energy impacts may be considerable.
2. Predicting the locale of energy resource development.
3. Predicting responses to electricity curtailment due to drought. Craig *et al.* (1976) suggest that a time lag exists between major perturbations of energy supply and public awareness; shortages may be "felt" after they are over. Regions that rely on hydroelectric power generated by seasonal snowfalls may be especially susceptible to this effect.
4. Using natural regions as management zones for energy policy.

Metropolitan Regions

Metropolitan regions are defined by affiliation with an urban center. As cities are the focus for most major transportation, communication, and energy systems, the flow of goods, information, and energy is often within and between metropolitan regions (Hawley 1950). Such regions are discussed by Duncan *et al.* (1960) and Dickenson (1964) in their analyses of rural-urban relations; Banham (1970) used the concept in his ecological study of Los Angeles.

Metropolitan Regions are useful for:

1. Examining rural-urban energy flows in relation to migration and urbanization. The relationships between city and hinterland can be expressed in terms of energy (that is, transfer of kilocalories); these flows can serve as indicators of urban growth.
2. Forecasting effects of new energy technologies on regional occupational structure and work-force levels. The operation of energy systems may require specific occupations; services such as solar panel maintenance may be claimed by several traditional occupations or developed as a new skill.
3. Predicting impacts of alterations in energy distribution on major cities (for example, new sources, curtailments, embargoes, and new technologies).

Sociocultural Regions

Sociocultural regions are based upon a common social affinity—religious, ethnic, or occupational. Boundaries between such regions may be difficult to draw, and vary widely according to the criteria used. Vance (1960) used this approach in his study of Southern regionalism; general surveys of American cultural regions have been made by Zelinsky (1973) and Gastil (1975).

Sociocultural regions are useful for:

1. Examining the relationship between the cultural history of immigrant groups and energy use. Immigrant groups have traditionally assimilated by changing their patterns of consumption (Howe 1976).
2. Forecasting the impact of new energy technologies on cultural institutions. Energy technology may even become a cultural institution; Grand Coulee Dam generates electricity and, as a cultural attraction, a local tourist trade as well.
3. Predicting social attitudes toward energy policy. For example,

"frontier" areas such as Alaska or parts of the Southwest could be compared with the established Eastern Seaboard; attitudes may vary according to perceived political interests or myths.

Administrative Regions

Administrative regions are based upon organizational boundaries. They serve to define geographic areas with formal codes (laws) and to delimit the structure of institutions and the organization of services. Aldrich (1976) found regional differences in the use of councils of government; Cameron (1969) suggests that effective administrative regions are a central element in viable federal governments.

Administrative regions are useful for:

1. Examining the effects of regulations (for example, local building codes) upon energy consumption.
2. Forecasting the impact of new technologies on bureaucratic institutions. Regional bureaucracies (such as state energy planning offices) may vary in their capacity to regulate, manage, or plan for new technologies. New demands may be treated by innovation or resistance to change; traditional approaches may be challenged regionally.
3. Studying the relationship between organizational complexity and energy use. Organizations require the expenditure of energy to maintain themselves—workers must be housed and kept warm, information must be exchanged. For certain energy technologies (for example, solar power), local management may be more efficient than centralized control.

Group-of-States Regions

In these regions, states are combined to form broad areas of homogeniety, often according to sociocultural or political criteria. Odum (1938) and Washington (1945) both used group-of-states regions in their general studies of American regionalism; Duchacek (1970) suggests that these regions are "the political alliances of the future."

Group-of-states regions are especially useful for:

1. Exploring regional differences in energy use.
2. Collecting baseline energy data. Most social data are best suited for group-of-states regions; comparability with energy data is critical for social impact analysis.

3. Forecasting the regional impact of national energy policy and predicting regional responses. For example, effects of federal energy policy on the transportation sector may vary from region to region; states may combine for joint commerce and transport planning.

Ecological Regions

Ecological regions are defined by the flow of materials, energy, information, and population; boundaries are marked by changes in the rate of flow. Perloff and Wingo (1961) and Dickenson (1970) suggest that the flow of natural resources is important to regional development and definition. E. Odum (1977) argues that ecological regions are well suited for modern environmental management.

Ecological regions are useful for:

1. Outlining interregional flows of energy within the United States. For example, regulation of natural gas has long been used as a "vehicle of social control," influencing the distribution and scale of economic growth in some regions (Budnitz and Holdren 1976). Flows of energy indicate producing and consuming regions, and could help to focus detailed, social-impact assessments on locales likely to be affected.
2. Measuring the social consequences of energy transfer between regions. Self-sufficiency may lead to political dominance; dependent regions such as New England must devote great effort to protecting current rate structures and subsides. Socially, the impact of obtaining fuels not locally available may result in changing opportunities, costs, needs, and wants (Bennett 1976).

Energy and Regionalism: Two Possible Forecasts

The existence of regional imbalances in energy resources, combined with the introduction of new energy supplies (for example, Alaskan oil, western coal, foreign petroleum) suggest that structural integration of the nation's regions may more and more be based on energy. Two scenarios appear possible. The first is an increasing regionalism, characterized by further regional specialization and interdependence; political, social, and economic alliances between producing and consuming regions would be required to maintain the flow of energy surpluses (Palmedo 1976; Norvick 1976).

The second possibility is an increasing sectionalism, defined by H. Odum (1936) as a pattern of regional independence, competition, and conflict. As the energy costs of regional exchange rise, it is possible that regional populations with energy surpluses may attempt to reduce the transfer of subsidies to consuming regions. Producing regions may be pressured to accept major environmental changes. The Georgia Conservancy (1977:2) suggests that "the conventional path of energy growth could lead to the creation of 'zones of sacrifice,' and to divisive inter-regional conflicts."

Listed in table 9 are a variety of social indicators of regionalism. High rates of commodity imports, energy transfer, and migration would point to increasing cooperation between regions; sharp decreases in exchange, coupled with a rise in regional social institu-

Table 9. Social Indicators of Regionalism

Social Institutions

- Politics: Number of councils of government, coalitions, planning agencies
- Commerce: Number of unions, banks, commerce and development associations
- Arts and Education: Number of sports teams, symphonies, zoos, and universities
- Health: Number of regional garbage sites, water treatment plants, wilderness areas, hospitals with advanced equipment

Mobility

- Emigration: Number per 1,000 residents
- Immigration: Number per 1,000 residents
- Tourism: Percent of residents who vacation within region
- Travel: Interregional passenger miles (by mode of transport)

Self-Sufficiency

- Net transfer of energy (including foodstuffs, expressed in kilocalories)
- Percent of fuel consumption produced within region (by fuel source)
- Percent of basic commodities imported
- Percent of energy and commodity exchange by batch transport

tions and increasingly vulnerable energy systems, would suggest independence and conflict. In either case regional differences illustrate "the inadequacy of monolithic national analysis" (Palmedo 1976; see also Odum and Odum 1972), and make analytical efforts toward an increased understanding of regional systems extremely relevant for energy and natural resource planning.

A narrow focus on individuals, households, firms, or communities may miss crucial interconnections and cumulative project effects. Twenty additional miles of an interstate highway or higher stacks on a coal-burning electric plant may have little local impact; at a regional level, however, such projects can have large-scale ramifications. The next chapter reviews social surveys on energy at the national level. While the focus is on energy, such survey techniques may be applied to all natural resource management issues.

10

Social Survey Approach

Historically, variations in resource flows have become relevant only within a specific set of social institutions. Thus, uranium and petroleum were neither scarce nor abundant resources in the seventeenth century; they were simply irrelevant to the cultures of the time. In previous chapters we have examined the effects of values, norms, and social institutions on the patterns of resource utilization which characterize human groups of all sizes and degrees of complexity. Here we will focus especially on the current energy "crisis" in the context of these same social, and cultural factors.

Caldwell (1976) lists four composite elements which may be considered as ways of defining the energy "crisis": demand; supply; costs; and institutional structure. He makes the point that regardless of whether the problem is defined as too much demand in relation to too little supply, or as costs (economic, social ecological) as distinguished from "prices," all three of these are aspects of a larger, comprehensive situation. Energy is certainly a common denominator, but equally common are the values, purposes, and institutional structures that interact to create the problematic situation. While energy sources are variables dependent on the laws of the physical world, human choice is the independent variable that determines what will become a crisis. The energy "crisis" is therefore primarily the outgrowth of social, rather than physical conditions.

Surveys and The Energy Crisis

Social surveys are a research tool which facilitate the study of public attitudes toward, belief in, and reactions to the energy crisis which began with the OPEC embargo in November of 1973. There is some public awareness that no energy source is infinite, but experience with actual shortages is very recent: the post-1973 oil embargo period, characterized by national shortages of gasoline and regional shortages of home fuel oil; the winters of 1976 and 1977, characterized by regional shortages in natural gas used by commercial establishments and for home heating; and the summer of 1979, characterized by a rapid rise in the price of gasoline and fuel oil, followed by reports of record-high oil company profits and gasoline shortages. Current reaction to and belief in the seriousness of the energy crisis appear to be largely conditioned by these experiences.

Perceived Seriousness

Many surveys have attempted to gauge the perceived seriousness of the energy situation since 1973. Measuring this variable on any issue using survey techniques is problematic; the methodological considerations are presented fully below. In general, however, special attention must be paid to two factors: question wording and question format. Bias in question wording alone can explain differences among otherwise identical surveys sampling opinions concerning the energy "situation," "problem," "crisis," or "shortage." This complicates the interpretation of some of the results presented below. Question format problems arise from the difference between questions provided with a full range of response options and those which are open-ended. The following data on perceived seriousness all come from survey questions provided with categorical responses. Open-ended questions are discussed in the section on perceived importance.

Graph 11 displays combined data from thirty studies which

Graph 11. Perceived Seriousness of the Energy Crisis
(From Farhar, et al., 1979:60)

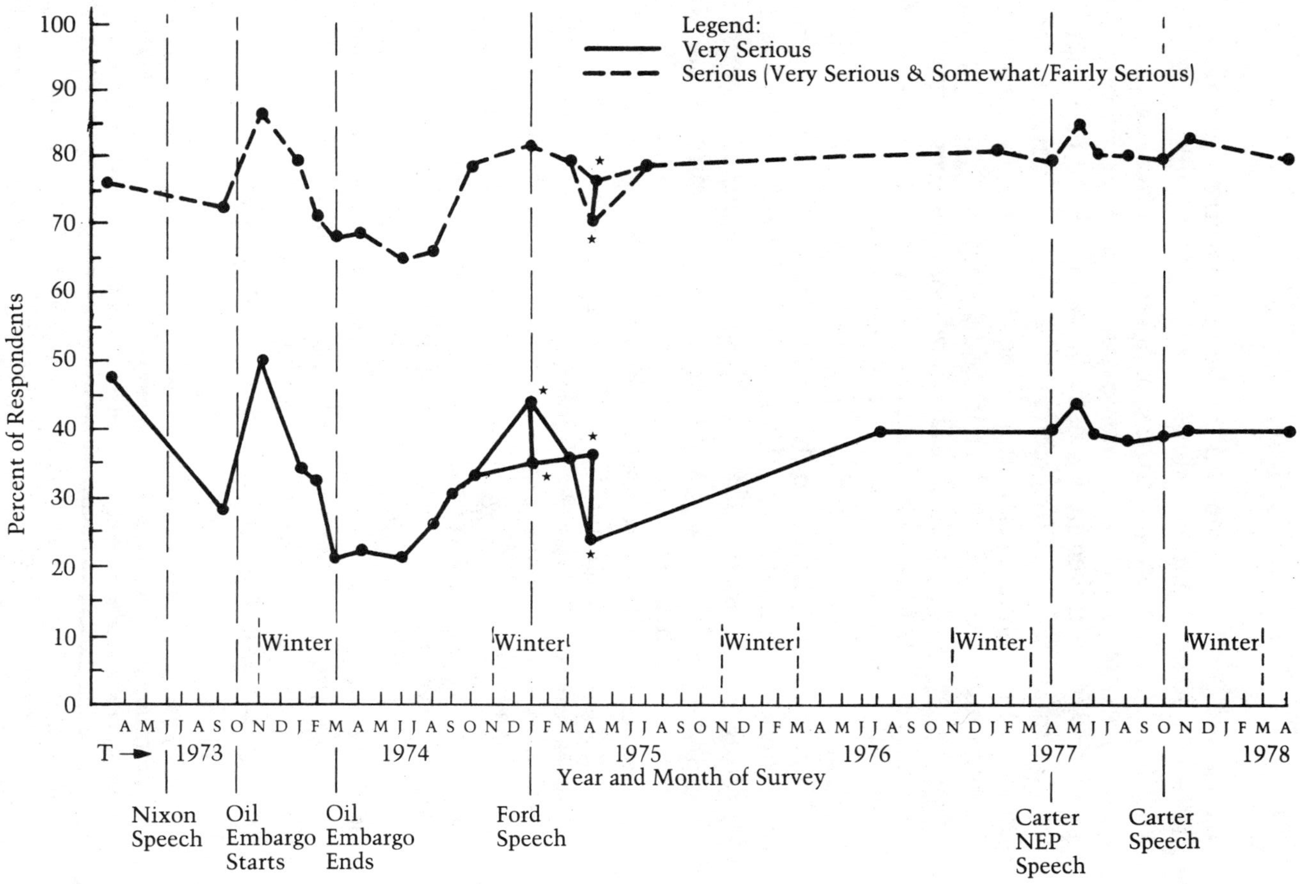

* Discrepant data points

examined public perception of the energy crisis (Farhar *et al.* 1979:60). After the initial shock of the 1973 oil embargo, which caused major disruptions in the availability of petroleum products, public perception of the seriousness of the energy situation dropped in 1974, followed by a steady but gradual increase in 1975. Approximately 70 to 80 percent of the public have consistently considered the energy situation to be at least somewhat serious, throughout the period. Peaks and troughs appear to occur as reactions either to periods of shortage (embargo or severe winters) or to media events created by presidential speeches. The pattern for those who considered the energy situation very serious is quite similar, stabilizing at around 40 percent after 1975.

More comparable data on this issue comes from the same question repeated from 1977 to 1979 by the same survey organization, the American Institute of Public Opinion (Gallup)[1]. The pattern of response was similar to that portrayed in Graph 11 for this period. The Gallup surveys show a mild drop in June 1979, perhaps reflecting the short period of calm which occurred just prior to the return of gasoline lines (and odd-even rationing in some states) a few weeks later. Breakdowns by demographic group show little difference attributable to any variable except education; college-educated people were more likely to view the energy situation as very serious. However, Republicans were somewhat more likely to consider the energy situation as at least fairly serious.

It is interesting to note, as is shown in table 10, that over half of the sample did not feel that energy was a very serious problem, even after the president appeared on television twice in one week claiming that the challenge of solving the energy problem would "require a moral commitment equivalent to war." There are, of

[1]Survey data referenced in this chapter were assembled from the original data tapes from surveys conducted by many public and private survey organizations unless otherwise indicated. For reference purposes, the name of the survey organization and the date of the survey are indicated. Since the original data sets, codebooks, and support documentation are only available at data archives, specific citations do not appear in the references at the end of the book. Access to the data tapes may be obtained from the Roper Center, Yale University, the Louis Harris Data Center, University of North Carolina, and the Interuniversity Consortium for Political and Social Research, University of Michigan. For further information, contact the author.

Table 10
Seriousness of Energy Situation

How serious would you say the energy situation is in the U.S.? (very serious, fairly serious, or not at all serious?)

DATE	Very Serious	Fairly Serious	Not at all Serious	No Opinion
	%	%	%	%
1979: August (see below)	47	35	16	2
June	37	36	24	3
February	43	42	13	2
1978: March/April	41	39	15	5
1977: November	40	42	14	4
September/October	40	40	16	4
June	40	42	13	5
April/May	44	41	12	3
April (early)	41	39	16	4
BY GROUP AUGUST, 1979				
College	60	31	8	1
High School	41	38	19	2
Grade School	43	35	18	4
East	45	38	16	1
Midwest	42	38	19	1
South	51	31	16	2
West	52	35	10	3
Republicans	49	41	9	1
Democrats	50	33	15	2
Independents	43	37	19	1

Source: Surveys by the Gallup Poll, the latest August 1979, via personal interview.

course, many possible explanations of this fact, only some of which can be examined through survey research: lack of confidence in the president; political party loyalty; lack of trust in government, business, or the scientific community; ignorance of current events; or blind faith in technology.

One likely explanation of this skepticism was explored in Roper and CBS/ *New York Times* surveys: the extent to which people believe that the energy shortage is contrived. Table 11 shows that,

Table 11
Energy Shortage Real or Contrived?

1. Here is a list of statements about the gasoline and oil shortage (respondent given card). Which *one* of those statements comes closest to expressing your opinion?

A. There is a very real shortage and the problem will get worse during the next 5 to 10 years.
B. There is a real oil shortage but it will be solved in the next year or two.
C. There was a short-term problem, but it has been largely solved and there is no real problem any longer.
D. There never was any real oil shortage—it was contrived for economic and political reasons.

	Statements				Don't Know
	A	B	C	D	
1974: May	21%	12%	8%	53%	6%
1976: May 8-15	25	9	9	48	9
Nov 6-11	26	11	8	46	9
1977: Apr 30 - May 7	40	15	6	33	6
Oct 29 - Nov 5	33	14	9	39	5
1978: Apr 22 - May 3	32	8	9	45	6
Oct 28 - Nov 4	31	10	9	43	7
1979: Jan 6-20	29	8	8	48	7
Apr 28 - May 5	25	12	6	51	6
Sep 22-29	28	9	7	51	5

Source: Surveys by the Roper Organization on the dates indicated via personal interview.

of the four options presented, most of the population chose the one stating that "there never was any real shortage." This contrasts sharply with the second most frequent choice, that the shortage is not only real, but will get worse in the future. Relatively many fewer people saw the shortage as already solved or likely to be solved in the near future. The CBS/ *New York Times* data reported in table 12 emphasizes that when the cue of higher prices was added to the question, the proportion who said that the shortage was not real was even greater.

Milstein (1977b:5) provides an additional perspective:

Table 12
Energy Shortage Real or Contrived?

Do you think the shortage of energy we hear about is real or are we just being told there are shortages so oil and gas companies can charge higher prices? (July 1977 - April 1978)

Do you think the shortage of oil we hear about is real or are we just being told there are shortages so oil companies can charge higher prices? (March 1979)

Do you think the shortage of oil we hear about is real, or are we just being told there are shortages? (June 1979 - July 1979)

	Real	Just Being Told	No Opinion
1977: July 27-31	38%	49%	13%
Oct 23-26	42	51	7
1978: Jan 8-12	43	47	10
Apr 3-7	42	50	8
1979: Mar 26-27	20	69	11
June 3-6	30	62	8
July 9-11	26	66	8
July 16	35	53	12
Nov 5	37	54	9

Source: Surveys by the CBS/*New York Times* Poll on the dates indicated via telephone.

Skepticism is partly based on ignorance. In May 1977 a Gallup survey found only half the public knows that the United States must import oil to satisfy its energy demands, and only one-tenth of the public has an accurate idea of how much petroleum the United States does import. These findings on energy must be put into perspective. A University of Texas national survey of 10,000 people on diverse topics found less than half of the adult population to be "functionally competent." If a large fraction of people are generally unaware of what is happening in the world outside of their personal experience, it is not surprising to find them unaware of the nature of the Nation's energy problem.

"Functional incompetence" may play a major role among people who perceive the energy crises as contrived. Information about oil reserves, prices, and oil company profits, however, is presented by the media in such a way that misunderstandings of the "economics of scarcity" could easily arise.

Perceived Cause

In order to understand whether the public will accept proposed solutions to the energy problem, it is also useful to determine public perception of the problem's cause. If foreign countries or corporations, rather than American institutions, are held responsible, then potential solutions which the public would find most reasonable require dealing with sovereign governments outside the direct control of the United States. If individual actors are held responsible, then individuals may believe that they can change the situation by taking personal actions.

Of course, question wording will again significantly affect responses. Asking simply "who is to blame" is different from instructing the respondent to indicate the "level of blame" assigned to a predesignated list of response categories; in turn, results will be further affected by the particular list of response options provided. Close examination of the results of many surveys reveals that, while sample proportions vary a great deal depending on question wording, rank order or attribution of responsibility does not change much. The data presented below are directly comparable through time, since these surveys asked the same question on each of five occasions.

Table 13 contains longitudinal data from Roper polls on the question of blame for the energy crisis which show that oil companies consistently received a major share of the blame through time. This finding is also supported by other ways of asking the question, including "cue-free," open-ended questions. The sample proportion who blamed oil companies remained stable at around 55 percent from 1974 through 1977, but by 1979 some 72 percent attributed major responsibility to oil companies. Arab countries ranked second throughout the period (except for the initial survey in 1974), followed by the administration, Congress, and electric power companies. The proportion blaming American consumers varied through time, although the rank for this response was fifth or sixth every year except 1977, when American consumers virtually tied for second with Arab countries and electric power companies.

The reasons underlying these choices included: oil companies are greedy and want more (that is, too much) profits; the government should have anticipated the shortages and prevented or amel-

Table 13
Who to Blame for the Energy Problem?

Here is a list of groups who have been mentioned in one way or another as being to blame for the current energy crisis here in the United States. (Respondent handed card.) Would you go down that list and for each one tell me whether you think they deserve major blame for the energy crisis, some blame, or no blame at all?

	PERCENT "MAJOR" BLAME				
	June 1979	June 1977	Jan 1976	Feb 1975	Jan 1974
The oil companies	72%	55%	57%	57%	56%
The Arab countries	51	32	37	38	22
The Administration	36	24	28	28	39
The Congress	34	28	26	26	26
The electric power companies	25	31	29	26	15
American consumers	23	31	18	20	18
Israel	17	10	13	10	11
The environmentalists	15	13	9	11	10

Source: Surveys by the Roper Organization via personal interviews on the dates indicated.

iorated the situation; the American public wastes too much energy because of its excessive life-style; the OPEC countries are trying to get rich and become powerful by using oil as an economic weapon. For a more detailed discussion of these reasons see Farhar *et al.* (1979:67–76).

Perceived Importance

In order to measure the perceived importance, or salience, of energy matters, it is necessary to compare the extent to which energy matters receive public attention in relation to other national (and personal) problems. A much higher proportion of the public will state that the energy situation is serious when the question focuses only on energy, than when the question places energy in the context of other pressing national problems.

There are two common ways to measure the importance of the

energy issue through survey research. The first is to ask an open-ended question, such as "what do you think is the most important problem facing the country today?" No response options are provided, and therefore, the energy issue either emerges as salient or is obscured by the many other issues facing the public. The second method is to ask directly about the importance of the energy issue, providing response options. Open-ended questions are generally considered to be the better technique for measuring salience.

Gallup polls, which are conducted every two weeks, repeat questions on the most important problem facing the country. They used a completely open-ended method, and found that energy was not a public issue before 1973. Shortly after the OPEC oil embargo, energy became a matter of acute public concern—the most important problem in the survey for the first and only time. The salience of the energy issue dramatically declined as long lines at gas stations vanished, so that by January of 1976, energy was mentioned as the most important problem by only 3 percent of the population surveyed. Although the economy ("high cost of living" and "unemployment") was most on the minds of the populace in 1976, energy was also outranked in importance by "moral decline/lack of religion" (4 percent) and "dissatisfaction with government" (4 percent), and was tied by those who reported "can't say" (3 percent).

After 1976, energy slowly increased in importance until early 1978, when 21 percent of the people interviewed volunteered that energy was the most important problem in the country; this rise can be explained by the severe winter of 1977/78. Finally, with the unexpected return of gasoline lines in the spring of 1979, the proportion who saw energy as the most important problem in the country greatly increased again, to 33 percent in May of 1979. This reinforces the notion that public concern about the seriousness and salience of energy issues is directly related to personal experience with energy shortages and media exposure to energy as a problem of national concern.

The second way to measure the importance of the energy issue through survey techniques is to ask about it directly and to provide a full range of response options. This technique is generally considered to be a less accurate measure of salience, since providing categorical responses forces respondents to choose answers which may not have occurred to them without such prompting. However, results obtained from this technique show a similar pattern to that obtained through open-ended questions, although the percentage of people who feel that energy is a serious problem is generally higher when response categories are provided.

Expectations

Public expectations about the energy problem are particularly important for natural resource and energy planning, because they generally reflect both previous experience and assessment of current and future situations. Social surveys on expectations can therefore provide policy makers with insights which can help them to institute effective programs to mitigate problems.

In April of 1979 a Harris poll asked how serious the energy shortage would be in ten years. Fifty-five percent responded that it would be very serious; twenty-two percent said that would be somewhat serious. This is approximately the same proportion which stated that the energy problem is very serious today. The same Harris poll showed that the public expected that: (1) coal would replace oil in providing most of the country's electrical needs in the early 1980s; (2) nuclear and solar energy would jointly provide primary electricity needs by the end of the century; (3) solar energy would emerge as the primary source of electricity needs by the year 2000, although a substantial proportion of the public felt that nuclear energy would still provide the major source of electricity needs by the year 2000, although a substantial proportion of the public felt that nuclear energy would still provide the major source of electrical energy by the end of the century. Similar findings resulted from Roper polls conducts during March and May 1979.

A more recent Gallup survey done for the Solar Energy Research Institute found that homeowners were optimistic about the nation's energy situation. When the rankings were recoded into a five-step scale from "much better" to "much worse," 27 percent of the sample anticipated harder times with regard to energy, but 57 percent thought the situation would improve (Pilgrim, Unseld and Williams 1981:5).

Many people seem to be aware of the uncertain availability of oil in the future. Since they expect alternative energy sources to meet demand in both the short and long run, they are relatively unconcerned about the scarcity of oil and gas that is causing "temporary" disruptions in their life-style. A Harris poll in April 1979 asked:

> Generally speaking, how optimistic are you about the ability of this country to solve the energy problem by technological discoveries and developments—very optimistic, somewhat optimistic, or not optimistic at all?

Some 86 percent responded that they were very optimistic or somewhat optimistic. Only 7 percent were not optimistic at all, and another 7 percent were not sure.

Both cross-sectional and longitudinal social surveys provide an important additional perspective on the energy crises. The results from the hundreds of surveys conducted since the 1973 embargo are sometimes conflicting concerning the adjustment, understanding, reaction, and expectations of Americans to the newly defined energy situation. Although exact percentages vary from survey to survey, enough of a consensus does emerge to report overall trends.

Surveys on Energy Conservation

Since the 1973 embargo and consequent government policies encouraging (or forcing) conservation, many surveys have been conducted on "public attitudes toward energy conservation." Since the surveys were uncoordinated, the literature is flooded with myriad findings, many of which are contradictory. Without a close analysis of the research design and without having an actual copy of the data, it is virtually impossible to determine whether disparate results are real, valid changes in attitudes or whether they result from inadequate methodological rigor.

Conservation is a complex phenomenon. Since the findings in survey research on conservation attitudes and behavior do not constitute a consistent pattern, only general statements can be made, with no real confidence in the stability, reliability, or even validity of these findings. People do appear to prefer regulations and rationing rather than market-pricing mechanisms to achieve energy conservation, however. Although some surveys show that people profess a favorable attitude toward increasing the austerity of their lives, most reported behavioral patterns do not indicate this. A substantial proportion of the public believe that conservation will limit economic growth and depress the current standard of living; this may well be an important reason for the reluctance to rely heavily on conservation to solve energy problems.

Farhar *et al.* (1979:129–39), in a study of over one hundred separate surveys conducted between 1973 and 1979, summarized the patterns of findings from those surveys that had sufficient empirical evidence to support conclusions:

1. About 85 percent of the public report that they are conserving at least "a fair amount" of energy.
2. People prefer and report engaging in more domestic energy conservation than transportion conservation.
3. Most of the public (about 80 percent) are opposed to raising the price of gasoline to reduce consumption.
4. Driving less through reduction in trips, car-pooling, and using mass transit is viewed as infeasible and disadvantageous by most people.
5. Most of the public report that they are driving slower because of the 55-mph speed limit.
6. Most people favor the 55-mph speed limit.
7. Most of the public believe that gasoline rationing would be effective in decreasing energy consumption; nevertheless, they oppose it.
8. Gasoline rationing, however, is preferred to price increases.
9. Most of the public oppose special taxation for "gas guzzler" cars.
10. Although the public is polarized on this issue, slight majorities favor relaxing emission controls on automobiles to increase gas mileage.
11. Most people report they are practicing some form of residential energy conservation.
12. The practices most frequently engaged in are those which are least inconvenient and least effective. As the conservation measure increases in inconvenience and/or cost, it is practiced by fewer people. Practiced most frequently (by 70 to 75 percent) are turning off lights and appliances when not in use and lowering thermostats. Practiced by about a third are use of lower-wattage bulbs, running full washer and dishwasher loads, closing off rooms, and decreasing air conditioner use. About ten percent use cold water for laundry, heat with fireplaces, and insulate their homes.

13. Policy options preferred by most of the public daylight savings time and tax credits or deductions for home insulation. Opposed by much of the public was peak-load pricing.

Jeffrey F. Milstein, of the Department of Energy's Office of Conservation and Solar Applications, has conducted several public opinion surveys that focus primarily on conservation (Milstein 1976, 1977a, 1977b). The data come from over 30,000 interviews, conducted over a period of four and a half years (available for secondary analysis from the Interuniversity Consortium for Political and Social Research, University of Michigan, Ann Arbor.) The main purpose of the effort was to monitor: (1) the public awareness of the need to conserve energy; (2) attitudes toward actual or proposed policies; (3) knowledge of techniques for conserving energy; and (4) the relationship between knowledge of these techniques and actual conservation behavior. Milstein (1976, 1977a, 1977b) found that a majority of people claimed to be practicing "energy efficiency" at the time they were interviewed. Use of home insulation is the best example of voluntary conservation in the United States; four-fifths of all homes now have some insulation. Half of the home owners interviewed reported having added insulation to their homes since they purchased them. More than half of the population shut off lights when they were not using them. Three out of five people do not cool their homes below 78 degrees on an average summer day, as measured by a thermometer.

In the transportation sector, Milstein (1976, 1977a, 1977b) found that people are buying more efficient cars, although when his survey was conducted, 23 percent of the new vehicle market was composed of heavy vans and pickups trucks. Partly because of mandated requirements, there has been a 21 percent increase in on-the-road automobile efficiency. Only one-fifth of the people report making use of car pools for transportation to and from their jobs, and only one-eighth use mass transit. Highway speeds exceed 55 miles per hour, but they are lower than they were in 1972; a large majority claim to abide by the lowered speed limits and favor strict enforcement of them. Vacation travel declined during the embargo and the recession following it, but has increased since the bicentennial summer.

In general, Milstein (1976, 1977a, 1977b) concludes that people are reluctant to pay more for energy or to sacrifice comfort.

Although there is a widespread skepticism about the reality of the energy crisis, most people are generally aware of conservation. Ignorance regarding energy conservation was found to be common, however, and there was a large discrepancy between what people felt they should be doing in order to conserve energy and their actual behavior (for example, 76 percent felt they should car pool, but only 10 percent actually do it). Finally, people feel that if sacrifices are necessary, they prefer them to be equitable. Yet there is evidence that as prices increase, those of a higher socioeconomic status will continue to consume energy at the same rate as before, as will those of lower socioeconomic status, since they are already at a minimum level. The greatest flexibility is to be found among the middle classes, who will conserve for economic reasons.

Many academic studies of energy conservation utilize survey techniques, often in combination with other social science research designs and methodologies. However, the results of these studies do not provide a coherent pattern of relationships for determining cause-and-effect factors involved in energy conservation (see Angell and Associates 1975; Barnaby and Reinsenstein 1975; Bartell 1974; Gottlieb and Matre 1976; Grier 1976; Heberlein 1975; Hogan 1976; B. Morrison and Gladhart 1976; Patterson 1975; Peck and Doering 1976; Perlman and Warren 1975).

Perhaps the main reason for inconsistent results from surveys on energy conservation is that, as a variable, conservation is quite multidimensional; it involves many separate actions involving many decisions by many people. Some researchers are seeking information on voluntary actions, others are measuring attitudes toward government-imposed regulations. Life circumstances vary, as does the context of the need to conserve in different energy sectors: transportation, residential, commercial, public. Since each researcher has specific, albeit very different, definitions of the relevant context, it is not surprising that the results have been less than cumulative. The one conclusion that can be confidently drawn from the survey research is that the public is confused about: (1) what actions they should take; (2) whether these actions will benefit them directly or serve some vaguely defined national goal of reducing total demand; and (3) whether the actions they are asked to take are likely to make a real difference (to them or the national goal).

Surveys of Attitudes Toward Nuclear Power

Energy shortages and conservation are relatively new for Americans; controversy surrounding the use of nuclear technology for peaceful purposes has been prevalent since the late 1940s. Over the last two decades, numerous surveys commissioned by government, industry, and private groups have been conducted to determine public attitudes regarding nuclear power. These surveys vary widely in issue, scope, methodology, target population, and sponsorship.

Rarely does a single set of events have such impact that it drastically alters public opinion. Dramatic events from 1973 to 1978 produced noticeable, yet relatively minor, perturbations in the trends of opinion on energy matters; the major accident in early April of 1979, at the nuclear power plant on Three Mile Island, near Harrisburg, Pennsylvania, had very different results. Media coverage of the event was both intensive and extensive, continuing over a period of several weeks. Confusion was widespread: Was an evacuation necessary? Why was there no evacuation plan? Would a gas bubble cause an explosion? What was the cause of the accident? Who was in charge—the president, the Nuclear Regulatory Commission, the governor? Had radiation already leaked, and how much? Even after the crisis phase had ended, these and many more questions remained unanswered, even after the special presidential commission presented its report.

The impact of the accident on public attitudes toward nuclear power has been profound. Nuclear energy proponents claim that the experience proves that, even when a major accident occurs, built-in safety features and procedures are able to contain the situation, since during this accident no lives were lost and no apparent public health problems resulted. Nuclear energy opponents use Three Mile Island as proof that their warnings of the potential catastrophic danger related to nuclear technology is, indeed, very real. Opponents also point out that a core meltdown would not only have caused many deaths and tremendous negative health effects, but would also have resulted in creating a long-lasting wasteland in central Pennsylvania.

Most of the following data were gathered before the Three Mile Island incident. Not enough time has passed since the accident to make any definitive statement about its permanent effect on public opinion, but we will examine what data exist on opinion changes since April of 1979.

Melber *et al.* (1977) provide a secondary analysis of 100 existing surveys of public opinion regarding nuclear power, including in-depth studies of attitudes toward nuclear power and general energy issues, assessments of nuclear attitudes as one part of other social, economic, and political concerns, and very brief assessments limited to general nuclear energy attitudes. The survey data were collected by personal interviews, telephone interviews, and mailed questionnaires. Populations ranged from national, state, and nuclear site probability samples to samples of special groups such as students or members of civic and environmentalist organizations.

Melber *et al.* (1977:1–2) give the following caution, which applies to all other secondary analyses of data from a variety of sources:

> Naturally, both the results and the conclusions drawn from these diverse efforts vary widely. No doubt some of these differences are due to actual changes in opinion over time or to real regional or demographic differences, and therefore represent reliable and valid information about the public's attitudes, knowledge, opinions, beliefs, and policy preferences. As such, public survey results can be an important ingredient of public policy formation and policy evaluation. On the other hand, with such varied approaches, some results are inconsistent and do not constitute a basis for reliable inferences and valid conclusions. In this case, they may lend an air of respectability to specious conclusions and, at worst, they may seriously hamper the balanced assessment of the public stance on important policy issues.
>
> Unfortunately, the "nuclear debate" has often featured exaggerated claims and exaggerated rebuttals. In this adversarial climate, survey data *can* be selected from among the diverse offerings to support nearly any position one wishes to take. In this situation, there is a clear need for careful synthesis and comparative analysis of survey findings.

General Attitudes

Of the variety of question wording and response formats used to assess attitudes toward nuclear power, none produce extremely

Table 14
Types of Nuclear Power Survey Questions

Type I	Questions about feelings	These questions ask about the respondent's general feelings or opinions toward nuclear power. (e.g., What is your general opinion about nuclear power?)
Type II	Questions about use	These questions ask whether nuclear power should be used for electricity. (e.g., Do you agree or disagree with this statement: "Nuclear power should be used to produce electricity"?)
Type III	Questions about building nuclear plants	These questions ask whether nuclear power plants (or more nuclear plants) should be built. (e.g., Do you generally favor or oppose the construction of more nuclear power plants?)
Type IV	Questions about nuclear plants and energy needs	These questions ask whether nuclear plants should be built in order to meet the energy crisis. (e.g., In order to meet the future power needs of the nation, how important do you feel it is to have more nuclear power plants?)

different results. For purposes of comparison, Melber *et al.* (1977) classified the survey questions into four types (table 14).

The responses to Type I questions clearly indicate that a large majority of the public favored nuclear power before 1977. National surveys reflected support levels ranging from 45 to 80 percent and opposition levels ranging from 6 to 35 percent; specific state surveys show considerably more variability. An average of 17 percent of respondents were undecided about nuclear power, with a range of from 11 to 32 percent.

Type II questions, concerning whether nuclear power should be used to generate electricity, received higher levels of support than did Type III questions, asking whether (more) nuclear power plants should be built. Type IV questions, asking about nuclear power in the context of the energy crisis, received greater support than did those questions not referring to energy shortages.

Temporal Patterns

One significant change over time, prior to the Three Mile Island accident, should be noted, although the amount of data is relatively small. In several local surveys of residents located near the site of a nuclear power plant, the proportion favoring building a nuclear plant increased as the possibility became a reality (Melber *et al.* 1977:60–65).

Although a plurality of respondents support nuclear power in almost every survey, strength of commitment is more complex. When survey data are disaggregated by those who "strongly" favor or oppose nuclear power, the proportions expressing such strong commitment are equal; thus, a rather large percentage of those who favor nuclear power do not have strong convictions about it. Furthermore, from 11 to 32 percent of responses in national surveys were "don't know" or "undecided," indicating an inability (or refusal) to choose between a pronuclear or antinuclear response in this context. An analysis of this undecided group (Melber *et al.* 1977) indicates that their response patterns and demographic characteristics did not resemble those of pronuclear respondents any more than they did those of antinuclear respondents.

Surveys by the Roper Organization from 1973 to 1977 (the latest, that of October 1977) show that the public was well aware of the dangers of nuclear power plants. Even though "dangers and hazards" were included in the wording of the question, however, a third of the respondents indicated that they were safe.

Demographic Patterns

Analysis of survey data by sex, age, income, education, occupation, community size, and region of the country revealed no demographic group among which opposition to nuclear power exceeded support (Melber *et al.* 1977). However, some groups consistently supported or opposed nuclear power more than others. Men and women differed more consistently and to a greater degree in their attitudes toward nuclear power than did segments of any other demographic classification; men supported it by 65 percent compared to 46 percent for women and opposed it by 21 percent compared to 28 percent for women. Although attitude differences among age groups were less pronounced, a clear trend emerged of greater support for nuclear power among the middle-aged and lesser support among the young. In general, support for nuclear power increased with educational level; those with low educational attainment not only indicated greater opposition to nuclear power, but were also more likely to be undecided. On the average, there was 13 percent more support for nuclear power among those with the highest educational attainment. Income level was also positively related to favorable attitudes; among the highest income groups support ranged from 45 percent to 81 percent. Among the lowest income group, support ranged from 28 percent to 53 percent. (See graphs 12–15).

There were no statistically significant regional differences in attitudes toward nuclear power. Among those regions favoring nuclear power, the West was the most supportive; the East and the Northeast were least supportive. Among those regions opposed, the East was the most opposed, followed by the Southwest, South, and West. The West showed less support in response to Type IV questions (linking nuclear power with energy needs) than to question Types I, II, and III. It should be noted that regional constituencies were defined differently by different polling organizations, which confounds these results.

Nationally there was slightly more support for nuclear power in urban than suburban area, and more in suburban than rural areas, but these differences were not statistically significant.

Underlying Reasons

Some of the most revealing findings regarding attitudes toward nuclear power were collected by asking survey respondents why they favored or opposed nuclear power; volunteered responses to open-ended questions are considered to be more valid measures of issue importance, or salience, as discussed above.

The main reason volunteered for supporting nuclear power has varied through time, but generally involves the idea that nuclear power is a good, needed energy source which is relatively cheap and clean, and therefore less polluting to the environment. Rela-

Graph 12
Attitudes toward Nuclear Power by Gender

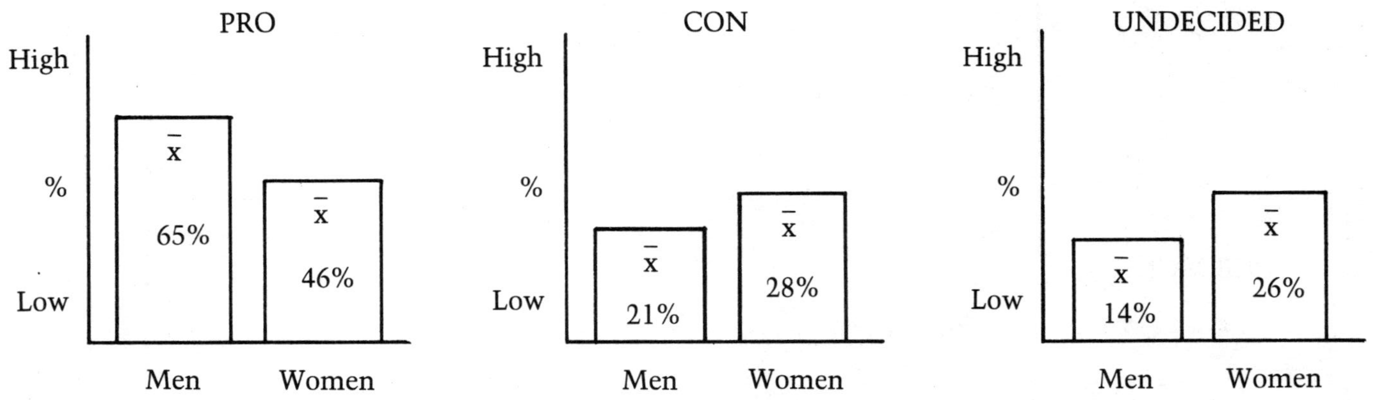

Graph 13
Attitudes toward Nuclear Power by Age

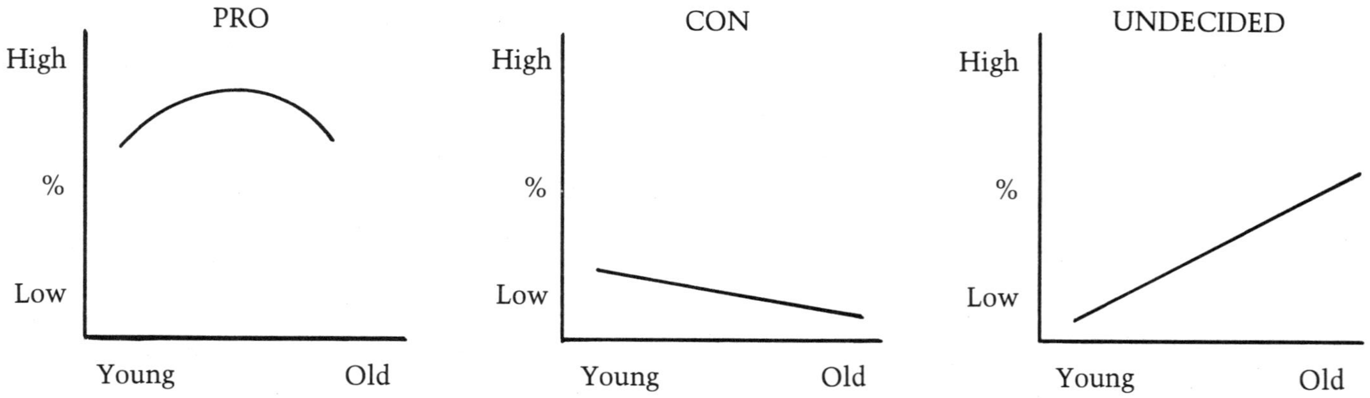

Graph 14
Attitudes toward Nuclear Power by Educational Attainment

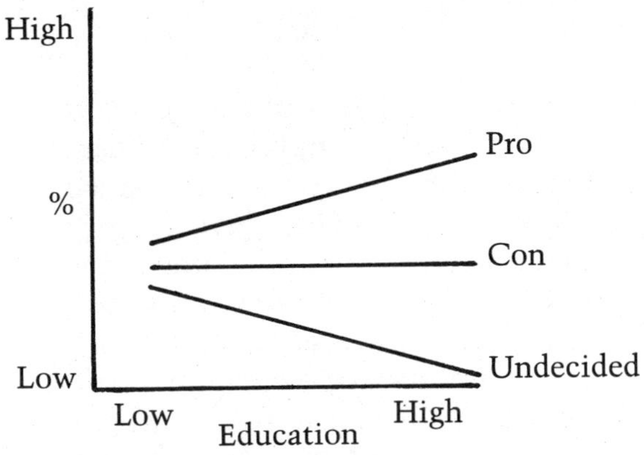

tive emphasis on economic and environmental advantages has varied over time.

Volunteered reasons for opposing nuclear power have remained stable over time, almost all relating to dangers: general danger, nuclear power plant accidents, explosions, radiation contaminations, and hazards of nuclear waste disposal. Other reasons cited contradict advantages often given: nuclear power is expensive or

Graph 15
Attitudes toward Nuclear Power by Income

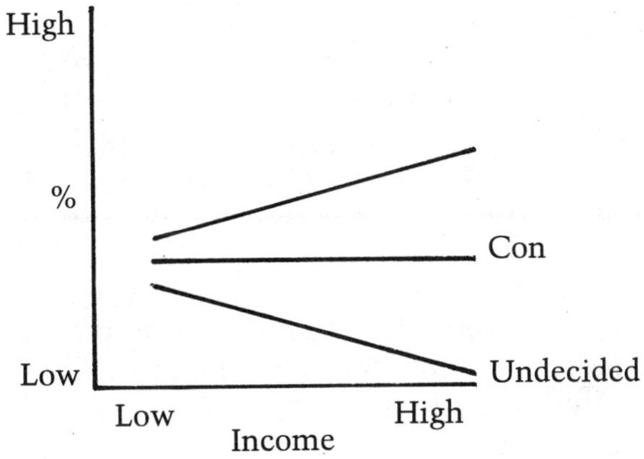

too polluting, respondents were satisfied with conventional methods, or saw no need for more energy.

After Three Mile Island

The most immediate affect of the accident at Three Mile Island was that it heightened public awareness, as well as public skepticism, concerning this country's reliance on nuclear power. The proportion of the public who favored building additional nuclear power plants declined sharply immediately after the accident, but partially recovered shortly thereafter (Harris polls April and May 1979). The data show that the sharp increase in the proportion who opposed nuclear power plants during this period is matched by a similar decrease in the proportion who had previously stated "not sure." One effect of the Pennsylvania accident was thus to help more people form opinions about nuclear power although it is impossible to predict whether these changes will persist.

A Harris Survey of May 1979 found that the public favored policies that call for higher safety standards, more inspections, and stricter supervision and enforcement of the construction of nuclear power plants. While a relatively small proportion (15 percent) of the public wanted to shut down all nuclear power plants permanently, 43 percent favored a policy to close down nuclear power plants until the government knows more about the safety risks involved.

The most dramatic change after Three Mile Island is the large increase in the proportion of people who said they "would be against" having a nuclear power plant located near them (for example in their community, within five miles). Gallup polls conducted in April and June 1979, just after Three Mile Island and other surveys suggest that, although a majority of the public sees the need for producing nuclear power in this country, the risks involved are recognized as serious enough to avoid living near one.

Whether these shifts in opinion are suggestive of a change in the historically pronuclear trend, or a natural, temporary reaction to a major accident, depends on many things and is impossible to predict. A reasonable hypothesis would be that in the absence of another major nuclear power plant accident, general support for nuclear power will return to its prior level, a smaller proportion of the population will be undecided about nuclear power than before, and the proportion who would not want a plant in their community will be higher than before (perhaps even higher than at present).

Methodological Considerations

The survey research material on energy issues is uncoordinated and difficult to synthesize. Generally, the sampling and other research techniques used are consistent with the best state of the art. However, a number of technical, methodological issues must be taken into account in evaluating the validity and reliability of surveys on energy concerns, as well as the conclusions claimed in studies based on these surveys. The problems discussed below pertain to any study based on survey research, not just those dealing with energy matters.

Sampling

Sampling provides the mechanism for estimating the probable occurrence of some characteristic in the population without having to ask every person. Taking measurements from every person in the population is called a census—a very expensive and time-consuming operation. There are many kinds of samples; not all are based on plans that allow precise estimates about the extent to which findings are likely to differ from those of a census of the entire population.

One basic distinction in sampling theory is between *probability* and *nonprobability* sampling. A probability sample has the essential characteristic that each element (i.e., person) has a known probability of being included in the sample; it is therefore possible for the researcher to estimate the extent to which the findings based on the sample are likely to differ from that found by studying the entire population. *Nonprobability* samples do not have this characteristic and therefore cannot be used with statistical inference.

All sample surveys are subject to sampling error—the extent to which the results may differ from what would be obtained if the whole population had been interviewed. The size of the sampling error (expressed as a positive or negative percentage) is largely dependent on the number of interviews, the sample size. National samples of at least one thousand respondents allow a sampling error of at most plus or minus 4 percent; a sample of fifteen hundred has a sampling error of at most 3 percent, but a sample of four hundred respondents has a maximum sampling error of plus or minus 6 percent.

There are real problems of interpretation in comparing samples based on different target populations, such as the national population, compared with regions, states, localities, or even specific groups (for example, environmental interest groups). Energy surveys had been conducted across all of these potential target populations. If the sample design is not a probability sample, care must be taken in making statistical inferences, since sampling error is impossible to estimate and findings are therefore unreliable and unstable.

It should be emphasized that the accuracy of survey findings is affected by many other measurement problems and procedures besides sampling design. Nevertheless, if done properly, sample surveys of a large population can, actually, produce more dependable, accurate results on some matters than can a census.

Interviewing

The three most common types of interviewing techniques are personal, face-to-face interviews, telephone interviews, and mailed questionnaires. Each of these techniques has special problems which affect reliability and validity in responses. Personal interviewers have to be specially trained so that their presence does not bias the way the respondent answers the questions. Although this is also a problem with telephone interviews, the very physical appearance of the interviewer is a potential source of bias. Telephone interviews are very common and have the advantage of being cheaper to conduct. However, some disadvantages are that a sampling correction must be used to adjust for those who do not have telephones (perhaps 5 percent of the American population); employed males may be underrepresented in the sample if interviewing is done during the day; resondents may react differently to a voice over the telephone compared to talking in person; very complex questions cannot be asked over the telephone because of comprehension difficulties and limited attention; and finally, people will respond differently if the interviewer is from a well-known polling organization (Gallup or Harris) as opposed to one that is not familiar to them.

Instruments

The data collection instrument (often called interview schedule or ballot) is also a potential source of error or bias. If not carefully constructed, it can produce results that are relatively worthless. Studies have shown that a certain percentage of people will respond to a purely ficiticious issue (for example: Do you favor converting nuclear to petroleum products?). It has already been pointed out that salience of the energy issue is very sensitive to cues provided by words in open-ended questions and predetermined questions provided with set responses. Three other instrumental problems deserve mention.

1. *Question Wording.* Small changes in the wording of a question will sometimes cause dramatic changes in results. For example, studies have shown that when people were asked "What is the cause of inflation?" they most often replied "Government." When they were asked "What is the cause of higher prices?" they most often replied "Business." On the other hand, the four ways of asking about attitudes toward nuclear power produce similar results (for a detailed discussion of this topic, see Schuman and Presser 1981).

2. *Question order.* Changes in the order in which questions are asked will result in different responses. For example, people will respond differently to the following questions, depending on their order: Do you believe in the free enterprise system? Do you think the government has the right to tell auto makers to produce cars that get a specified gas mileage? Most often a report which provides results from surveys, does not include interview schedules so that the order of the questions is impossible to determine.

3. *Scaling.* A series of questions on a given issue which can be combined into scales generally provides more precise measures than a single question. Techniques exist to check for internal validity and reliability for scales, but the process of scaling takes

longer and is therefore more costly. Having devised good scales for the important substantive measures of energy attitudes, it would be important to have equally good measures of demographic, social, economic, political, and personality characteristics of respondents, so that individual differences in responses can be determined. Even though people's attitudes about energy matters are constantly changing, understanding the association between energy attitudes and important background factors can allow researchers to predictably forecast these attitude changes. For example, although support for nuclear power changes frequently, it is important to know that moderately educated, white males with middle incomes are consistent supporters. This goal calls for an increase in longitudinal research designs, rather than relying on the more traditional, one-shot cross-sectional designs.

Attitudes Versus Behavior

The research literature is full of discussions on the extent of the relationship between attitudes, opinions, and perceptions and actual behavior (for an annotated summary of this literature, see Schuman and Johnson 1976). The relationship is clearly not isomorphic. What is really of interest is whether, for example, people are actually going to conserve energy voluntarily, not whether they say they will. Many studies say that people are willing to conserve, but when actual metered readings are taken, they show no reduction in energy consumption. The correlation between self-reported energy consumption and actual measured consumption tends to be extremely low. There are ways, however, to measure behavior more directly by survey techniques. Moreover, knowledge of attitudes can be important despite a low correlation with behavior. For example, an awareness of public attitudes about nuclear power may be very useful to policy makers, who may well find that their hesitation to pursue nuclear alternatives is unfounded.

Social Forecasting

Much of the prestige of polls and surveys is based on their usefulness in forecasting the outcome of political elections. Today, professional polling organizations are often able to predict accurately the outcome of an election shortly after the polls are closed, with only ten percent of the vote counted. But voting preferences are the easiest sort of forecasting, since expressing one's preference in a survey is very similar to actually voting. Whether or not surveys can be reliable and valid tools in the context of forecasting is subject to much debate in the research literature. Whether they should be used at all in forecasting is also questioned. At any rate, the forecasting potential of surveys for the natural resource analyst should be evaluated in the context of the methodological considerations discussed above.

Social surveys are one means by which we can reduce complex social reality to a manageable form. The next chapter will extend this exploration to the use of social indicators. We suggest basic secondary sources—census and government data, documents, and biopyhsical indicators, as well as primary data sources—especially use of key informants.

11

Social Indicators Approach

All resource management professions and agencies have certain goals they hope to attain—the continuous yield of sawtimber, increased production of elk, protection of endangered habitats, energy independence, economic growth, or improved environmental conditions. All of the professions and agencies involved in obtaining these goals use some measure which "stands for" the larger goal or variables they are interested in. Similarly, we use a composite index like the gross national product (GNP) to measure the overall health of our economy. We use readings from a thermometer to indicate the health of our bodies. Ecologists measure the rate of movement of chemicals, such as nitrogen, to indicate the "health" of a watershed. We use hunter success days, recreation visit days, growth volumes of forests, storage rates of water impoundments, and a variety of other indicators to monitor our success and failure in accomplishing certain resource management goals.

Of course, many of these indicators are merely administrative conveniences to protect the organization rather than the resource. Some are inadequate indicators of the variables and goals they purport to measure; others are used in ways that fall outside the intent of their creators. Nevertheless, all the life sciences are dependent on these indirect clues to measure the "state" or "health" or "well-being" of the objects of our interest. Indeed, our own daily life is dependent upon social indicators rather than on a clear perception of underlying forces; the deep sighs or raised eyebrows indicate the "state" of our lover's feelings, and clearly direct how we should respond. While this chapter may not help you to translate the indicators of your lover's moods, it may help you to understand the uses of similar measures in the larger social world.

This chapter will define what we mean by social indicators, briefly outline the state of the field, suggest some data sources, illustrate the range of natural resource applications and conclude with an overall summary of our journey through the uses of social science in natural resource management. Again, we caution the reader that this chapter is intended as an introduction to the social indicators approach, it has no pretence at being the definitive answer for all issues. However, we do think that there is enough information provided so that the analyst can save time and effort in getting directly to what social indicators can and cannot do and where in its literature certain details may be found.

The outstanding example of an attempt to develop policy-relevant social indicators are the three *Social Indicators* volumes (U.S. Department of Commerce 1973, 1976, 1980), produced by the Office of Management and Budget. They present data in graphs, tables, and text to guide, monitor, and evaluate federal policies. The data are grouped into sets of measures that indicate overtime, the nation's health (longevity, access to care, etc.), public safety (crime rates, fear of crime, and so forth), education (level of educational attainment, opportunity for education, and so forth), employment (opportunity, working conditions, satisfaction, and so forth), income (level, distribution, etc.), housing (quality, comfort, and so forth), leisure and recreation (opportunity, facilities, participation, etc.).

There are a variety of problems in making these volumes a central part of policy decisions; however, they do establish a standard and clearly demonstrate how indicators combine characteristics of social goals and social statistics, as Caplan and Barton (1973:440) note:

> Social indicators may best be thought of as lying somewhere between social statistics and social goals. With regard to social goals, indicators represent important social objectives to the extent that the latter can

be made amenable to direct measurement. With regard to social statistics, indicators represent more than 'raw facts' or empirical referents since they also have some of the qualitative characteristics of a goal in that they measure concepts and objectives.

In a more academic sense, social indicators can be confined to their utility for testing theoretical models. As Land (1970:39) argues:

(1) They are components in a sociological (including sociopsychological, demographic, and ecological) model of a social system or some particular segment or process thereof; (2) they can be collected at a sequence of points in time and accumulated into a time series; and (3) they can be aggregated or disaggregated to levels appropriate to the specifications of the model.

The distinction between the use of indicators in policy making and academic research is an important one for the impact analyst. The measure of chemical output from an experimental watershed (Likens *et al.* 1977) is intended to test theories about nutrient cycling and more generally about the structure and function of ecosystems; whereas an indicator number of the maximum sustained yield of timber for a forest or region relates to policy. The former measure has little to do with whether something good or bad is happening in the ecosystem, but is used to indicate certain processes and how well theory accounts for them. In the second measure, we are seeking clues as to what can, should, or may be done regarding a resource. In the former case scientists may debate the adequacy of the theory, while in the latter case all interested groups will use the number as support for their own position—timber industry representatives may think they are not getting enough wood to cut, and lovers of wilderness may think that the allowable cut has already been exceeded. What is true about indicators of biological systems is equally true for social systems.

The State of the Field

The importance of social indicators was recognized as early as 1929, when President Hoover set up the President's Research Committee on Social Trends. In their report the committee stated

(1933:xii–xiii) that "the primary value of this report is to be found in the effort to interrelate the disjointed factors and elements in the social life of America, in the attempt to view the situation as a whole rather than a cluster of parts."

Other forerunners include the report of the President's Commission on National Goals (1959), and a National Planning Association study by Leonard Lecht (1966), which was an attempt to determine the economic cost of achieving the commission's goals. The National Committee on Technology, Automation, and Economic Progress recommended that a system of social accounts be established to supply systematic information about the nation's "social health" and its needs, in order to provide a firm basis for policy decisions (Bowen and Mangum 1966). About the same time, the National Aeronautics and Space Administration (NASA) became concerned with assessing the possible social effects of the space program. To accomplish this, a number of well-known social scientists were brought together to produce the often-quoted book *Social Indicators* (Bauer 1966). Their basic assumption (Bauer 1966:20) was that "for many of the important topics on which social critics blithely pass judgement, and on which policies are made, there are no yardsticks by which to know if things are getting better or worse."

Other major contributions followed rapidly. In 1966 President Johnson directed the Department of Health, Education, and Welfare to develop social statistics and indicators to supplement the economic indicators prepared by the Bureau of Labor Statistics and the Council of Economic Advisors, which culminated in *Toward a Social Report* (U.S. Department of Health, Education, and Welfare 1969). During this period Congress passed the "Full Opportunity and Social Accounting Act." It provided for an annual social report by the president, a council of social advisors to aid in preparing the report, and a joint congressional committee to review the recommendations of the report. The three *Social Indicators* volumes resulted (1973, 1976, 1980).

More recently, the Social Science Research Council (SSRC) established a Center for Coordination of Research on Social Indicators, located in Washington, D.C., to disseminate information to, and facilitate communication among, the many researchers involved in the field. The Center's role is described in the first issue of its *Social Indicators Newsletter* (Social Science Research Council 1973:1):

> What are social indicators? We take them to be statistical time series that measure changes in significant aspects of a society. . . . Thus, a social indicator described in the newsletter may be a time series which at present contains very few points. The aspect of society it measures may not be deemed "significant" by all observers. And the "society" involved may be no larger than the population of a census tract. But the social indicator expresses something about the composition, structure, or functioning of that society, and expresses it in quantitative terms that can be compared with similar measures in the past or future.

The journal *Social Indicators Research* was established in 1974, with a distinguished international editorial board; it deals with empirical, philosophical, and methodological issues in the measurement of the quality of life.

Data Sources

Social indicators are obtained from a wide variety of sources: decennial census enumerations; large, periodic national sample surveys (notably the Current Population Survey conducted by the Bureau of the Census); other national sample surveys conducted less frequently, such as the Annual Housing Survey, and small-scale national sample surveys, such as the General Social Survey conducted annually, since 1972, by the National Opinion Research Center; special, one-time surveys carried out by private research organizations; special government and private documents, such as administrative records and registration systems; and composite measures, such as the Gross National Product (GNP), derived by aggregating and adjusting data from various sources. Data may also be obtained directly from primary sources, if not available in other forms.

Census and Government Data

A great deal of the data used in the statistics comprising social indicators are available either directly or indirectly from the U.S. Bureau of the Census, probably the largest data gatherer and distributor in the world, which conducts a variety of statistical programs that provide data on many topics. In some cases these data are available on a monthly or quarterly basis, rather than just every ten years.

Every five years the Census Bureau conducts a series of economic censuses, as well as a census of governments and of agriculture. Every month, every quarter, or every year it conducts surveys on such topics as population, manufacturing activity, retail and wholesale trade, housing characteristics, and vacancies. It also provides maps, specialized studies and reports, catalogues, guides, and computer programs and tapes. Information on locating census resources can be obtained from most local or university libraries, U.S. Department of Commerce district field offices, or at Census Bureau regional offices. Land-grant universities have rural sociology sections in their agricultural experiment stations that do a variety of detailed re-analyses of census data for their state, county, and towns.

Documents

Data for the construction of social indicators may also be found at local, state, or federal agencies. Most states maintain statewide research and development departments, which often publish an annual "statistical handbook," "statistical abstract," or "state almanac," containing much social, demographic, and economic information for counties, cities, or other political jurisdictions of the State. Other documents are available from state universities, and in some areas banks and newspapers publish almanacs or fact sheets. A state job service agency or employment security division of the state's department of labor publishes reports on population and employment. The state or local board of health, department of welfare, superintendent of education, or department of finance often produce annual reports that contain useful and current data for specific items. Other sources include the state chamber of commerce or the governor's office.

Other federal agencies publish documents which contain data useful for the construction of social indicators. The Bureau of Economic Analysis provides labor-market information, as well as projections of population and income. The Bureau of Labor Statistics has information on employment, manpower, prices, wages, industrial relations, productivity, safety, health, human services, and economic growth. The Department of Health maintains several statistical centers which gather and make available data on health, health resources and facilities, welfare, and social security recipients. The Federal Reserve Banks publish monthly economic reviews and develop state profiles.

Data Archives

Another source of data is nongovernment survey data archives, of which the best known are the Roper Center, the Louis Harris Data Center, and the Interuniversity Consortium for Political and Social Research (ICPSR).

The Roper Center is jointly sponsored by the University of Connecticut, Yale University, and Williams College. The oldest and largest archive of survey data in the world, the Roper Center is especially valuable for its longitudinal and cross-national data, with holdings from as early as 1936 from over seventy countries. Most of the world's major commercial survey organizations have contributed their data to the center; the American collection includes data from the American Institute of Public Opinion (AIPO, or Gallup Poll); the Roper Organization; Yankelovich, Skelly and White; the National Opinion Research Center; CBS/*New York Times*; and many others. The Center has over fifty members in its International Survey Library Association, composed of many of the country's major academic institutions and government agencies, all of which use the Center's data regularly. The Roper Center is also developing a computerized information-retrieval system, which will make the archival data much more readily accessible.

In 1965 Louis Harris and the University of North Carolina agreed to establish the Louis Harris Data Center in Chapel Hill. The archive contains hundreds of surveys conducted by Harris since the late 1950s. Like many of the studies contained in the Roper archive, the Harris surveys include American attitudes toward a wide variety of national issues.

The ICPSR, located at the University of Michigan, is a consortium of over two hundred colleges, universities, research centers, and institutes in the United States and over a dozen other nations. It includes primarily academic surveys in its data pool conducted in the U.S. and abroad. In addition, ICPSR has a variety of surveys documenting election returns from many nations, congressional voting records, election returns and census materials from the United States from independence to the present, voting records of the U.N. General Assembly and committees, data on international events and the interactions between nations, etc.

The U.S. National Archives, in Washington, D.C., also make available data which can be used in social indicators, although it is unlikely that their material would be very current. Most large universities and state libraries also have archives of social data, often containing data pertinent to the counties and communities within their state.

Biophysical Indicators

Although indicators of the biophysical environment are not discussed in this chapter, it is appropriate to mention that much data can be obtained from the local, state, and federal agencies responsible for a given area. For example, the U.S. Environmental Protection Agency produces statistics and documents on such topics as air and water pollution, land use, and solid waste. State environmental agencies produce reports for smaller geographical areas. Local gas and electric companies and regional or district sewer and water commissions have more specific local data. Sanitary engineers, state geologists, social scientists, and highway engineers also can provide information. Maps and reports from the U.S. Geological Survey are often useful resources. The U.S. Department of Energy and its national laboratories (e.g., the Lawrence Berkeley Lab) have data banks which are available, albeit sometimes with difficulty, to researchers. Data on energy supply, demand, and interregional transfer are available from the U.S. Department of the Interior, U.S. Bureau of Mines, and equivalent state-level agencies.

Key Informants and Primary Data Collection

When data are not available from existing secondary sources, original data can be gathered by a number of techniques. The particular data gathering technique used depends upon the time and money available, but one aspect of social indicators should always be kept in mind—the need to have indicator measures that can be tracked over time.

Key informants are knowledgeable residents who can provide information not available elsewhere; they provide a "built-in" time series. Other techniques are: (1) surveys of the relevant population; (2) content analysis of newspaper and other documents, which can give a sense of changing issues; and (3) systematic observation, which can directly measure behavioral regularities and responses to natural resource actions. Professional researchers should, however, be consulted before the social impact analyst attempts to apply any unfamiliar techniques; each of them has special problems which make it difficult to ensure valid and reliable data.

Natural Resource Applications

Throughout this book we have suggested social indicators to measure variables useful in the social assessment of natural resource policies and actions. In the early chapters we suggested a wide range of indicators for various elements in the human resource system, such as per capita BTU's or Kcals to measure energy and nutrient budgets, or crime rates to measure changes in social norms.

The chapter on time budgets treats such measures as indicators of life style, while the chapter on life cycle suggests the use of census data to track certain biosocial demands. The remaining chapters suggested a range of indicators to measure their approaches to adoption processes, community succession, regional exchanges, and attitudes.

However, the chapters in this book are primarily general guides to the use of specific theoretical and methodological approaches in social assessment. They are indirect applications to natural resource issues. Therefore, it seems useful to consider a few direct uses of social indicators for a range of natural resource issues.

One innovative example is the use of key informants in combination with social indicators by Jim Hutchins of the Okanogan National Forest planning team. Hutchins (1981) and his colleagues assembled and analyzed an impressive array of secondary data to develop their social indicators. They then conducted open-ended interviews with 44 persons who represented categories such as "New Pioneers, primary resource based"; "Native Americans, primary resource based"; and "Newcomers and Oldtimers," divided into resource based and non-resource based, Hutchins asked four clusters of questions to trigger discussion by his informants:

1. How have past-to-present events shaped your life-style and your values,
2. What do you foresee as future events that will affect your life-style and your values,
3. What do you conceptualize as major events in the history of your area,
4. What is the name of the group that you identify with; what are the percentages of the total population that each group you identify occupies; and, how are their numbers changing?

Hutchins worked with informants in a completely nonexploitative manner. He asked permission to use their interviews in publication, he checked with them when he had completed his draft notes on interviews, and generally used care and sensitivity toward his respondents. The crucial point is that the Okanogan National Forest could use Hutchins's mix of quantitative and qualitative data to make estimates as to which groups in the population were likely to gain, lose, or remain unaffected by specific policies. In addition, baseline time-series data were available for tracking future consequences. The study is an excellent example of combining quantitative social indicators with qualitative data from key informants to make natural resource policy more socially responsive. Furthermore, the work provides a substantial data base for long-term resource planning at a very low cost.

Though Hutchins's work is primarily directed to assessing the social effects of various forest resource actions it has wide applicability. The same can be said for the excellent introductory essay in the Bureau of Land Management (BLM), Social Effects Literature Review (Mountain West Research 1980). The essay is directed toward the social effects of western energy development, but it also provides a broadly useful set of impact models, a sound treatment of social science theory as applied to social assessment, a critique of "boomtown" studies, and some excellent illustrations of the use of social indicators. For example, rather than simply gathering census data on employment patterns in areas affected by increased coal mining, it examines a variety of theoretically relevant measures, such as direct and indirect employment opportunities, changes in employment structures, variations in occupational prestige, and numbers of jobs by various classes. Theory and prior empirical studies suggest the range of indicators and provide the critical stance for evaluating which of these indicators will be most useful for a given assessment problem. In short, rather than using a whole cafeteria of indicators and running them all through the computer to see if something significant emerges, this essay provides a rationale for the measures used and a predictive framework for interpreting what the data suggest. A strength of the BLM effort is its critical approach toward studies and indicators used in impact studies.

Andrews and his colleagues (1979) provide an even more detailed critique of a highly elaborate model for water development projects; they found that the model's elaborate quantitative approach left out many crucial social and cultural factors. Their study (Andrews, *et al.*, 1979) is a clear example that the development and use of social indicators should not simply be determined by quantitative convenience, but must relate to real patterns of human behavior. Of particular interest is their specification (Andrews *et al.*, 1979:136–139) of groups of social indicators in order to: (1) measure the adequacy of community delivery systems, ranging from housing to business services and financial capabilities; (2) measure equality of access to delivery systems; (3) measure community cohesion; and (4) measure individual well-being.

Another approach that emerged in response to measuring the impact of water resource developments is the "comparative diachronic model" (Burdge and Johnson 1977). This model attempts to separate normal trends of social change from those which can be attributed to the project, by measuring the impact of a project or policy in one community and comparing it to a similar community where a similar project is proposed. The model is dependent upon social indicators, most of which can be developed from public documents and census data. It has been tested and found satisfactory for identifying effects of a water development project in southern Illinois (Opryszek 1981).

Another unique use of social indicators is in monitoring threats to the ecosystems of national parks and/or international biosphere reserves. Machlis and Chickering (1981) illustrate that social indicators are a low-cost means for monitoring ecosystem change, documenting potential threats and guiding resource management, visitor services, and planning activities in the national parks. The authors used the Olympic National Park as an illustration of the kinds of data available, the sorts of trends that can be identified, and how a "Human Activity Index" can be developed from the data to summarize the various trends. When we realize the extremely high costs of establishing biological studies that can measure ecosystem trends over a sufficient period of time, it is hard to deny the authors' plea for further exploration of the use of social indicator techniques as a low-cost, interim means for monitoring ecosystem threats.

Our final example returns us to forest resources, but in a unique way and with a unique technique. Spencer and Beasley (1979) wanted to measure the economic and geographic impact of national forest on a given region. While we are accustomed to thinking that the "sagebrush rebellion" is confined to the large western states, in fact local communities anywhere will question the value of large tracts of public land in their backyard. The authors used a range of social indicators, which they analyzed in terms of geographic distribution (maps) and factor analysis. Their conversion of social indicators to a map gives a useful display as to how measures like employment status or income are spatially distributed. Their analysis also permitted them to raise the crucial question (Spencer and Beasley 1979:17) of "whether the Forest Service, whose activity is to produce public goods for the collective welfare of the Nation, should be placed in a position where it is held accountable to regional welfare and subjected to constant scrutiny in this regard."

General Summary and Conclusion

We began this journey with the assurance that social measurement can match the basic levels of the other life sciences. We end with some applications of social measurements to natural resource issues and the consistent demonstration that measurement without grounding in theory is simply a gathering of expensive numbers (Meidinger and Schnaiberg 1980).

In between these chapters we have suggested a variety of middle-range theoretical approaches. We outline a way for thinking about society-natural resource relations. We argued that our approach could structure the description of social groupings, it could identify probable trends in demand for certain resources, that it could measure the distributional effects of certain policies or actions, and that it could forecast or monitor the social effects of various natural resource actions.

We expanded some elements of our framework with individual chapters on approaches that seemed well suited to social assessment. The time-budget and life-cycle approaches suggested ways to identify the patterns of demand for resources. The adoption and community approaches suggested the social pathways and barriers for certain resource practices. The community, regional, and survey approaches suggested ways to identify and measure distributional effects of certain policies and practices. The social indicators approach served all four analytic issues.

Again, our intent has not been one of complete coverage of all approaches. There are many other social science approaches available and within those approaches that we did cover there are many more studies and ideas than we had the opportunity to explore. Our intent has been to give the analyst some entry points to some overlooked perspectives and literature, to give some theoretical guidance to a field seemingly filled with "abstract empiricism," to suggest some ways to think about the human dimension of natural resource decisions, and to help nudge us toward the highly noble and overwhelmingly practical goals of the National Environmental Policy Act.

References Cited

Acheson, James. 1972. "Territories of the Lobstermen." *Natural History* 31:60–69.

Aiken, Michael, and Robert Alford. 1970. "Community Structure and Innovation: The Case of Urban Renewal." *American Sociological Review* 35:650–65.

Aldrich, B. C. 1976. "Predicting New Urban Social Organization: Councils of Governments." *Sociological Focus* 9:1.

Alexander, Paul. 1975. "Innovation in a Cultural Vacuum: The Mechanization of Sri Lanka Fisheries." *Human Organization* 34:333–44.

Altman, Irwin. 1975. *The Environment and Social Behavior.* Monterey, Calif.: Brooks-Cole.

Anderson, A. H. 1964. *The "Expanding" Rural Community: Adjustment Problems and Opportunity.* College of Agriculture, Special Bulletin 464. Lincoln: University of Nebraska.

Andrews, Wade H., Gary E. Madsen, and Clay W. Hardin. 1979. *Testing Social Indicators in the Techcom Model for Water Development.* ISSR Research Monograph 8. Logan: Utah State University.

Angell and Associates. 1975. *A Qualitative Study of Consumer Attitudes Toward Energy Conservation.* Chicago: Bee Angell and Associates.

Arndt, J. 1979. "Family Life Cycle as a Determinant of Size and Composition of Household Expenditure." In *Advances in Consumer Research,* edited by W. L. Wilkie, vol. 6. Ann Arbor: Association for Consumer Research.

Banham, R. 1970. *Los Angeles: The Architecture of Four Ecologies.* New York: Harper and Row.

Barker, Roger G. 1968. *Ecological Psychology*. Palo Alto: Stanford University Press.
———, and L. Barker. 1963. *The Stream of Behavior*. New York: Appleton-Century-Crofts.
Barnaby, David J., and Richard C. Reisenstein. 1975. "Perspectives on the Energy Crisis: Gasoline Prices and the Southeastern Consumer." *Survey of Business* 2:23–31.
Bartell, Ted. 1974. "The Effects of the Energy Crisis on Attitudes and Life Styles of Los Angeles Residents." Paper presented at the annual meeting of the American Sociological Association, Montreal.
Bauer, Raymond A., ed. 1966. *Social Indicators*. Cambridge, Mass.: MIT Press.
Bennett, J. W. 1963. "Social Patterns of Forest Exploitation." In *Paternalism in the Japanese Economy*, by J. W. Bennett and I. Ishino. Minneapolis: University of Minnesota Press.
———. 1976. *The Ecological Transition: Cultural Anthropology and Human Adaptation*. New York: Pergamon Press.
Berger, Bennett M. 1960. *Working Class Suburb*. Berkeley: University of California Press.
Berry, B. J. 1967. "Grouping and Regionalizing: An Approach to the Problem Using Multivariate Analysis." *Quantitative Geography* 00:219–51.
Betrand, Alvin L., and Harold W. Osborne. 1959. "The Impact of Industrialization on a Rural Community." *Journal of Farm Economics*41:1127–35.
Biswas, Asit K., and Robert W. Duries. 1971. "Sociological Aspects of Water Development." *Water Resources Bulletin* 7:1137–43.
Black, J. Stanley. 1978. *Social Science Energy Review*. Washington, D.C.: Department of Energy Workshop.
Boorstin, D. J. 1973. *The Americans: The Democratic Experience*. New York: Vintage.
Booth, Alan, Susan Welch, and David Johnson. 1976. "Crowding and Urban Crime Rates." *Urban Affairs Quarterly* 11:291–307.
Bowen, Howard R., and Garth L. Mangum, eds. 1966. *Report by National Committee on Technology, Automation and Economic Progress*. Englewood Cliffs, N.J.: Prentice-Hall.
Brown, R. H. 1948. *Historical Geography of the United States*. New York: Harcourt, Brace and World.
Bruner, Edward M. 1961. "Urbanization and Ethnic Identity in North Sumatra." *American Anthropologist* 63:508–21.
Budnitz, R. J., and J. P. Holdren. 1976. "Social and Environmental Costs of Energy Systems." *Annual Review of Energy* 1:553–80.
Burch, William R., Jr. 1966. "Wilderness: The Life Cycle and Forest Recreational Choice." *Journal of Forestry* 64:606–10.
———. 1970. "Resources and Social Structure: Some Conditions of Stability and Change." *The Annals* 389:27–34.
———. 1971a. "The Nature of Community." In *Social Progress in New Zealand*, edited by John Forster. Auckland: Longman Paul.
———. 1971b. *Daydreams and Nightmares*. New York: Harper and Row.
———. 1976a. "Who Participates: A Sociological Interpretation of Natural Resource Decisions." *Natural Resources Journal* 16:41–54.

———. 1976b. "Social Aspects in the Allocation of Marine Recreational Resources." In *Marine Recreational Fisheries,* edited by Henry L. Clepper. Washington, D.C.: Sport Fishing Institute.

———, and Neil H. Cheek, Jr. 1974. "Social Meanings of Water: Patterns of Variations." In *Water and Community Development,* edited by Donald R. Field et al. Ann Arbor: Ann Arbor Science Publishers.

Burdge, Rabel J., and Sue Johnson. 1974. "An Analysis of Community and Individual Reactions to Forced Migration De to Reservoir Construction." In *Water and Community Development,* edited by Donald R. Field et al. Ann Arbor: Ann Arbor Science Publishers.

———. 1977. Sociocultural Aspects of the Effects of Resource Development." In *The Social Consequences of Environmental Change,* edited by James McEvoy III. New York: Wiley.

Bureau of Outdoor Recreation. 1974. *The Recreation Imperative.* Washington, D.C.: U.S. Government Printing Office.

Burke, Kenneth. 1955. *A Rhetoric of Motives.* New York: George Braziller.

Burkhardt, Dietrich, and William H. Ittelson, eds. 1978. *Environmental Assessment of Socioeconomic Systems.* New York: Plenum Press.

Burns, Allan F. 1978. "Cargo Cult in a Western Town: A Cultural Approach to Episodic Change." *Rural Sociology* 43:164–77.

Caldwell, Lynton K. 197. "Energy and the Structure of Social Institutions." *Human Ecology* 4:31–46.

Cameron, G. C. 1969. "The Regional Problem in the U.S.: Some Reflections on a Viable Federal Strategy." *Regional Studies* 2:207–20.

Campbell, W. J. 1957. *The Social History of an Industrial Boom Settlement.* Dunedin, New Zealand: University of Otago.

Caplan, Nathan, and Eugenia Barton. 1978. "The Potential of Social Indicators: Minimum Conditions for Impact at the National Level as Suggested by a Study of the Usc of 'Social Indicators' '73." *Social Indicators Research* 5:427–56.

Carr, Lowell Julliard, and James Edison Stermer. 1952. *Willow Run: A Study of Industrialization and Cultural Inadequacy.* New York: Harper and Brothers.

Caudill, H. M. 1972. *Night Comes to the Cumberlands: A Biography of a Depressed Area.* Boston: Little, Brown.

Chalmers, J. A., and E. J. Anderson. 1977. *Economic/Demographic Assessment Manual.* Denver: U.S. Bureau of Reclamation.

Chambers, William T. 1933. "Kilgore, Texas: An Oil Boom Town." *Economic Geography* 9:72–84.

Chance, Norman A. 1960. "Culture Change and Integration: An Eskimo Example." *American Anthropologist* 62:1028–44.

Cheek, Neil H., Jr., and William R. Burch, Jr. 1976. *The Social Organization of Liesure.* New York: Harper and Row.

Chittick, Douglas. 1955. *Growth and Decline of South Dakota Trade Centers, 1901–51.* Brookings: South Dakota Agricultural Experiment Station Bulletin 448.

Cone Cynthia A. 1973. "Perceptions of Occupations in a Newly Industrializing Region of Mexico." *Human Organization* 32143–51.

Converse, Philip E. 1968. "Time-Budget." In *International Encyclopedia of the*

Social Sciences, edited by David L. Sills. New York: Crowell, Collier and Macmillan.

Converse, R. S. 1980. *Energy and Tourism: A Conceptual Framework and Review of the Literature.* Moscow: University of Idaho, Cooperative Park Studies Unit Report.

Cook, E. 1976. *Man, Energy and Society.* San Francisco: W. H. Freeman.

Cottrell, W. F. 1951. "Death by Dieselization: A Case Study in the Reaction to Technological Change." *American Sociological Review* 16:358–65.

———. 1955. *Energy and Society.* New York: McGraw-Hill.

Craig, P., et al. 1976. "Social and Institutional Factors in Energy Conservation." *Annual Review of Energy* 1:20–25.

Craik, Kenneth. 1968. "The Comprehension of the Everyday Physical Environment." *Journal of the American Institute of Planners* 34:29–37.

Cravioto, Joaquin. 1968. "Nutritional Deficiencies and Mental Performance in Childhood." In *Environmental Influences,* edited by David C. Glass. New York: Rockefeller University Press.

Cressey, Paul F. 1938. "Population Succession in Chicago: 1898–1930" *American Journal of Sociology.*

David, M. H. 962. *Family Composition and Consumption.* Amsterdam: North-Holland.

de Grazia, Sebastian. 1962. *Of Time, Work and Leisure.* New York: Twentieth Century Fund.

Denenberg, R., and C. Herron. 1977. "The Cold and the Gas Shortage." *New York Times,* 23 January.

Dickenson, R. E. 1964. *City and Region: A Geographical Interpretation.* London: Routledge and Kegan Paul.

———. 1970. *Regional Ecology: The Study of Man's Environment.* New York: Wiley.

Dobyns, Henry F., Carlos M. Monge, and Mario C. Vaquez. 1962. "Summary of Technical-Organizational Progress and Reactions to it." *Human Organization* 21:109–15.

Doling, J. 1976. "The Family Life Cycle and Housing Choice." *Urban Studies* 13:55–58.

Donaldson, Scott. 1969. *The Suburban Myth.* New York: Columbia University Press.

Duchacek, I. D. 1970. *Comparative Federalism: The Territorial Dimension of Politics.* New York: Holt, Rinehart and Winston.

Duncan, Otis Dubley. 1964. "Social Organization and the Ecosystem." In *Handbook of Modern Sociology,* edited by Robert E. L. Faris. Chicago: Rand McNally.

———, et al. 1960. *Metropolis and Region.* Baltimore: Johns Hopkins University Press.

Dunlap, Riley E., and Robert Bruce Heffernan. 1975. "Outdoor Recreation and Environmental Concern: An Empirical Examination." *Rural Sociology* 40:18–30.

Durham, William. 1979. *Scarcity and Survival in Central America.* Palo Alto: Stanford University Press.

Duvall, E. 1967. *Family Development.* Philadelphia: Lippincott.

Edwards, C., and R. Coltrane. 1972. "Areal Delineations for Rural Economic Development Research." *Agricultural Economic Research* 24:

Eichenwald, Heinz F., and Peggy Cooke Fry. 1969. "Nutrition and Learning." *Science* 163:340–48.

Elazar, E. 1972. *American Federalism.* 2d edition. New York: Thomas Y. Crowell.

Faich, Ronald G., and Richard P. Gale. 1971. "The Environmental Movement: From Recreation to Politics." *Pacific Sociological Review* 14:270–87.

Fallers, Lloyd A. 1966. "Fashion: A Note on the 'Trickle Effect'." In *Class, Status and Power,* edited by R. Bendix ad S. M. Lipset. New York: Free Press.

Farhar, Barbara, et al. 1979. *Public Opinion about Energy: A Literature Review.* Report no. SERI/TR-53-155. Golden, Colo: Solar Energy Research Institute.

Febvre, L. 1925. *A Geographical Introduction to History.* New York: AlfredA. Knopf.

Ferguson, W. K. 1969. *Geology and Politics in Frontier Texas 1845–1909.* Austin: University of Texas Press.

Finsterbusch, Kurt, and Charles P. Wolf, eds. 1980. *Methodology of Social Impact Assessment.* Stroudsberg, Penna.: Hutchinson, Ross.

Firey, Walter. 1947. *Land Use in Central Boston.* Cambridge, Mass.: Harvard University Press.

Fitzsimmons, Stephen J., et al. 1975. *Social Assessment Manual.* Cambridge, Mass.: Abt Associates.

Franklin, J. F. 1977 "The Biosphere Reserve Program in the United States." *Science* 195:262–67.

Gans, Herbert J. 1967. *The Levittowners.* New York: Pantheon Books.

Garrison, Jeane 1953 "Barstow, California: A Transportation Focus in a Desert Environment." *Economic Geography* 29:159–69.

Garvey, G. 1972. *Energy, Ecology, Economy.* New York: Norton.

Gastil, R. 1975. *Cultural Regions of the United States.* Seattle: University of Washington Press.

Georgia Conservancy. 1977. *The Wolfcreek Statement: Toward a Sustainable Energy Society.* Atlanta: Georgia Conservancy.

Gibson, D. L. 1944. *Socio-Economic Evolution in a Timbered Area in Northern Michigan (A Case Study of Cheboygan, Michigan, 1890–1940).* Agricultural Experiment Station Technical Bulletin193. East Lansing: Michigan State College.

Gilliland, Martha W. 1975. "Energy Analysis and Public Policy." *Science* 191:1051–56.

Gilmore, John S. 1976. "Boom Towns May Hinder Energy Resource Development." *Science* 191:535–40.

Glanzer, Murray, and Robert Glaser. 1965. "Techniques for the Study of Group Structure and Behavior: Empirical Studies of the Effects of Structure in Small Groups" In *Small Groups,* edited by A. Paul Hare. New York: Alfred A. Knopf.

Glick, P. C. 1977. "Updating the Life Cycle of the Family." *Journal of Marriage and the Family* 39:5–13.

———, and A. J. Norton. 1977. *Marrying, Divorcing and Living Together in the*

U.S. Today. Population Bulletin 5, no. 3. Washington, D.C.: Population Reference Bureau.

———, and R. Parke, Jr. 1965. "New Approaches in Studying the Life Cycle of the Family." *Demography* 2:187–202.

Goffman, Erving. 1974. *Frame Analysis.* New York: Harper and Row.

Gold, Raymond L. 1974. *A Comparative Case Study of the Impact of Coal Development on the Way of Life of People in the Coal Areas of Eastern Montana and Northeastern Wyoming.* Missoula, Mont.: Institute for Social Science Research.

Gottlieb, David, and Marc Matre. 1976. *Sociological Dimensions of the Energy Crisis: A Follow-up Study.* Houston: Energy Institute, University of Houston.

Graber, Edity E. 1974. "Newcomers and Oldtimers: Growth and Change in a Mountain Town." *Rural Sociology* 29:504–13.

Granovetter, Mark S. 1973. "The Strength of Weak Ties." *American Journal of Sociology* 78:1360–80.

Greene, Lawrence, ed. 1977. *Malnutrition, Behavior and Social Organization.* New York: Academic Press.

Greenwood, Davydd J. 1972. "Tourism as an Agent of Change: A Spanish Basque Case." *Ethnology* 11:80–91.

Greven, Philip J., Jr. 1972. "The Average Size of Families and Households in the Province of Massachusetts in 1764 and in the United States in 1790: An Overview." In *Household and Family in Past Time,* edited by Peter Laslett. London: Cambridge University Press.

Grier, Eunice S. 1976. "Changing Patterns of Energy Consumption and Costs in U.S. Households." Paper presented at the meeting of Allied Social Science Associations, Atlantic City.

Gross, Daniel R., and Barbara A. Underwood. 1971. "Technological Change and Caloric Costs: Sisal Agriculture in Northeastern Brazil." *American Anthropologist* 73:725–40.

Guttenberg, A. L. 1977. "Classifying Regions: A Conceptual Approach." *International Regional Science Review* 2:1–13.

Hägerstrand, Torsten. 1968. "Diffusion: The Diffusion of Innovations." In *International Encyclopedia of the Social Sciences,* edited by David L. Sills. New York: Crowell, Collier an Macmillan.

Hareven, T. K. 1977. "The Family Cycle in Historical Perspective: A Proposal for a Developmental Approach." In *The Family Life Cycle in European Societies,* edited by J. Cusenier. The Hague: Mouton.

Harris, Marvin. 1971. *Culture, Man and Nature.* New York: Thomas Y. Crowell.

Hawley, Amos H. 1950. *Human Ecology: A Theory of Community Structure.* New York: Ronald Press.

Heberlein, Thomas A. 1971. *Moral Norms, Threatened Sanctions, and Littering Behavior.* Ph.D. diss., University of Wisconsin, Madison.

———. 1975. "Conservation Information: The Energy Crisis and Electricity Consumption in an Apartment Complex." *Energy Systems and Policy* 1:105–18.

Heirich, Max. 1964. "The Use of Time in the Study of Social Change." *American Sociological Review* 29:386–97.

Hendricks, G., and K. C. Youmans. 1973. *Consumer Durables and Installment*

Debt: A Study of American Households. Ann Arbor: Survey Research Center, Institute for Social Research, University of Michigan.

Hill, R. 1963. "Decision Making and the Family Life Cycle." in *Social Structure and the Family: Generational Relations,* edited by E. Shasna and G. F. Streib. Englewood Cluffs, N.J.: Prentice-Hall.

———, and R. H Rogers. 1964. "The Developmental Approach." In *Handbook of Marriage and the Family,* edited by H. T. Christensen. Chicago: Rand-McNally.

———. 1977. "Social Theory and Family Development." In *The Family Life Cycle in European Societies,* edited by J. Cuisenier. The Hague Mouton.

Hillery, G. A. 1955. "Definitions of Community: Areas of Agreement." *Rural Sociology* 20:90–102.

Hirst, Eric. 1973. "Living off the Fuels of the Land." *Natural History* 132:21–22.

———, and J. C. Moyers. 1973. "Efficiency of Energy Use in the United States. *Science* 179:1299–1304.

Hodge, C. 1968. *TVA: A National Experiment in Regionalism.* New York: Russell and Russell.

Hogan, M. Janice. 1976. "Energy Conservation: Family Values, Household Practices, and Contextual Variables." Paper presented at the sixty-seventh annual meeting of the American Home Economics Association, Minneapolis.

Hollingshead, A. B. 1940. "Human Ecology and Human Society." *Ecological Monographs* 10:354–66.

Holmberg, Allan R., and Henry F. Dobyns. 1962. "The Process of Accelerating Community Change." *Human Organization* 21:107–9.

Homans, George C. 1950. *The Human Group.* New York: Harcourt, Brace.

Honigman, John J. 1954. "Relocation of a Punjab Pakistan Community." *Middle East Journal* 8:429–44.

Howe, Irving. 1976. *World of Our Fathers: The Journey of the East European Jews to America and the Life They Found and Made.* New York: Harcourt Brace Jovanovich.

Hoyt, Homer. 1939. *The Structure and Growth of Residential Neighborhoods in American Cities.* Washington, D.C.: U.S. Government Printing Office.

Humphrey, Craig R., and Frederick R. Buttel. 1982. *Environment, Energy, and Society.* Belmont, Calif.: Wadsworth.

Hungarian Central Statistical Office. 1966. *The Twenty-Four Hours of the Day.* Budapest.

Hunter, Albert. 1974. "Community Change: A Stochastic Analysis of Chicago's Local Communities." *American Journal of Sociology* 79:23–47.

Hutchins, Jim 1981. *A Social and Economic Assessment of Okanogan County, Washington.* Okanogan National Forest.

Ibn Khaldun. 1950. *An Arab Philosophy of History: The Prolegomena.* Trans. Charles Issawi. London: John Murray.

Isard, W. 1975. *Introduction to Regional Science.* New York: Prentice-Hall.

Jain, Ravinderk, and Bruce L. Hutchings. 1978. *Environmental Impact Analysis.* Urbana: University of Illinois Press.

Johnson, David, and Alan Booth. 1975. "Crowding and Reproduction." Mimeo. Lincoln: University of Nebraska.

Jusenius, C. L., and L. E. Ledebar. 1976. *A Myth in the Making: The Southern Economic Challenge and Northern Economic Decline.* Washington, D.C.: Office of Economic Research, U.S. Department of Commerce.

Kadushin, Charles. 1966. "The Friends and Supporters of Psychotherapy" On Social Circles in Urban Life." *American Sociological Review* 31:786–802.

———. 1968. "Power, Influence, and Social Circles: A New Methodology for Studying Opinion Makers." *American Sociological Review* 33:685–99.

Katz, Elihu. 1968. "Interpersonal Influence." In *International Encyclopedia of the Social Sciences,* edited by David L. Sills. New York: Crowell, Collier and Macmillan.

Katz, M. B., and I. E. Davey. 1978. "Youth and Early Industrialization in a Canadian City." In *Turning Points,* edited by J. Demos and S. S. Boocock. Chicago: University of Chicago Press.

Kaups, Matti, and Cotton Mather. 1968. "Eben: Thirty Years Later in a Finnish Community in the Upper Peninsula of Michigan." *Economic Geography* 44:57–70.

Kelly, John R. 1975. "Planned and Unplanned New Town Impacts." *Environment and Behavior* 7:330–57.

Klausner, Samuel Z. 1971. *On Man and His Environment* San Francisco: Jossey-Bass.

Knittel, Robert E. 1973. "New Town Knowledge, Experience, and Theory: An Overview." *Human Organization* 32:37–48.

Knoke, D., and R. Thomson. 1977. "Voluntary Association Membership Trends and the Family Life Cycle." *Social Forces* 56:48–65.

Krebs, C. 1975. *Ecology: The Experimental Analysis of Distribution and Abundance.* New York: Harper and Row.

Labovitz, S., and J. P. Gibbs. 1964. "Urbanization, Technology and the Division of Labor: Further Evidence." *Pacific Sociological Review* 7:3–9.

Landon, E. L., Jr., and W. N. Locander. 1978. "Family Life Cycle and Leisure Behavior Research." In *Advances in Consumer Research,* vol.6, edited by W. L. Wilkie. Ann Arbor: Association for Consumer Research.

Lansing, J. B., and L. Kish. 1957. "Family Life Cycle as an Independent Variable." *American Sociological Review* 22:512–19.

———, and J. N. Morgan. 1955. "Consumer Finances over the Life Cycle." in the *The Life Cycle and Consumer Behavior,* vol. 2 of *Consumer Behavior,* edited by L. lark. New York: New York University Press.

Laslett, P., ed. 1972. *Household and Family Ties in Past Time.* London: Cambridge University Press.

Leach, Edmund R. 1967. "Genesis as Myth." In *Myth and Cosmos,* edited by J. Middleton. Garden City, N.Y.: Natural History Press.

Leavitt, J. J. 1951. "Some Effects of Certain Communication Patterns on Group Performance." *Journal of Abnormal Social Psychology* 46:38–50.

Lecht, Leonard. 1966. *Goals, Priorities, and Dollars.* Report by the National Planning Commission. Washington, D.C.

Lee, Alfred McClung. 1967. "Time Budgets in the USA: Problems Associated with the Apparently Shrinking American Work Week." Mimeo prepared for the Instituto di sociologia, University degli studi di Roma.

Lee, Robert G. 1973. "Social Organization and Spatial Behavior in Outdoor Recreation." Ph.D. diss., University of California, Berkeley.

Lenski, Gerhard. 1966. *Power and Privilege.* New York: McGraw-Hill.

Likens, Gene E., et al. 1977. *Biogeochemistry of a Forested Ecosystem.* New York: Springer Verlag.

Lindeman, E. C. 1934. "Community." In *Encyclopedia of the Social Sciences,* edited by E. R. A. Seligman. New York: Macmillan.

Linton, Ralph. 1959. *The Tree of Culture.* New York: Vintage Books.

Liu, B. 1974. "Quality of Life Indicators: A Preliminary Investigation." *Social Indicators Research* 1:187–208.

Lucas, Robert C. 1964. *The Recreational Use of the Quetico-Superior Area.* Research Paper LS-8. St. Paul, Minn.: U.S. Forest Service.

Lundberg, G. A., M. Komarovsky, and M. McInerny. 1934. *Leisure: A Suburban Study.* New York: Columbia University Press.

Luten, D. B. 197. "The Economic Geography of Energy." *Scientific American* 224:265–75.

Lynch, Kevin. 1960. *The Image of the City.* Cambridge, Mass.: MIT Press.

Lynd, Robert S., and Helen Merrell Lynd. 1929. *Middletown.* New York: Harcourt, Brace.

Lynes, Russell. 1949. *The Tastemakers.* London: Hamish Hamilton.

McEvoy, James, III., ed. 1977. *The Social Consequences of Environmental Change: A Handbook for Environmental Planning.* New York: Wiley.

McHarg, Ian L. 1969. *Design with Nature.* Garden City, N.Y.: Doubleday.

McVoy, Edgar. 1940. "Patterns of Diffusion in the United States." *American Sociological Review* 5:219–27.

Machlis, Gary E. 1979. "Energy Flow and Social Order: The Influence of Energy Interdependence upon Social Organization." Ph.D. diss., Yale University.

———, and Donna K. Chickering. 1981. *Social Indicators for Olympic National Park Biosphere Reserve.* Report CPSU/UI S 81-1. Moscow, Idaho: National Park Service.

Malstrom, Jean, and Annabel Ashley. 1963. *Dialects—USA.* Champaign, Ill.: National Council of Teachers of English.

Manners, G. 1964. *The Geography of Energy.* London: Hutchinson.

Martindale, Don. 1960. *American Society.* New York: Van Nostrand.

Meidinger, Errol, and Allan Schnaiberg. 1980. "Social Impact Assessment as Evaluation Research." *Evaluation Review* 4:507–35.

Melber, Barbara D., et al. 1977. *Nuclear Power and Problem Analysis of Collected Survey Research.* Washington, D.C.: Savanah River Operations Office, U.S. Department of Energy.

Metzen, Edward J.1980. *Quality of Life as Affected by Area of Residence.* Research Bulletin 1036. Columbia: College of Agriculture, University of Missouri.

Meyersohn, Rolf, and Elihu Katz. 1958. "Notes on a Natural History of Fads."In *Mass Leisure,* edited by E. Larrabee and R. Meyersohn. Glencoe, Ill.: Free Press.

Michelson, William 1970. *Man and His Urban Environment.* Reading, Mass.: Addison-Wesley.

Milstein, Jeffrey F. 1976. *Attitude, Knowledge and Behavior of the American Consumer Regarding Energy Conservation with Some Implications for Governmental Action.* Washington, D.C.: Federal Energy Administration.

———. 1977a. *Energy Conservation and Travel Behavior.* Washington, D.C.: U.S. Department of Energy.

———. 1977b. *How Consumers Feel about Energy: Attitudes and Behavior During Winter and Spring of 1976-77.* Washington, D.C.: U.S. Department of Energy.

Moline, Norman T. 1971. *Mobility and the Small Town 1900-1930.* Chicago: University of Chicago Printing Department.

Montgomery, James E., and Ernst Abma. 1959. "Community Planning in the Netherlands." *Rural Sociology* 2411–20.

Morrison, Bonnie Maas, and Peter Gladhart. 1976. "Energy and Families: The Crisis and Response." *Journal of Home Economics,* January, pp. 5–18.

Morrison, Denton. 1977. "Equity Impacts of Some Major Energy Alternatives." National Research Council, Committee on Nuclear and Alternative Energy Systems (CONAES). Sociopolitical Risk/Impact Group.

Mountain West Research. 1980. *BLM Social Effects Project Literature Review.* Billings, Mont.: Mountain West Research.

Moynihan, Daniel P. 1970. *Maximum Feasible Misunderstanding.* New York: Free Press.

Murray, J. R., et al. 1974. *The Impact of the 1973–74 Oil Embargo on the American Household.* Report 126. Chicago: National Opinion Research Center, University of Chicago.

Nakanishi, Naomichi. 1968. *A Study of International Comparison of Time Budgets.* Tokyo: NHK Public Opinion Research Institute.

Napier, Ted L. 1972. "Socio-Psychological Response to Forced Relocation Due to Watershed Development." *Water Resources Bulletin* 8:784–94.

Nelson, E. E., and B. . Starr. 1972. "Interpretation of Research on Age." In *A Sociology of Age Stratification,* vol. 3 of *Aging and Society,* edited by M. W. Riley, et al. New York: Russell Sage.

Newman, . K., and D. Day. 1975. *The American Energy Consumer.* Cambridge, Mass.: Ballinger.

New York Times. 1976. "Interstate Highway Systems." 6 November.

Norbeck, Edward. 1961. "Postwar Cultural Change and Continuity in Northeastern Japan." *American Anthropologist* 63:287–321.

Norton, A. J. 1974. "The Family Life Cycle Updated." In *Selected Studies in Marriage and the Family,* edited by R. F. Winch and G. B. Spanier. New York: Holt, Rinehart and Winston.

Norvick, S. 1976. *The Fight Over Nuclear Power.* San Francisco: Sierra Club.

Oakley, Ann. 1974. *The Sociology of Housework.* New York: Pantheon Books.

Odum, E. P. 1977. "The Emergence of Ecology as a New Integrative Discipline." *Science* 195:1289–92.

———, and H. T. Odum. 1972. "Natural Areas as Necessary Components of Man's Total Environment." In *Selected Papers from the Thirty-seventh North American Wildlife and Natural Resources Conference,* edited by J. Trefethen. Washington, D.C.: Wildlife Management Institute.

Odum, H. 1936. *Southern Regions of the United States.* Chapel Hill: University of North Carolina Press.

———, and H. Moore. 1938. *American Regionalism: A Cultural Historical Approach to National Integration.* New York: Henry Holt.

Opler, Morris E., and Rudra Datt Singh. 1952. "Economic, Political and Social Change in a Village of North Central India." *Human Organization* 11:5–12.

Opryszek, Paul. 1981. "A Methodology for Diachronic and Comparative Analysis." In *Coping with Change: An Interdisciplinary Assessment of the Lake Shelbyville Reservoir,* edited by Rabel Burdge and Paul Opryszek. IES Report 8. Urbana: University of Illinois.

Orellana, Carlos L. S. 1973. "Mixtec Migrants in Mexico City: A Case Study of Urbanization." *Human Organization* 32:273–83.

Palmedo, P. 1976. "Approaches to Regional Energy Analysis." *Growth and Change* 7:25–32.

Pareto, Vilfredo. 1966. *Sociological Writings,* selected and introduced by S. E. Finer; trans. Derick Mirfin. London: Pall Mall Press.

Park, R. E., E. W. Burgess, and R. D. McKenzie. 1925. *The City.* Chicago: University of Chicago Press.

Patmore, J. Allan. 1970. *Land and Leisure.* Bungay, England: Chaucer Press.

Patterson, Arthur H. 197. "The Effect of the Winter 1973–74 Energy Shortage upon Attitudes about Preserving the Environment." Manuscript, Pennsylvania State University.

Payne, Raymond. 1963. "Leadership and Perceptions of Change in a Village Confronted with Urbanism." *Social Forces* 4:264–69.

Peck, A. E., an O. C. Doering, III. 1976. "Voluntarism and Price Response Consumer Reaction to the Energy Shortage." *Bell Journal of Economics* 7:287–92.

Pelto, Pertti J. 1973. *The Snowmobile Revolution: Technology and Social Change in the Arctic.* Menlo Park, Calif.: Cummings.

Perlman, Robert, and Roland L. Warren. 1975. *Energy-Saving by Households in Three Metropolitan Areas.* Waltham, Mass.: Florence Heller Graduate School for Advanced Studies in Social Welfare, Brandeis University.

Perloff, H., and L. Wingo, Jr. 1961. "Natural Resource Endowment and Regional Economic Growth." In *Natural Resources and Economic Growth,* edited by J. Spengler. Washington, D.C.: Resources for the Future.

Petulla, J. M. 1977. *American Environmental History.* San Francisco: Boyd and Fraser Press.

Pilgrim, Barbara Farhar, et al. 1981. *The National Study of the Residential Solar Consumer: Decision Factors and Experiences.* Golden, Colo.:

Pimentel, David, et al. 1973. "Food Production and the Energy Crisis." *Science* 182:443–49.

———. 1975. "Energy and Land Constraints in Food Protein Production." *Science* 190:754–61.

———. 1976. "Land Degradation: Effects on Food and Energy Resources." *Science* 194:149–55.

———. 1980. "The Potential for Grass-Fed Livestock: Resource Constraints." *Science* 207:843–48.

Pratt, C. 974. *Here on the Island.* New York, Harper and Row.
President's Commission on National Goals. 1959. *Goals for Americans.* Englewood Cliffs, N.J.: Prentice-Hall.
President's Research Committee on Social Trends. 1933. *Recent Social Trends.* New York: McGraw-Hill.
Proshansky, H. M., *et al.* ed. 1970. *Environmental Psychology.* New York: Holt, Rinehart and Winston.
Pushkarev, Boris, and Jeffrey M. Zupan. 1975. *Urban Space for Pedestrians.* Cambridge, Mass.: MIT Press.
Rao, L. Jaganmohan. 1971 "Generalizations about the Diffusion of Innovations." In *The Communication of Innovations,* edited by E. M. Rogers and F. Shoemaker. New York: Free Press.
Rapoport, R., and R. N. Rapoport. 1975. *Leisure and the Family Life Cycle.* London: Routledge and Kegan Paul.
Ratzel, F. 1882. *Anthropogeographie.* Stuttgart: J. Engelhorn.
Richman, Al. 1979. "The Polls: Public Attitudes Toward the Energy Crisis." *Public Opinion Quarterly* 43:576–85.
Riesman, David. 1958. *Constraint and Variety in American Education.* Garden City, N.Y.: Doubleday.
Robinson, Ira M. 1962. *New Industrial Towns on Canada's Resource Frontier.* Chicago: Department of Geography, University of Chicago.
Robinson, J. P. 1977. *How Americans Use Time.* New York Praeger.
———, and P. E. Converse. 1972. "Social Change Reflected in the Use of Time." In *The Human Meaning of Social Change,* edited by Angus Campbell and P. E. Converse. New York: Russell Sage.
Rodgers, R. H. 1962. *Improvements in the Construction and Analysis of Family Cycle Categories.* Kalamazoo: Western Michigan University.
Rogers, Everett M., and George M. Beal. 1958. "The Importance of Personal Influence in the Adoption of Technological Changes." *Social Forces* 36:329–35.
———, and Floyd Shoemaker, eds. 1971. *Communication of Innovations.* New York: Free Press.
Rollins, B. C., and K. L. Cannon. 1974. "Marital Satisfaction over the Family Life Cycle: A Reevaluation." *Journal of Marriage and the Family* 36:271-82.
Russett, B. 1966. *The Problem of Indentifying Regions.* Buenos Aires: Instituto Grucato di Tellz.
Ryder, Norman B. 1960. "The Cohort as a Concept in the Study of Social Change." *American Sociological Review* 25:843–61.
Sahlins, Marshall. 1974. "The Original Affluent Society." *Ecologist* 4:181–89.
Sasaki, Tom T. 1956. "Sociocultural Problems in Introduction New Technology on a Navaho Irrigation Project."*Rural Sociology* 21:307–10.
Sauer, Carl Ortwin. 1965. *Land and Life: A Selection from the Writings of Carl Ortwin Sauer,* edited by J. Leighly. Berkeley: University of California Press.
Schmid, Calvin F. 1950. "Generalizations Concerning the Ecology of the American City." *American Sociological Review* 15:264–81.
Schulze, P. 1977. "Testing for Inter-Regional Economic Homogeneity: A Comment." *Journal of Regional Science* 17:473–77.
Schuman, Howard, and Michael P. Johnson. 1979. "Attitudes and Behavior." *Annual Review of Sociology* 2:161–07.

Schuman, Howard, and Stanley Presser. 1981. *Questions and Answers in Attitude Surveys.* New York: Academic Press.

Schwind, P. J. 1971. *Migration and Regional Development in the United States, 1950-1960.* Chicago: University of Chicago Press.

Shonka, D. B., ed. 1979. *Transportation Energy Conservation Data Book: Edition Three.* Oak Ridge, Tenn.: Oak Ridge National Laboratory.

Smith, Courtland L., Thomas C. Hogg, and Michael J. Regan. 1971. "Economic Development: Panacea or Perplexity for Rural Areas?" *Rural Sociology* 36:173–86.

Smith, D. 1973. *The Geography of Social Well-Being Scores.* New York: McGraw-Hill.

Smith, Helen L. 1943. "White Bluff: A Community of Commuters." *Economic Geography* 19:143–47.

Social Science Research Council. 1973. *Social Indicators Newsletter* 1(1).

Sommer, Robert. 1969. *Personal Space: A Behavioral Basis for Design.* Englewood Cliffs, N.J.: Prentice-Hall.

Sorokin, Pitirim A. 1928. *Contemporary Sociological Theories.* New York: Harper.

Speare, A., Jr. 1970. "Home Ownership, Life Cycle, State, and Residential Mobility." *Demography* 7:449–58.

Spencer, David, and Ronald I. Beasley. 1979. *The Economic and Geographic Impact of National Forestland on Counties in Southern Illinois.* North Central Forest Experimentation Station Research Report NC-172. St. Paul, Minn.: U.S. Forest Service.

Spicer, Edward H., ed. 1952. *Human Problems in Technological Change.* New York: Russell Sage.

Spoehr, Alexander. 1960. "Port Town and Hinterland in the Pacific Islands." *American Anthropologist* 62:486–92.

Stanford Research Institute. 1972. *Patterns of Energy Consumption in the United States.* Washington, D.C.: U.S. Government Printing Office.

Stanton, W. J. 1978. *Fundamentals of Marketing.* New York: McGraw-Hill.

Steinhart, John S., and Carol Steinhart. 1974. "Energy Use in the U.S. Food System." *Science* 184:307–16.

Stobaugh, R., and D. Yergin, eds. 1979. *Energy Future: Report on the Energy Project at the Harvard Business School.* New York: Random House.

Stoffle, Richard . 1975. "Reservation-Based Industry: A Case from Zuni, New Mexico." *Human Organization* 34:217–25.

Svlastoga, Kaare. 1965. *Social Differentiation.* New York: David McKay.

Szalai, Alexander. 1966. "Trends in Comparative Time-Budget Research." *American Behavioral Scientist* 9:3–8.

———, ed. 1972. *The Use of Time.* Paris: Mouton.

Thomas, R. Brooke. 1974. "Human Adaptation to Energy Flow in the High Andes: Some Conceptual and Methodological Considerations." In *Energy Flow in Human Communities,* edited by Paul L. Jamison and Sharon Friedman. University Park, Penna.: Committee on Biological Bases of Social Behavior.

U.S. Bureau of the Census. 1973. *Census of Housing, 1970: Housing Characteristics by Household Composition, Final Report.* Washington, D.C.: U.S. Government Printing Office.

———. 1974. *Consumer Survey of Purchases and Ownership.* Unpublished.

U.S. Bureau of Labor Statistics. 1978. *Consumer Expenditure Interview Survey, 1972–73: Annual Expenditures and Sources of Income Cross-Classified by Family Characteristics, 1972–73 Combined.* PB-275418. Springfield, Va.:

U.S. Department of Commerce. 1973. *Social Indicators 1973.* Washington, D.C.: U.S. Government Printing Office.

———. 1977. *Social Indicators 1976.* Washington, D.C.: U.S. Government Printing Office.

———. 1980. *Social Indicators III.* Washington, D.C.: U.S. Government Printing Office.

U.S. Department of Energy. 1980. *Standby Gasoline Rationing Plan.* Washington, D.C.: Office of Regulations and Emergency Planning, Economic Regulatory Administration.

U.S. Department of Health, Education, and Welfare. 1969. *Toward a Social Report.* Washington, D.C.: U.S. Government Printing Office.

U.S. Department of the Interior. 1976. *Historical Fuels and Energy Consumption Data, 1960–72.* Bureau of Mines Information Circular IC 8705. Washington, D.C.: U.S. Department of the Interior.

U.S. Department of Transportation. 1972. *Household Travel in the United States.* Report 7 of Nationwide Personal Transportation Study. Washington, D.C.: U.S. Department of Transportation.

———. 1979. *Nationwide Personal Transportation Study.* Unpublished.

Vance, R. B. 1960. "The Sociological Implication of Southern Regionalism" *Journal of Southern History* 26:44–56.

Vanek, Joann. 1974. "Time Spent in Housework." *Scientific American* 231: 116–20.

van den Berge, Pierre L. 1975. *Man in Society: A Biosocial View.* New York: Elsevier.

Vayda, Andrew P. 1977. "An Ecological Approach in Cultural Anthropology." In *Readings in Ecology, Energy and Human Society: Contemporary Perspectives,* edited by William R. Burch, Jr. New York: Harper and Row.

Vidal, . L. 1925. *Principles of Human Geography,* trans. Millicent odd Bingham; edited by Emmanuel de Martonne. New York: Henry Holt.

Vidich, Arthur J., and Joseph Bensman. 1960. *Small Town in Mass Society: Class, Power and Religion in a Rural Community.* Garden City, N.Y.: Doubleday.

Vogt, Evon Z., and Thomas F. O'Dea. 1953. "A Comparative Study of the Role of Values in Social Action in Two Southwestern Communities." *American Sociological Review* 18:645–54.

Walker, Alan. 1945. *Coaltown: A Social Survey of Cessnock, N.S.W.* New York: G. E. Stechert.

Walker, Kathryn. 1969. "Homemaking Still Takes Time." *Journal of Home Economics* 6:621–24.

Walker, Laurence, and John Pestle. 1971. *Air Pollution, Water Pollution and Solid Waste in New Haven, Connecticut: History, Bibliography, Materials and Energy Balance.* Working Paper. New Haven: Institution of Social and Policy Studies, Yale University.

Warner, W. Lloyd, and J. O. Low. 1946. "The Factory in the Community." In

Industry and Society, edited by W. F. Whyte. New York: McGraw-Hill.
Washington, H., ed. 1945. *In Search of the Regional Balance of America.* Chapel Hill: University of North Carolina Press.
Welch, Susan, and Alan Booth. 1976. "Crowding as a Factor in Political Aggression: Theoretical Aspects and an Analysis of Some Cross-National Data." *Social Science Information* 13:151–62.
Wells, W. D., and G. Gubar. 1966. "Life Cycle Concept in Marketing Research." *Journal of Marketing Research* 3:355–63.
West, James. 1945. *Plainville, U.S.A.* New York: Columbia University Press.
Westoff, C., and R. Parke, eds. 1972. *Demographic and Social Aspects of Population Growth.* U.S. Commission on Population Growth and the American Future, Report 1. Washington, D.C.: U.S. Government Printing Office.
White, L. A. 1949. *The Science of Culture.* New York: Farrar, Straus, Cudahy.
Wilcox, H. G. 1975. *Communities and Ecosystems.* New York: Macmillan.
Wilkinson, Kenneth P. 1974. "Consequences of Decline and Social Adjustment to it." In *Communities Left Behind,* edited by Larry R. Whiting. Ames: Iowa State University Press.
Wilson, Edward O. 1975. *Sociobiology: The New Synthesis.* Cambridge, Mass.: Harvard University Press.
Wirth, Louis. 1929. *The Ghetto.* Chicago: University of Chicago Press.
———. 1933. "The Scope and Problems of the Community." *Publications of the Sociobiological Society of America* 27:67–73. (Reprinted 1964 in *Louis Wirth on Cities and Social Life,* edited by Albert Reiss, Jr. Chicago: University of Chicago Press.)
Wissler, C. 1924. "The Relation of Nature to Man as Illustrated by the North American Indian." *Ecology* 10:311-18.
Wittfogel, K. A. 1965. "The Hydraulic Civilizations." In *Man's Role in Changing the Face of the Earth,* edited by W. L. Thomas. Chicago: University of Chicago Press.
Wrigley, Robert, Jr. 1943. "Pocatello, Idaho as a Railroad Center." *Economic Geography* 19:325–36.
Young, Ruth C., and Olaf F. Larson. 1970. "The Social Ecology of a Rural Community." *Rural Sociology* 35:337–53.
Zeisel, John. 1975. *Sociology and Architecture.* New York: Russell Sage.
Zelinsky, W. 1961. "An Approach to the Religious Geography of the United States: Paterns of Church Membership in 1952." *Annals of the Association of American Geographers* 51:139–93.
———. 1973. *The Cultural Geography of the United States.* Englewood Cliffs, N.J.: Prentice-Hall.
Zimmerman, C. A. 1981. *Life Cycle Effects in Household Travel Behavior: An Ecological Analysis of Household Energy Consumption.* Ph.D. diss., Yale University.
Zimmerman, Carle C., an Garry W. Moneo. 1971. *The Prairie Community System.* Calgary: Agricultural Economic Research Council of Canada.

Index